やわらかアカデミズム・〈わかる〉シリーズ

よくわかる
教育心理学

中澤 潤 編

ミネルヴァ書房

はじめに

■よくわかる教育心理学

　教育はいつの時代においても社会の重要な課題です。人は学び続ける存在であり，人の学びを心理学の視点から理解し支援するための教育心理学の知識はよりよい教育を目指す上で有用なものです。

　本書は学習者としてより充実した学びをみずからのものとしようとする皆さんやこれからの教育を担うべく教師を目指す皆さんに，教育心理学の基礎事項を理解してもらうために編集されました。

　本書では，教育心理学を2つの役割からとらえます。まず第1に「学びを支える」という役割です。教育の課題の1つは人類が蓄積してきた知識を次世代に伝達することにあります。人はどのように知識を獲得するのか，また学びの特性に応じた教育の方法はどのようなものかを知ることは，みずからの学びを理解すると同時に，分かり易い教え方や学びのつまずきへの援助へとつながります。

　第2は「適応を支える」役割です。社会的な動物である人にとって，文化や社会に応じた価値観や適切な人間関係を形成することも教育の重要な課題です。知識の学びも安定した人間関係の中でこそ展開することができます。対人関係のつまずきやその援助の方法を知ることは，豊かな人間関係づくりや，その学びを支える上で大きな力となるでしょう。

　これらに加え，本書では「子どもを支える教師」という観点から教師という専門職の特性をとりあげています。優れた授業実践を行い，児童生徒の適応を援助するには教師自身が不断に学び続けていかなければなりません。教師という仕事のこのような特性を知ることは，専門家としての成長の大きな手がかりとなるでしょう。

　読者の皆さんが，本書を通して教育心理学の多彩な世界を理解し，みずからの学びや今後の教育実践の中で生かしていただければ幸いです。

　ご研究でご多忙の中，本書の執筆に快くご協力をいただきました，執筆者の先生方には深く感謝申し上げます。また本書の作成にあたり一貫してご援助をいただいたミネルヴァ書房寺内一郎氏，吉岡昌俊氏に心より感謝申し上げます。

2008年2月
中澤　潤

もくじ

■よくわかる教育心理学

はじめに

I　教育心理学の考え方

1　教育心理学：学びと適応を支える …… 2

2　レディネスをふまえる：成熟論的アプローチ …… 4

3　経験がもたらす可能性：行動主義的アプローチ …… 6

4　認知的葛藤が認識を高める：構成主義的アプローチ …… 8

5　知識獲得としての学習：認知心理学的アプローチ …… 10

6　発達の最近接領域：社会文化的アプローチ …… 12

7　場と結びついた学び：状況論的アプローチ …… 14

II　学びの場とその移行

1　生活の中での学び：家庭での学び …… 16

2　遊びを通した学び：幼稚園・保育園での学び …… 18

3　学びの基本：小学校での学び …… 20

4　学びの深化：中学校での学び …… 22

5　学校外での学び：習い事や塾 …… 24

6　進路の選択と自己発見：高校での学び …… 26

7　主体的な学び：大学での学び …… 28

8　働くことの学び：仕事の中での学び …… 30

9　学ぶ楽しみ：生涯学習の学び …… 32

III　学びの理解①学びの意欲

1　動機づけ：どうやってやる気をだせばよいか？ …… 34

2　内発的動機づけ：興味や楽しさからひきだすやる気 …… 36

3　原因帰属：なぜやる気がでないか？ …… 38

4　学習された無力感：自分でできるという気持ちの大切さ …… 40

5　自己効力感：実際にできるのと，やればできるというのは違う？ …… 42

6　学習目標：やる気を支える目標 …… 44

IV　学びの理解②学びのしくみ

1　記憶のモデル：どのように覚えるのか？ …… 46

2　知識：物事の知識とやり方の知識 …… 48

3　作業記憶：問題解決の場 …… 50

もくじ

- 4　メタ認知：自分は分かっているのか？……………………………………52
- 5　問題解決のモデル：どのように問題を解くのか？………………………54
- 6　領域固有性：学びは一般化できるか？……………………………………56
- 7　熟達化：より速く，よりうまく…58
- 8　9歳の壁：具体から抽象へ………60
- 9　学習スキル：学びの基礎技法……62
- 10　自己調整学習：自律的な学び……64
- 11　分散認知：学びの共同化…………66

V　学びの理解③学びの諸相

- 1　リテラシー：文字の獲得…………68
- 2　文章理解：読みと理解……………70
- 3　文章産出：どのようにして文を書くのか？…………………………………72
- 4　計数：数量の認識と数えること…74
- 5　初期算数：指を使ったら計算できる？……………………………………76
- 6　バグ分析：考えの間違いを明らかにする……………………………………78
- 7　既有知識と理解：知識に縛られる……………………………………………80

VI　学びの支援①学びの開発と体系化

- 1　授業過程：授業でどう学んでいるのか？…………………………………82

- 2　授業づくり：何をどう教えるか？……………………………………………84
- 3　カリキュラム：学びを体系化する……………………………………………86
- 4　カリキュラムの開発と評価：教育課程をつくる……………………………88

VII　学びの支援②主体的な学びの授業

- 1　発見学習：自分で答えや解決法を見つける…………………………………90
- 2　有意味受容学習：既有知識に組み込む………………………………………92
- 3　仮説実験授業：科学研究のシミュレーション………………………………94
- 4　協同学習：助け合いで学ぶ………96
- 5　プロジェクト学習：自分たちの課題を追求する……………………………98
- 6　オープン・エデュケーション：壁のない教育？……………………………100

VIII　学びの支援③個に応じた学びの援助

- 1　プログラム学習：個に応じたステップ学習…………………………………102
- 2　完全習得学習：みんなが分かる……………………………………………104
- 3　習熟度別学習と小集団学習：学びへの工夫…………………………………106
- 4　ティーム・ティーチング：補い合う指導……………………………………108

5 適性処遇交互作用：個人の特性に応じた教え方 ……… 110

6 知能検査：知的な個人差をとらえる ……… 112

7 多重知能理論と情動的知性：多様な知能を生かす ……… 114

8 創造性：発想と工夫を育てる … 116

IX 適応の理解と支援①自立と社会性の学び

1 虐待：基本的信頼関係をつくる ……… 118

2 虐待を防ぐ：親へのサポートと早期発見 ……… 120

3 幼児・児童の仲間関係：友達のできる子，できない子 ……… 122

4 生徒の仲間関係：親からの自立と友達 ……… 124

5 性意識と性の受容：男の子・女の子 ……… 126

6 部活動：先輩と後輩 ……… 128

7 行動の善し悪しと思いやり：道徳性と向社会的行動 ……… 130

8 自我同一性の確立：自分を見つける ……… 132

9 キャリア教育：将来を見つける ……… 134

10 学級集団とその構造：集団としての子ども ……… 136

11 学級風土：どんなクラス？ ……138

12 教師と子どもの人間関係：期待に応える子どもたち ……… 140

13 学校行事：個人，そして，みんなで頑張ることによる集団の成長・発達 ……… 142

14 休日の子ども：休みをどう過ごしている？ ……… 144

X 適応の理解と支援②子どもを支える

1 いじめ：シグナルに気づく ……146

2 不登校：学校がつらい ………148

3 摂食障害：やせたい…… ………150

4 非行：居所のなさ ………152

5 学習障害：読めない，計算ができない ……… 154

6 注意欠陥多動性障害：落ち着きのない子 ……… 156

7 自閉症：コンタクトがとれない ……… 158

8 精神疾患：心の「病」を理解する ……… 160

9 生徒指導と教育相談：規律と受容の中で ……… 162

10 アセスメントと援助チーム：援助の手立て ……… 164

11 スクールカウンセラー：悩みを受け止め支える ……… 166

12 特別支援教育：教育的支援を必要とする子どもの成長・発達を援助する ……… 168

もくじ

13　特別支援教育コーディネーター：関係者をつなぎ，子どもを援助する …………170

14　インテグレーション：ともに生きる …………172

XI　適応の理解と支援③学びと適応の評価

1　学力：身についた力 …………174

2　評価：うまく教えられたか，きちんと学べたか …………176

3　ポートフォリオとドキュメンテーション：成果の累積 …………178

4　テスト：理解をはかるむずかしさ …………180

5　観察：子どもの日常の評価手段 …………182

6　関心・意欲の評価：やる気を測れるか？ …………184

XII　教師の成長

1　教師の役割：多様な仕事をこなす …………186

2　反省的実践家としての教師：教師という職業 …………188

3　正統的周辺参加：エキスパート教師になる …………190

4　実践研究：実践を省察する …………192

5　アクションリサーチ：働きかけと反応のサイクル …………194

6　教師のビリーフ：教育って？　子どもって？ …………196

7　教師の認知的枠組み：子どもを見る視点の多様性 …………198

8　教師の人間関係：支え，支えられる中で …………200

9　教師の精神衛生：燃え尽きないように …………202

さくいん …………204

やわらかアカデミズム・〈わかる〉シリーズ

よくわかる
教 育 心 理 学

Ⅰ　教育心理学の考え方

教育心理学：学びと適応を支える

　教育心理学とは，学ぶ存在としての人を心理学の視点から理解し支援するための科学です。この本では，以下の3つの領域からその全体像を示します。
　①学びを支える
　②適応を支える
　③子どもを支える教師

　学びを支える

　学びとはどのようなことを言うのでしょう。学びはどのような過程により成立するのでしょう。また学びを支え促すものは何でしょう。この領域では，このような事柄について明らかにします。そして，その成果を教育の方法，すなわち分かりやすい教え方や学びのつまずきへの援助に用います。

　教育心理学では学びを「学習（learning）」という言葉でとらえます。学習については，経験を通して得られた，「行動の永続的な変化」あるいは「知識の蓄積」と見る2つの考え方があります。

　学習を行動の変化と見る場合，新たな行動の獲得は「条件づけ（conditioning）」というメカニズムによって説明されます。条件づけは人間ばかりでなく動物の行動習得の基礎となるものです。ただし，人間では他者の行動を見ることにより習得する観察学習（モデリング：modeling）という学習も可能です。

　一方，大脳の発達した人間にとって知識の蓄積も重要な学びです。環境にある情報を知覚・記憶し，それをもとに思考や問題解決を行う人の機能を「認知（cognition）」と言います。知識の蓄積はこの認知機能を通して行われます。これを理解するには，認知の過程を明らかにする「認知心理学（cognitive psychology）」が大きな役割を果たします。

　また，学びを促すものは何かといった疑問を取り上げるものが，「動機づけ（motivation）」です。人はどのようなときに意欲を持って学びに向かうのでしょう。やる気を失うのはどのような場合でしょう。課題や自己をどのように認知するかが，この動機づけに影響します。

　これら，認知心理学的な視点から学習をとらえる立場は，「学習科学（learning science）」と呼ばれています。この本の Ⅲ，Ⅳ，Ⅴ，Ⅵ，Ⅶ，Ⅷ では「学習科学」の視点からの学びのメカニズムとそれらをふまえた学びの支援の方法（教育方法）の基本的知識を伝えます。

Ⅰ-1　教育心理学：学びと適応を支える

❷ 適応を支える

　適応とは，環境との間に調和的な関係をもつことを言います。とくに，学校は子どもが多くの他者と交流する場です。したがって，子どもたちの適応の過程や適応を促す要因を知ることは教育心理学の重要な課題です。1人の人として自立していくこと，また周りの人々と適切な関係をもつことは社会的な側面における学びです。子どもたちはどのように自立していくのでしょう。学校の中での人間関係はどのようにつくられるのでしょう。いじめや不登校など友達などとの関係の中での問題はなぜ生まれるのでしょう。この領域ではこれらの諸点を明らかにするとともに，その成果を子どもの対人関係づくりや，対人関係におけるつまずきへの援助に用います。

　また，最近では通常の学級の中にも注意欠陥多動性障害（ADHD）や学習障害（LD）などさまざまな障害をもつ子が見られます。これらの問題や障害ならびにそれらへの対応の理解は重要な現代的課題です。さらに，さまざまな問題は教員の力だけでは，また学校の中だけでは解決できないことも多くあります。学校内外の多様な専門家との連携が問題の解決には重要になってきます。

　この本のⅨ，Ⅹ，Ⅺでは，仲間関係や学校への適応を支える要因と，そのつまずきへの実践的対応の基本的知識を伝えます。

❸ 子どもを支える教師

　教育の大きな担い手は教師です。教師は上で述べたような，人の学びや適応のメカニズムを理解するとともに，その支援を行います。教師という職業には他の仕事にはない専門性が求められ，学び研究し続けなければならない存在でもあります。また教師という職業に特有のさまざまなストレスもあります。

　学びの支援では，子どもが何をどの程度学んでいるのか，またどう学んでいるのかを知ることが重要です。子どもの理解状態をふまえた教え方を進める上で，子どもの理解や習得の状態を知る方法を取得しておかなければなりません。また子どもの日常の様子から適応状態を理解し，必要な場合には適切な支援を行っていかなければなりません。こうした子どもの理解の方法が教育評価です。多様な評価の考え方や評価の方法を理解することが重要です。

　また，教師はその職歴を通してつねに学び続け，教育研究を通して力量を高めていかなければならない存在でもあります。そのために，学校では研修や研究の機会が設定されています。中でももっとも基本となるものは，同僚との相互批判を通した力量形成のための授業研究（授業カンファレンス）です。自己の実践を反省的にとらえることが，教師を大きく成長させます。

　この本のⅫでは，教師という仕事の役割と，その専門性や力量向上のための実践的内容について，評価と授業研究等の基本的知識を伝えます。（中澤　潤）

I 教育心理学の考え方

 レディネスをふまえる：成熟論的アプローチ

1 成熟論とレディネス

　大脳のきわめて発達した人間は，出生後のさまざまな経験を通して知識や技能を習得していきます。人間は好奇心に満ち，知らないことを知りたがり，新しい技能を身につけたがります。とくに子どもはその傾向が大きく，学びへの強い意欲をもっています。このような人間の学びを支え促す働きである教育という営みについては，さまざまな心理学的理論とそれに従った教育方法が提案されてきています。以下の I-2 ～ I-7 ではそれらの代表的なものを見ていきます。

　まずはじめに，学びや教育を生物学的な成熟という観点からとらえようとする成熟論を取り上げます。成熟論では，人は生得的に内在する能力を時期に応じて自然に展開していくと考えます。したがって，教育では，子どもに本来内在する能力の自然な展開を抑制することのない環境を与えることが重要となります。そして，学習ができるようになる心身の準備態勢（これをレディネス：readinessと呼びます）ができあがるのを待ち，レディネスの形成の上に教育的働きかけを行うことがよいとされます。レディネスがまだ形成されていないときにいくら教育的な働きかけを行っても，それは無駄であると考えるのです。

双生児の訓練研究

　この理論的立場はゲゼル（Gesell, A.）に代表されます。ゲゼルはトンプソン（Thompson, H.）とともに，母親が出産後死亡したため施設に預けられた，2人の一卵性双生児の女児（TとC）を対象に，その一方にのみ毎日行う訓練が行動の習得や促進に有効かどうかを検討しました。一卵性双生児は遺伝的には同一なので，もし一方に訓練をして，その子の方がよりすぐれた遂行を示したとすれば，素質ではなく，純粋に体験（訓練）の効果があったと言えるわけです。訓練は，手先の微細な運動である把握や操作・構成・模倣の活動として積み木積み，そして全身運動として階段登りでした。なお，双生児の生活環境の中で，訓練以外で積み木や階段に接することはありませんでした。

　まず生後46週目からTだけが朝9時から1日20分（積み木と階段登りに10分ずつ）の訓練を，週6日6週間（生後52週まで）受けました。積み木訓練は，1辺1インチの赤い積み木を10個自由に操作させるものです。自由な操作が出な

▶ Gesell, A., & Thompson, H. 1929 Learning and growth in identical infant twins: An experimental study by the method of co-twin control. *Genetic Psychology Monographs*, 6, 1-124.

い場合，実験者が1個ずつTに渡したり，Tの手の届くところで積み木の塔を作るのを見せたりします。全身運動訓練は，階段を登る，ハイハイや立ち上がる，伝い歩きをする等の移動行動が含まれましたが，訓練4日目以降は，焦点を階段登りに絞っています。階段に魅力的なおもちゃを置きそれを取るために階段を登るのを励まします。一方Cは，Tの訓練終了後の生後53週目から，同様に1回10分週6日間の階段登りの訓練を2週間（生後55週まで）受けました。Cについては，ハイハイや立ち上がり，歩行は訓練に含まれず，階段登りの訓練のみを受けました。またCは積み木訓練は受けませんでした。

　階段登りの回数では，Tは訓練前には自発的な階段登りは行わず，訓練当初は1セッションで3・4回しか階段登りをしませんでした。しかし4週目には喜んで階段登りをするようになり，5週目の第25セッションでは10回も行いました。6週間の訓練の終わりには，総計156回登りました。一方，Cはそれまでまったく訓練を受けていなかったにもかかわらず，生後53週目の訓練第1回目のセッションですでに7回登り，1週間半後の第9セッションでは10回，そして2週間の訓練で総計81回登ったのです（Tは最初の2週間で55回でした）。

　階段登りの所要時間を見ると，Tは訓練を終えた生後52週目で26秒，Cの訓練が始まった生後53週目ではTが17秒，Cが45秒，Cの訓練も終わった生後56週目にはTが11秒，Cが14秒，その後生後79週目にはTが7秒，Cが8秒とほぼ差はなくなりました。このことは，Tの受けた訓練は階段登りに効果があったとはいえ（生後53週目にTはCより速く，またより積極的に登った），Cが訓練を始めるとすぐに追いついたということです。

　一方，積み木課題ではTの訓練前後でTとCの行動には差が見られませんでした。そして2人とも生後63週目に塔を作ろうとし始め，生後79週目に自発的に3つの積み木で塔を作ったのです。つまり，微細運動の発達には訓練の効果はなく，積み木を積む行動が出現する時期は決まっているということです。

　このような結果から，ゲゼルは人のもつ生物学的な成熟が学習に必要なレベルに達するまでは訓練などの経験を与えても意味をもたないとしたのです。ただし，この研究はいずれも身体的な成熟に負うところが大きい粗大運動と微細運動という運動課題が取り上げられています。それ以外の領域での訓練など学習体験がもつ影響については，この研究からは一般化できません。しかし，この研究は，その後成熟論的アプローチの根拠として長く用いられてきました。

　成熟説の立場を明確に標榜した教育実践があるわけではありませんが，日本の幼稚園では，この視点をもつところが多くあります。そこでは，子どもの発達水準を超えた大人からの過度な働きかけは効果がないとして，基本的に自発的な遊びを中心とする子どもの活動を支援するという姿勢がとられています。

〈中澤　潤〉

I 教育心理学の考え方

3 経験がもたらす可能性：行動主義的アプローチ

▷1 行動主義の提唱者のワトソン（Watson, J. B.）は、「私は任意にどんな子を与えられても、その子を訓練して、私の選んだいかなるたぐいの専門家（医者、弁護士、芸術家、社長、そして貧乏人やどろぼうにさえ）に育て上げてみせる。それはその子どもの持つ、才能、好み、傾向、能力、素質、血統には全く関係ない。(Watson, J. B. 1930 *Behaviorism*. (Rev. Ed.) New York: Norton.)」とまで述べた。

▷2 Pavlov, I. P. 1927 *Conditioned reflexes*. New York: Oxford University Press.

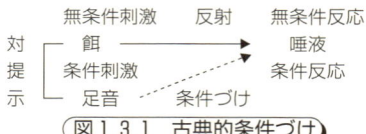

図1.3.1 古典的条件づけ

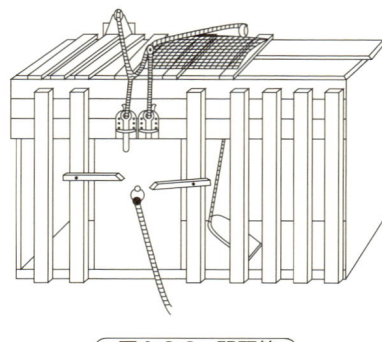

図1.3.2 問題箱

出所：Thorndike, E. L. 1898 Animal intelligence: An experimental study of the associative process in animals. *Psychological Monographs*, **2**.

1 行動主義

　行動主義は、「心」を実証的に捉えるために、客観的に観察可能な行動を「心」の表れとして研究しようとする立場です。学習は経験を通して獲得された行動の永続的な変容を意味します。行動の変容は、疲労や病気による一時的なものや、成熟により生じる当然のものではなく、何らかの経験を通して新たな行動が形成されたり、刺激と反応との新たな連合が生まれることを言います。学習は環境がどのような教育経験を与えるかに依存し、学習者は環境からの働きかけの受動的な受け手です。したがって、よき学習のために、適切な環境・経験を与えることが重要になります。

2 古典的条件づけによる学習

　古典的条件づけ（レスポンデント条件づけ）は生得的な反射を基礎にする刺激と反応の新たな連合の習得です。パブロフ（Pavlov, I. P.）は、犬の消化液の働きを調べる中で、犬が飼育係の足音を聞くだけで唾液を出すようになることを発見しました。彼はそのメカニズムを以下のように説明します。餌を口にすると唾液が出るのは生得的な反射です（餌は無条件刺激、唾液が出るのは無条件反応と呼ばれます）。飼育係が餌を持ってくると当然その足音がします。つまり、えさと足音は対になって提示されます。これが繰り返されると餌（無条件刺激）と対提示された任意の刺激（ここでは足音）が次第に無条件反応（唾液分泌）と結びつき、同様の反応（唾液分泌）を引き起こすようになるのです。この現象を「条件づけ」、足音を条件刺激、それによって生起した唾液分泌を条件反応と呼びます。この唾液分泌は足音という刺激に連合された新たな反応なのです（図1.3.1）。

3 オペラント条件づけ

　オペラント条件づけとは、ある刺激の下で出現する多様な能動的行動の中の特定の反応に対してのみ報酬を与えることを繰り返すことで、刺激と特定の反応との新たな連合が作られることです。古典的条件づけとは異なり反射に基づきません。ソーンダイク（Thorndike, E. L.）は，ペダルを踏むとドアが開く問題箱という箱に空腹の猫を入れ，外に食べ物をおきました（図1.3.2）。猫は餌を食べたいためにいろいろな行動をするうちに偶然ペダルを踏み外に出られます。これを繰り返すと，猫は徐々にペダルを踏めば外に出られることを学習します。刺激（問題箱）と反応（ペダル踏み）の連合ができたのです。このような学習を試行錯誤学習と言います。その後スキナー（Skinner, B. F.）はスキナー箱（レバーを押すと餌が出るので，動物を箱に戻す必要がなくなりました）と呼ばれる実験装置を作り，オペラント条件づけの獲得や消去（習得された行動が失われること）の要因を系統的に検討しました。例えば，レバーを押す度に餌が出る場合，レバー押し行動は急速に獲得されますが，餌が出なくなるとすぐに行われなくなります（消去）。しかし，何回かレバーを押してはじめて餌が出てくる場合，学習にはやや時間がかかりますがいったん学習されたレバー押し行動は，餌が出なくなってもなかなか消去されません。

オペラント条件づけでは，出現した行動に環境から与えられる賞罰のフィードバック（強化と言います）が，行動の獲得に不可欠です。人の学習の場合，先生や仲間からの称賛や非難，テストの成績などが強化として働きます。

教育的応用の例として，スキナーが提唱したティーチング・マシンによるプログラム学習があります。スキナーは，一斉の授業では理解の個人差に対応できないとして，学習を個人が自分のペースで行えるように，学習の最終目標に至る過程を細かな段階に分けるスモールステップの課題の配列として組上げました。オペラント条件づけは，自閉症児などの指導場面でも行動変容技法（応用行動分析）として用いられます。不適切な行動にタイムアウト（一時的に教室から出す），望ましい行動にシールを与えるなど，賞罰を用いた行動の操作を行うものです。

④ モデリング

オペラント条件づけでは，学習者が受ける賞・罰の強化（学習者に直接与えられるので，これを直接強化と言います）が学習成立に不可欠でした。しかし，人間は他者の行動を見ただけでその行動を取り入れることができます。このような学習をバンデュラ（Bandura, A.）は観察学習あるいはモデリングと呼びました。学校は先生や級友をモデルとする観察学習が豊富におこる場所です。バンデュラは行動の習得と遂行を区別します。モデルの行動は観察により学習者の頭に入ります（習得）。その際学習者への強化は必要ありません。しかし，習得されたモデルの行動を学習者が実際に遂行するかどうか（つまり行動に表すかどうか）には，モデルに与えられた強化（代理強化と言います）が影響します。知識としての学習と行動としての学習を区別する点で，バンデュラはその後の認知的学習の発展とのつながりを持っています。

（中澤　潤）

▷3　スキナー箱ではラットがレバーを押す（あるいはハトがキーをつつく）と自動的に餌が出る。問題箱では，外に出た動物を箱に戻さなければならなかったが，その必要はない。またレバー押しなどの反応を自動的に記録することができ，学習の過程の解析ができる。

▷4　Skinner, B. F. 1938 *The behavior of organisms.* New York: Appleton Century Crofts.

▷5　プログラム学習の原理
①スモールステップの原理：最終目標に至るまでの下位目標を難易度の順に配列し，スモールステップを重ねることで，最終目標に到達できるようにする。
②積極的反応の原理：回答を書くなどのように積極的に行動で反応させる。反応には強化（正誤のフィードバック）が与えられる。
③即時確認の原理：正誤のフィードバックは回答の直後に即時に与えられる。
④自己ペースの原理：個人差に応じて，学習者のペースで進められる。
⑤フェイディングの原理：はじめは正答が出やすいようにヒントなどの援助を多く与えるが，次第に援助を減らし，自己の力で行うようにさせる。
プログラム学習については VIII-1 も参照。

▷6　Bandura, A. 1977 *Social learning theory.* Englewood Cliffs, NJ: Prentice-Hall.（原野広太郎（監訳）1979　社会的学習理論　金子書房）

▷7　I-5 参照。

I　教育心理学の考え方

　認知的葛藤が認識を高める：構成主義的アプローチ

▷1　Piaget, J. 1952 *La psychologie de l'intelligence*. Paris: Librairie Armand Colin.（波多野完治・滝沢武久（訳）1967　知能の心理学　みすず書房）

▷2　しかし，以下に示すWasonの4枚カード課題に見られるように，形式的操作段階にあるはずの大人でも完全に論理的な思考が可能であるとは限らない。Wasonの4枚カード課題：4枚のカードの1面にアルファベットが，もう1面に数字が書かれている。

| M | E | 7 | 4 |

「一方の面に母音があれば，その裏はかならず偶数でなくてはならない」というルールが正しいかどうかを調べるには，どのカードを裏返してみる必要があるか？

1　構成主義と認知発達段階

　学習を行動の習得と見るのではなく，新たな認識の獲得と見る立場が構成主義です。ピアジェ（Piaget, J.）は，人は活動を通して主体的に新たな認識（認知）を構成していく存在であり，その発達時期に応じた外界の認知・理解の枠組み（シェマ）をもつと見ます。認知発達とはより高次のシェマを獲得していくことを言い，一旦新たなシェマを獲得すると，認識はそれまでとは質的に異なるものとなり，世の中はそれまでとは異なって見えます。また新たなシェマを獲得すると，もはやそれ以前にもっていた認識の仕方には戻れません。つまり，人の認識は段階的に一定の方向に進展し，後戻りはしないと考えます。◁1

　ピアジェは人の認識の発達段階をまず大きく，乳児期（0～1.5・2歳ころまで）の感覚運動的段階とそれ以降の表象的思考段階に分けます（図1.4.1）。感覚運動的段階は，まだ言語やイメージの機能が十分ではなく，行動や感覚によって外界を認識・理解しようとする段階です。乳児は物を触ったり，しゃぶったりすることによって理解しようとします。表象的思考段階になると，実物を離れイメージや言語（これらを表象と言います）を用いて考え，理解します。

　表象的思考段階は7・8歳を境に前操作的思考段階と，操作的思考段階に分かれます。操作的思考とは，頭の中で行われる論理操作を用いた思考を言います。幼児期から低学年期までの前操作的思考段階は，まだそのような論理操作ができない段階です。前操作的思考はさらに，象徴的思考段階と，それ以降の直観的思考段階に区別されます。象徴的思考段階では事物をイメージや言語を使って頭の中で想起したり関連づけたりします。幼児が行う見立てやごっこ遊びはその例です。この時期の子どもは経験が不十分で，彼らのもつ概念は大人のもつ概念とは異なります。このような未熟な概念を前概念と言い，上位概念と下位概念の区別のない主観的な概念分けが行われます。また，自他の区別が未分化な人工論（世の中のものは全て人が作

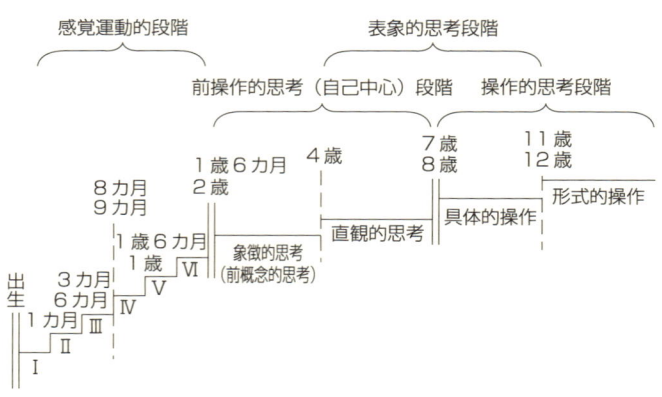

図1.4.1　ピアジェの思考の発達段階

出所：岡本夏木　1986　ピアジェ, J.　村井潤一（編）別冊発達4　発達の理論をきずく　ミネルヴァ書房　pp. 127-161, p. 140 から改変

ったと考える），生命論（物には全て生命や心があると考える），実念論（考えたことや夢で見たことは実在すると考える）などの思考を持ちます。

直観的思考段階では，徐々に世界を概念化し理解するようになりますが，対象のもつ目立ちやすい特徴に惹きつけられるとそれに基づいた判断を下してしまいます。それがよく表れるのが「保存」課題です。たとえば，同じ形の2つのコップに入れた同量の水の一方を，より細長いコップに入れると高さが高くなった方が多いと判断することがこの時期に見られます。目立ちやすい水の高さに注意が惹きつけられ，それによって判断がなされるためです（図1.4.2）。

操作的思考段階は，11・12歳ころまでの具体的操作段階と，その後の形式的操作段階に分かれます。具体的操作段階では，物事を論理的に考え結論づけることはできますが，まだ具体的・日常的な事柄に限られ，非現実的な前提に立っての推論や，抽象的な推論を行うことはできません（たとえば，計算は具体的な数字で行うものと考え，文字式を理解できない）。形式的操作段階になると文字式などの抽象的な記号操作や，抽象的な思考も可能になります。

② 認知的葛藤

認知発達は，何によって進むのでしょう。人は環境が与える情報とそれを理解する自己の認識の枠組み（シェマ）が調和していることを求めます。したがって，それらの間にズレや矛盾があると，混乱や葛藤が生じ（認知的葛藤），調和・バランスをとろうとします（均衡化）。均衡化のためにまず行われるのが同化です。同化とは環境情報を自分のもつシェマに合わせて解釈し理解することです。自分のもつシェマを変えないのですから，比較的容易で，そのためにまず行われるのです。しかし，情報とシェマの間の矛盾がさらに大きくなるとシェマを変えなければもはや理解できなくなります。このときに調節が生じます。調節とは環境情報に合うよう自分のシェマを作り変えることを言います。調節による新しいシェマの獲得が，新しい認識に発達することです。

構成主義の立場に立つ教育では，発達の主体は子ども自身であるとし，教師は援助者として子どもの現在の認知発達のレベルを理解した上で，認知的葛藤を引き起こすようなそれより少し上のレベルの課題を提示します。ズレが均衡化を生み，子どもの主体的な認知発達を促すと考えるからです。この教育では，知的活動を促すパズルやカードゲームなども用います。そこでの仲間とのやりとりは子どもたちの認知的葛藤をもたらし，発達を促すと考えられます。

（中澤　潤）

確認：同形同大の透明な容器A，Bに同じ高さまで水を入れ，AとBとで同じだけ水が入っていること（A＝B）を子どもに確認させる。

変換：A，Bより細い（あるいは太い）容器B′を用意し，子どもの見ている前で，Bの水をB′へ移し換える（Aはそのまま）。

質問：子どもにAとB′とではどちらのほうが水が多いか（あるいは，どちらのほうがたくさん飲めるか），それとも同じかを問う。

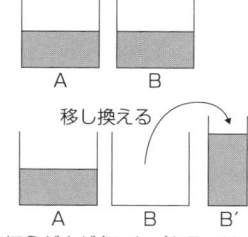

図1.4.2　液量の保存の課題

出所：Piaget, J. 1970 Piaget's theory. In P. H. Mussen (Ed.), *Carmichael's manual of child psychology.* (3rd. ed.) vol. 1. New York: John Wiley & Sons. pp. 703-732.（中垣啓（訳）2007　ピアジェに学ぶ認知発達の科学　北大路書房　p.61. なお，この図は訳者の作成による）

正解は「E」と「7」だが"偶数の書かれたカードを調べなくてはいけない"という根拠のない思いこみから「4」も裏返す必要があると考えがちである。
Wason, P. C. 1968 Reasoning about a rule. *Quarterly Journal of Experimental Psychology,* **20**, 279-281.

▷3　Kamii, C., & DeVries, R. 1977 Piaget for early education. In C. Day & R.K. Parker (Eds.), *Preschool in action: Exploring early childhood program.* Boston: Allyn & Bacon.（稲垣佳世子（訳）1980　ピアジェ理論と幼児教育　チャイルド本社）

▷4　教師はつねに子どもの思考を促すような働きかけを試みる。たとえば，グループ6人分のプリントを持ってきて欲しいときに，「6枚持ってきて」と言うのではなく，「みんなの分だけ持ってきて」と言うことで思考を促す。

I 教育心理学の考え方

5 知識獲得としての学習：認知心理学的アプローチ

▷1 Hughes, M., & Donaldson, M. 1979 The use of hiding games for studying the coordination of viewpoints. *Educational Review*, **31**, 133-140.

▷2 チィ（Chi, M. T. H.）はチェスの得意な6～10歳児は，チェスの素人の大学院生よりもチェス盤上のコマの記憶がよいことや，同じ7歳児でも恐竜に詳しい子は恐竜をあまり知らない子よりも身体の構造や特性の概念的知識（水かきがあるから泳げた，牙があるから肉食である）に基づいて恐竜を分類することを示した。
Chi, M. T. H. 1978 Knowledge structure and memory development. In R. S. Siegler（Ed.）, *Children's thinking: What develops?* Hillsdale, NJ: Lawrence Erlbaum Associates. pp. 73-96.
Chi, M. T. H., Hutchinson, J., & Robin, A. 1989 How inferences about novel domain‐related concepts can be constrained by structured knowledge. *Merrill‐Palmer Quarterly*, **35**, 27-62.
領域固有性については IV-6 も参照。

▷3 IV-1 の図 4.1.1 参照。

1 知識獲得としての学習

　学習を新たな知識の獲得と見なす立場に認知心理学的アプローチがあります。構成主義と異なるのは，この立場がコンピュータ科学の進展に伴い，人の行う情報処理をモデル化し，外界の情報の入力，貯蔵，また情報と知識のやりとりを通した思考などを精密に検討する点にあります。

　1970・80年代には，課題の構造を変え子どもの日常に近いものにすると，それまでピアジェが主張していた時期より年少の子どもでもピアジェの概念を示すことができることが分かってきました。また，ある領域でエキスパートの子どもは，素人の大人よりも優れた遂行を示すという例も示され，ピアジェの言うような人の知的発達がある時期に特有のシェマに支配され縛られているのではなく，知的発達はそれぞれ多様な領域固有の知識の総体であり，人はそれら個々の領域で自由に能力を伸ばすことができるという見方が大きくなりました。

2 記憶の情報処理モデル

　認知心理学的アプローチの基本的なモデルは，記憶の情報処理モデルです。外界の情報はまず感覚記憶（感覚登録器）に入力されます。感覚記憶には視覚情報は1秒程度，聴覚情報は5秒程度とどまるだけでほとんどの情報がそのまま棄てられていきます。感覚記憶に入った情報のうち，注意されたものだけが次の短期記憶（短期貯蔵庫）に入ります。

　短期記憶に一度に入る情報容量は，およそ7±2チャンクです。なおチャンクとは情報のまとまりのことです。T，L，B，A，Eは5つの文字ですから7±2からすると後2つくらいしか短期記憶に入れられませんが，これをTABLEのように意味のあるまとまりにすると1チャンクになり，さらにあと6チャンク分くらいの情報が入れられます。多くの情報を覚えようとするときには，このように情報をチャンクにまとめていくのがよい方法です。短期記憶に情報は15～30秒程度とどまり，そして棄てられていきます。短期記憶の中の情報のうちリハーサル（情報を声に出して（あるいは心の中で）復唱すること）する等意識的な処理を受けたものが長期記憶（長期貯蔵庫）に入ります。

　長期記憶は，我々のもつ知識です。長期記憶の中にある知識は，手続き的知識と宣言的知識に分けられます。手続き的知識とは，靴紐の結び方や鉄棒の逆

上がりの仕方などのような，言葉で表現することの難しい動作的な知識です。一方，宣言的知識は言語により記述できる知識です。宣言的知識はさらに，意味記憶とエピソード記憶に分けられます。意味記憶は「鯨はほ乳類である」というような辞書的な社会に共有される知識を言い，その中のある部分は学校教育を通して教えられます。一方エピソード記憶は日常で経験したことの記憶で，個人に固有の記憶です。

この記憶の情報処理の過程は，メタ記憶により制御されています。メタ記憶とは，記憶に関する知識（これは長期記憶の中に入っています）とメタ記憶的活動（コントロール，モニタリング）からなります。記憶に関する知識とは，覚えやすい・覚えにくいものはどのようなものか，記憶するために有効な方法は，物事を忘れないようにするには・思い出すにはどのような方法があるかなどの知識を言います。このような記憶にかかわる知識に基づき，たとえば，覚えようとする単語をマーカーで塗って注意を引くようにしたり，口に出して復唱したりするわけです。コントロールは記憶の目標設定やプランニングを行うこと，モニタリングは自分の記憶の状態を監視しチェックする機能を言います。この機能があるために，我々はもう覚えたと思われる単語の学習はやめ，まだ覚えられていそうにない単語に集中して，さらに繰り返し復唱したり書いたりすることができます。

③ 問題解決の場としての作業記憶

問題解決は短期記憶の場において行われます。問題解決に用いられる記憶を，作業記憶（作動記憶）と呼びます。作業記憶には，課題で示されている情報が入るだけではなく，長期記憶の中から課題解決にかかわる知識が呼び出されます。たとえば，単純な筆算の引き算をするときには，書いてあるのが数字であること，2つの数字が横に並んでいれば，左は10の位，右は1の位であること，短い横棒はマイナスで引く印であり，長い横棒はその下に計算をするのだというような多様な意味記憶，2けたの筆算の引き算の仕方は1の位から始め，上の段の数値から下の段の数値を引くといった手続き的知識が引き出されるのです。また上の桁から借りてくることなどの計算途上の一時的な記憶は問題解決のための情報として重要です。問題解決には，このような多様な情報を作業記憶の中に一時的にとどめることができなければなりません。したがって，作業記憶容量を超える情報を保たねばならないような複雑な課題が与えられると，問題解決は難しくなります。ケース（Case, R.）は子どもの作業記憶容量の乏しさが，彼らの知的課題の遂行を貧弱なものとしていること，また作業記憶容量の発達に伴う増大が，ピアジェ課題における遂行レベルの上昇の背景にあることを明らかにしています。

（中澤　潤）

▷4　これらの記憶については，IV-2 参照。

▷5　記憶のモデルについては，IV-1 参照。なお，メタ記憶の概念はその後記憶だけでなく注意，問題解決など広く認知機能に拡大しメタ認知と呼ばれるようになっている。IV-4 参照。

▷6　Case, R. 1978 Intellectual development from birth to adulthood: A neo-Piagetian approach. In R. S. Siegler (Ed.), *Children's thinking: What develops?* Hillsdale, NJ: Lawrence Erlbaum Associates. pp. 37-71.

▷7　作業記憶については，IV-3 参照。

I 教育心理学の考え方

 発達の最近接領域：社会文化的アプローチ

① 社会文化的アプローチ

　行動論や構成主義，また認知心理学の学習観が，学習を社会や他者とは無関係な個人的な営みと見るのに対し，社会文化的アプローチでは，認識の発達や知識の獲得を社会・文化・歴史的な構成過程と見ます。つまり，学習は社会から孤立した個人の営みではなく，他者との協同による，文化的な道具に媒介された活動から生まれるものと考えるのです。

発達の最近接領域

　ヴィゴツキー（Vygotsky, L. S.）は発達や学習は文化の獲得であり，文化の体現者である大人との協同行為を通して行われるとします。彼は，この協同行為としての学習過程を「発達の最近接領域」により説明しました。▶1

　子どもには，課題を独力で解決できる限界があります（現時点での発達水準）。しかしその限界の上に，大人の与えるヒントなどの援助を受けることにより解決できるレベルがあります（潜在的な発達可能水準）。この2つの水準の間の領域が「発達の最近接領域（zone of proximal development: ZPD）」と呼ばれます。ヴィゴツキーによれば，教育とは子どもの発達の最近接領域に働きかけ，それによって潜在的な発達可能水準であったものが現時点の発達水準へと変わることであり（子どもが次第に大人の助力無しにできるようになる。すなわち子ども自身の能力として獲得され内化していく），またそれに伴い新たな潜在的な発達可能水準が生まれることを言うのです。発達の最近接領域において大人が行う援助をブルーナー（Bruner, J. S.）は足場かけ（scaffolding）と呼びました。▶2 子どもの現状を読み取り，適度なレベルの援助（足場）を与え，子どもが次第に自力でできるようになれば徐々に援助（足場）を外していくのです。

③ 学びの協同性

　この場合，学習は大人のヒントと子どもの解決行動双方の相互作用の中で生まれるのであって，大人のものでも，子どもものでもありません。まさに協同して創られるものであり，その成果は両者に共有されるものなのです。なお，協同者はかならずしも大人でなくとも，認知的により先行している仲間であってもかまいません。班学習などのグループによる活動にはこの仲間同士の学習

▶1　Выготский, Л. С. (Vygotsky, L. S.) 1956 Мышление и Речь. Избранные Психоиогические Исследования. (柴田義松 (訳) 1962 思考と言語 上・下 明治図書)

▶2　Wood, D., Bruner, J. S., & Ross, G. 1976 The role of tutoring in problem solving. *Journal of Child Psychology & Psychiatry*, 17, 89-100.

システムが組み込まれていると言えます。認知心理学では，協同的な課題解決において他者と共有される認知を分散認知と呼びます。分散認知とは，認知は個人の中で閉じているのではなく，他者や道具，環境との間で共有され存在しているという考え方です。

❹ 認知の媒体としての道具・言語・記号

人の学習においては，認知を媒介する人工的な道具が用いられます。これらは，人間の作り出した歴史的，文化的な蓄積であり，技術的道具と心理的道具に分けることができます。

技術的道具には，筆記用具やノート，黒板などがあります。技術的道具により思考過程を記録したり記憶の補助とすることで，学習は大きく援助されます。

心理的道具は思考そのものを運用する道具であり，言語と記号があげられます。ヴィゴツキーによれば，言語はそれまでの世代が文化・歴史的に経験し認識した事柄の凝縮です。発達の最近接領域における大人と子どもの協同行為は言語を媒介にして行われます。言語（スピーチ）は外言として他者とのコミュニケーションの道具として機能しますが，次第に内化し内言となり，思考の道具として使われるようになります。また，文字や図，表などさまざまな記号システムも，理解の促進や共有，知識の記録や整理に用いられます。これら心理的道具を用いることで，具体的・直接的な学習にとどまらず，抽象的・間接的な学習を行うことが可能となります。

班学習や，生活科や総合学習で行われるプロジェクト活動は「協同的な学び」を重視する点で，社会文化的アプローチの視点と共通するところが多いようです。集団によるプロジェクト活動は最近幼児教育においても，取り入れられるようになっています。その先駆的な活動が，イタリアのレッジョ・エミリア市の幼児教育です。ここでは，プロジェクトとよばれる小集団による協同の探求活動を，保育者と美術専門家（アトリエリスタ）が協同して支援します。魅力的なプロジェクトテーマ（例：影，体の動き，水）が提出され，子どもはまずプロジェクトの計画を，文字や絵という道具により表現し仲間と情報を共有したうえで，プロジェクトを協同で展開します。問題に直面したときは，仲間や保育者からのアドバイスにより解決していきます。これは発達の最近接領域への働きかけとなります。保育者やアトリエリスタは子どものプロジェクト活動に寄り添いそれをビデオ，テープレコーダー，絵や文字で記録し（これをドキュメンテーションとよぶ），翌日の活動の展開の援助の方向を探ります。園は日常の保育やプロジェクト活動のドキュメンテーションを保護者に発表したり，保護者と園の運営を話し合う機会を頻繁にもち，教育専門家（ペダゴギスタ）がこの活動を支援します。こうした地域や保護者との協同性も，文化や協同性を重視する社会文化的アプローチと共通する点です。　　　　（中澤　潤）

▷ 3 Edwards, C. P., Gandini, L., & Forman, G. E. 1998 *The hundred languages of children : The Reggio Emilia approach-advanced reflections.* (2nd ed.) Greenwich, CT: Ablex.（佐藤学・森眞理・塚田美紀（訳）2001 子どもたちの100の言葉――レッジョエミリアの幼児教育　世織書房）

ただし，レッジョ・エミリアの保育にはヴィゴツキーばかりでなく，学びは経験の再構成であるとするデューイ（Dewey, J.）の経験主義や，認知的葛藤が学びの出発であるとするピアジェの影響も同時に大きい。レッジョ・エミリアの保育についてはⅦ-5も参照。

I 教育心理学の考え方

 場と結びついた学び：状況論的アプローチ

1 状況に埋め込まれた学習

　状況的学習論は学習のメカニズムを論じる理論ではなく，学習を広く意味付けようとする理論です。この立場では，社会文化的アプローチと同様，学習を社会から孤立した個人の営みではないとします。そして学習をさまざまな実践的な活動の場における技術や知識の習得ととらえ，学習は社会的状況や文脈に埋め込まれているとします。これは，状況それ自体の中に学習や実践の知が存在していること，さらに学習がなされることによってまた新たな状況が創り出されていることを言います。したがって，学習と状況は分離できないのです。それが，「学習が状況に埋め込まれている」という意味です。

　状況的学習論の提唱者であるレイヴ（Lave, J.）とウェンガー（Wenger, E.）は，学習とはある実践の共同体の一員になる過程であり，その共同体における言葉を使い活動し，さらに共同体を構成していくことであるとします。転校生や帰国子女，外国人子弟が新しいクラスに転入し，当初は慣れないためにクラスの周辺にいるが，仲間の行動を見たりしながら次第にクラスの文化や行動様式を身につけ，クラスの中心メンバーになっていくという過程も学習と言うことができます。このように，学習を個人の中で起こるものではなく，共同体における社会的かかわりや，そこにあるさまざまなものとの相互作用の中で生じる過程と見ると，学ぶのは共同体であり，学びはその学習に参加している人にわかたれ，新たな共同体を生むことになります。新メンバーを取り込むことで，クラス自体がそれまでとは異なるものになっていくわけです。

2 正統的周辺参加

　レイヴとウェンガーはこの学習論を「正統的周辺参加」という言葉で説明します。「正統的周辺参加」とは，学習者が共同体の新参者として重要な業務の周辺的な重要性の低い業務を担当するところから始め，技能の熟達につれ中心的でより重要な業務を担当する十全的参加者へと変化していくことを言います。彼女たちは実践共同体として，リベリアの仕立屋を取り上げ，新参者が古参者になる過程を明らかにしています。新参者は，最初は帽子とズボン下，子どもの普段着の作り方を学び，その後に外出着やフォーマルな衣服，そして最後に高級スーツを作るようになります。そこではボタン付けなど衣服の製造の仕上げ

▶1　Lave, J., & Wenger, E. 1991 *Situated learning: Legitimate peripheral participation.* New York: Cambridge University Press. （佐伯胖（訳）1993　状況に埋め込まれた学習——正統的周辺参加　産業図書）

の段階を学習することから始め，それから縫うことに，そしてその後にはじめて布の裁断の仕方を学ぶのです。新参者は失敗してもやり直しがきき，大きな損害のない周辺的な事柄を担当するのですが，それでも仕立ての仕事の中で一定の役割を果たすことで，仕立て屋の共同体の一員となるのです。また新参者は直接教わるのではなく，親方や他の徒弟の仕事を観察することから学んでいきます。

このような実践の場で獲得される技術や知識は，抽象的で断片的な知識ではなく，実際の業務の遂行に深くかかわるものです。すなわち，状況的学習論の立場では，学習するということは，最終的に社会の中で何らかの役割を果たすことができるようになることなのです。学習はその意味で，社会的参加の過程であり，個人がその社会の中で自己を形成していく過程です。人は学習を通して，共同体の中でその役割を明確にしていき十全的な参加者となっていくのです。正統的周辺参加のような学習は，典型的には伝統産業の技術や実践知の伝達をねらいとする徒弟制をはじめ，実践知の伝達を必要とする場，すなわち中心となる熟練した古参者がいて，古参者を取り巻くように熟練度の異なるさまざまな参加者がいる共同体に共通するものです。

▷2 正統的周辺参加については，XII-3 も参照。

3　認知的徒弟制

学校教育における知識獲得も，状況や学習環境と独立になされるものではありません。そこで，伝統的な徒弟制における学びのシステムをふまえながら，学校教育における認知的な学びをとらえようとする立場があります。それが「認知的徒弟制」というシステムの想定です。認知的徒弟制では，習得される知識や方略を多様な状況で用い練習できるように学習課題が選ばれ配列され，またそれにより多様な場で使える一般化された知識の伝達がはかられます。また古典的な徒弟制では目に見える活動が伝達されるのに対し，認知的徒弟制では目に見えない内的な思考過程の明示が求められます。認知的徒弟制においては，以下のような学習過程が機能します。

①モデリング：親方が弟子に自分の技を観察させるように，教師など教室の熟達者はその熟達した技能を生徒に観察させ，真似させます。

②コーチング：親方が弟子に学んだ技能を使わせるように，教師は生徒にやらせ，必要に応じ足場としてのヒントやフィードバックを与えます。

③フェーディング：教師は生徒に手がかりや補助などの足場を与え，上達につれ足場を徐々に取り除き，1人でやれるようにします。

④明瞭な表現：内的な過程である思考を外からも分かるように，理由や知識，問題解決過程を明瞭に表現させます。

⑤反省：生徒の問題解決過程を熟達者や他の生徒のそれと比較させます。

⑥探求：生徒が自立した学習者として自分自身で問題を設定し，解決していきます。

（中澤　潤）

▷3　Collins, A. 2006 Cognitive apprenticeship. In R. K. Sawyer (Ed.), *The Cambridge handbook of the learning sciences*. New York: Cambridge University Press. pp. 47-60.

II 学びの場とその移行

 生活の中での学び：家庭での学び

子どもたちは生まれてから日々，生活の中で養育者やきょうだいなど一緒に暮らしている家族からさまざまなことを学んで成長していきます。ここでは，家庭の中での学びについてふれます。

しつけ

○ひとりでできるようになる——基本的生活習慣を身につける

親は子どもが生まれてから人間として成長するために必要な基本的生活習慣を「しつけ」として手とり足とり教えていきます。子どもは親やきょうだいからこれらの生活習慣を学んで大きくなります。

基本的生活習慣とは，日常の生活に欠くことができない社会的なルールにしたがった習慣です。決まった時間に食事をとること，排泄すること，睡眠をとること，着替えること，歯を磨くこと，おふろに入ること，片づけ，あいさつなど，子どもたちの日常は学ぶことがたくさんあります[1]。子ども向けの絵本の中には，このような生活習慣を身につけるためのものがいろいろあります[2]。

最近は子どもが夜にねむる時間が遅くなる傾向があると指摘されています。このような状態では朝起きてからもぼーっとしたり，友人に対して攻撃的になったりする現象が見られることもあります。

また，食べものの好き嫌いが多く偏食になっている子どもたちも，骨の成長に必要な栄養分が十分にとれなかったり，よく泣いたり落ち着きがなかったりして安定した情動面での発達に影響が出ている場合もあります。まだ小さいうちに基本的な生活習慣をしっかり身につけることが，その後の人生の発達・成長にとってかけがえのない大事な課題なのです（表2.1.1）。

② 親の発達期待

子どもが**社会化**[3]していくプロセスでは，親の期待や信念，価値観が子どもの自己認識に影響を及ぼします。自分がどのような能力の持ち主で，これからどのようになりたいのか，そのためには何を目標にしようか，成功できそうかなどについての子どもの自己認識は，親が子どもをほめたり，励ましたり，ときには叱ったりすることによって方向づけられ，育まれていきます[4]。このような親の発達期待は養育態度にも反映されるため，子どもの心身の成長に大きな影響を及ぼします。

▷1 小林真 2000 人々とのつながりを求めて 塚野州一（編著）みるよむ生涯発達心理学——バリアフリー時代の課題と援助 北大路書房 pp. 31-56.

▷2 たとえばノンタンシリーズ（偕成社）の『ノンタンはみがきはーみー』『ノンタンおしっこしーしー』『ノンタンぶらんこのせて』など。

▷3 社会化
人は生まれてから文化の中で育つ。そしてその文化の規範や価値観を取り込んでいく過程を社会化と言う。

▷4 Wigfield, A., & Eccles, J. S. 2000 Expectancy-value theory of achievement motivation. *Contemporary Educational Psychology*, **25**, 68-81.

表2.1.1 基本的生活習慣の自立の目安

	食事	排泄	睡眠	着脱衣	清潔
6カ月頃まで	・ミルク以外の味に慣れる ・スプーンから飲むことに慣れる ・離乳が始まる	・オムツを取り替えてもらって心地よさを感じる	・生活リズムに沿って、眠いときには安心して十分眠る	・清潔でゆったりとした衣服に、また気温・湿度・健康状態にあわせて衣服の調節をしてもらい、その心地よさを感じる	・オムツその他の身の回りのものを清潔に保ってもらい、清潔の心地よさを感じる
6カ月〜1歳3カ月	・喜んで食べる ・離乳食から徐々に幼児食に移行する	・便器での排泄に興味をもつ			・食事の前後や汚れたら顔や手を拭いてもらい、清潔になることの心地良さを感じる
1歳3カ月〜2歳	・様々な食品の形態に慣れる ・スプーン、フォークをもって自分で食べようとする気持ちが芽生える ・コップをもって飲める	・便器での排泄に慣れる		・衣服の着脱に興味をもつ	
2歳	・楽しんで食事・間食をとる ・自分で食事をしようとする気持ちが育つ ・スプーンと茶碗を両手で使う ・食前食後の挨拶をする	・自分からまたは促されてトイレに行く ・見守られて自分で排泄する	・落ち着いた雰囲気で十分眠る	・簡単な衣服はひとりで脱ぐ ・手伝ってもらい、ひとりで着る ・靴下をひとりで脱ぐ ・クツをひとりではく ・帽子をかぶる	・生活習慣を常に清潔に保つことや、身の回りの清潔の習慣が少しずつ身につく ・食後、手伝ってもらいうがいなどする ・手伝ってもらって自分で手を洗い、顔・鼻をふく

出所：中村美津子 1998 身体の育ちと身辺生活の自立 藤崎真知代・野田幸江・村田保太郎・中村美津子 保育のための発達心理学 新曜社 pp. 54-55. より一部抜粋

　また親の発達期待は文化によって異なります。日本の子どもの幼児期の発達では、自分を抑える面は順調に伸びていきますが、自己主張する面は4歳以降は伸びにくくなります。柏木によれば、日本の母親は子どもに対して、自己主張は「たまにできる程度でよい」と思っていますが、自己を抑えることは「もっと頻繁にできなくては困る」と期待していました。一方、アメリカの母親は、自己を抑えることよりも自己主張をすることに発達期待を抱いていました。

　このように、文化によって親の発達期待が異なるために、子どもの自己主張の発達に影響を及ぼしています。

　なお、2008年度から文部科学省は「家庭教育支援チーム」をつくり、おもに小学生の子どもがいる家庭を訪問することになりました。PTAや町内会役員、子育て経験のある地域住民と、保健師や臨床心理士らの専門家が地域の家庭教育アドバイザーとして市町村が養成して認定する「子育てサポーター」と一緒に支援チームを作ります。核家族化のために家庭の教育力が低下したことが背景にあり、その回復を目指しています。

（大家まゆみ）

▶5 柏木恵子 1988 幼児期における「自己」の発達——行動の自己制御機能を中心に 東京大学出版会

II 学びの場とその移行

2 遊びを通した学び：幼稚園・保育園での学び

▷1　藤崎眞知代　1998　子どもの遊び　藤崎眞知代・野田幸江・村田保太郎・中村美津子　保育のための発達心理学　新曜社　pp. 125-148.

▷2　内発的動機づけ
⇒Ⅲ-2 参照。

▷3　岩立志津夫　1997　遊びの発達　桜井茂男・岩立京子（編著）たのしく学べる乳幼児の心理　福村出版　pp. 113-124.

▷4　中澤潤　1992　新入幼稚園児の友人形成——初期相互作用行動・社会的認知能力と人気　保育学研究, 98-106.

▷5　ソシオメトリックテスト
モレノ（Moreno, J. L.）が考案した，集団の対人関係を理解するためのテスト。

1 遊びと学び

○ 遊びとは

子どもの遊びについてはさまざまな定義があります。それらに共通する定義として藤崎は遊びを次のように定義しました。①子ども自身が自ら主体的に行う活動であること，つまり**内発的動機づけ**にもとづいていること，②結果よりも手段やプロセスそのものへの興味にひかれていること，③いわゆる外的なルールには束縛されない自由な創造的な活動であることです。また，岩立は遊びが生まれる条件について表2.2.1のようにまとめています。幼稚園や保育園では，仲間との遊びを通して子どもたちは成長していきます。遊ぶことによって学んでいくのです。

○ 遊んで学ぶ——仲間との人間関係

幼稚園や保育園では仲間との遊びが人間関係を形成していきます。中澤は入園直後の4歳児の行動を観察し，その後仲間関係を調べるために**ソシオメトリックテスト**を行いました。その結果，仲間から好かれる子どもは孤立することが少なく，友だちの行為を妨害するような行動もあまり見られませんでした。このような子どもは友だちに笑いかけたり，自分から声をかけたり，ものを渡したりする友好的な行動が多かったのです。このように，仲間と遊ぶことで，友達にいやな思いをさせないことや仲よく過ごしていくことが大事だと子どもたちは学ぶのです。仲間と楽しく遊ぶには協調してやっていく人間関係が必要になります。

2 幼児教育——保育の中での学び

○ 社会的スキルの獲得

この時期の子どもはまだ情報を一度にすばやく処理することはできないので，物事にはいろいろな見方があるということが分かりません。自分の立場と相手の立場の違いを理解できないこともしばしばです。幼稚園や保育園ではブランコの順番を待たずにけんかになったり，砂場で友だちが使っているスコップを取り上げようとしたりする行為がときおり見られます。

表2.2.1 遊びが生まれる条件

遊びとなる条件	内容の説明
内的な欲求による行動	親の気持ちなど外からの理由で起こる行動は遊びとはいえない。その行動がしたいからという，内からの欲求に駆り立てられる行動が遊びである。
自由に選ばれた行動	幼稚園や保育園で先生から与えられる遊びは本当の遊びとはいえない。子どもがみずから選んだものが遊びになる。
楽しいものである	自転車に乗って遊ぶ子は，乗ることが楽しいから乗るといえる。結果として自転車乗りが上達するとしても，それが目的ではいえない。
仮想の要素がある	遊びで戦いごっこをする子は，戦う"ふり"をするので，本当に傷つけあうけんかとは区別する必要がある。
のめり込むものである	身体的なものにしろ，心理的なものにしろ，子どもは遊びにのめり込む傾向がある。遊んでいるとき，子どもは無我夢中になるのが普通である。

出所：岩立，1997

このような場合，子どもの特性に合わせた指導を適切に行うことが大事になってきます。たとえば，攻撃するなど乱暴な行為が見られる子どもには，友だちに乱暴するのはいけないことだと教えていく必要があります。また，友だちやクラスになじめないおとなしい子どもには，友だちに働きかけていけるように教師が支援する必要があります。このような仲間との関係を築くために必要な社会的スキルを幼稚園や保育園で学ぶのです。

図2.2.1 三輪車で遊ぶ

出所：京急幼稚園より提供

○知的能力，運動能力の育成

幼児期は知的能力，運動能力ともにいちじるしく伸びる時期です。幼稚園や保育園ではお絵かきの時間や歌の時間，ねんど遊び，絵本の読み聞かせ，園庭での運動や砂遊び，フルーツ狩りや栗拾いなどの体験学習，プール，遠足や運動会，クリスマス会，入園式と卒園式などさまざまなカリキュラムと行事があります。このように園児たちの知的能力，運動能力を育むためにさまざまな工夫が取り入れられています。

図2.2.2 外遊び 土を掘ったら何があるのかな？

出所：京急幼稚園より提供

3 環境移行 ── 遊びを通して発達する人間関係

家庭から幼稚園や保育園での集団生活に移行するこの時期には，子どもの日常生活が大きく変化します。家庭は親やきょうだいとともにすごす場であり，子どもの欲求が比較的通りやすいです。しかし幼稚園や保育園等の集団生活では，それまで親に依存してきた日常から脱し，みずからの欲求を抑制し，仲間との協調が求められるようになります。このプロセスで子どもの心にとまどいが生じることも多く，とくに入園直後の子どもは集団生活になじめずにずっと泣いていたり，自分の思い通りにしようと他の子どもにわがままに振るまったりする場面もよく見られます。

家庭から幼稚園・保育園での集団活動へのこの移行期に，子どもは他の子どもたちと共同で協調して遊ぶことをおぼえていきます。そして自分の気持ちを抑え，他人の心を思いやり，集団生活の規則や暗黙のルールを習得するようになるのです。

このような幼児期の仲間関係の発達をパーテン（Parten, M.）[6]は次のように定義しました。パーテンは遊びを①何もせずぼんやりしている，②他児の遊びを見ている傍観，③ひとり遊び，④他児のそばで遊んでいるが，互いに交わりのない平行遊び，⑤他児とやりとりしつつ，自分の思い通りに遊ぶ連合遊び，⑥目的をもってグループを作り，役割や仕事を分担しながら協力して遊ぶ協同遊びの6つの段階に区分し，遊びはこの順番に発達すると報告しました。ひとり遊びは2～3歳児に多く，幼稚園や保育園での集団生活に入るころから減少していきます。一方で連合遊びや協同遊びは年齢とともに増加していきます。これは幼稚園や保育園での集団活動の中で，大人や他の子どもとの社会的な共同交流によって子どもの発達が育まれていくことを意味しています。　（大家まゆみ）

▶6 Parten, M. 1932 Social behavior of pre-school children. In G. Barker, S. Kounin & F. White（Eds.）, *Child behavior and development*. New York: McGraw-Hill.

II 学びの場とその移行

3 学びの基本：小学校での学び

① 学校で学ぶ

　幼児期の子どもは家庭，幼稚園，保育園などで遊んで学び，成長します。遊びは楽しく行う活動であり，**内発的に動機づけられた**活動です。

　小学校に入学すると，環境は大きく変わります。それまでの楽しい課題を遊びながらこなす姿勢から，年間カリキュラムにもとづいて，学ぶべき事項を教師の指導のもとに習得していく環境へと移行します。小学校は学級担任制なので，1人の教師が全教科を指導します。

　小学校での学びの内容は学習指導要領によって定められています。小学校での学びは国語，社会，算数，理科，生活，音楽，図画工作，家庭，体育の各教科と道徳，外国語活動，総合的な学習の時間，特別活動に分けられます。小学校低学年では生活科を，小学校高学年で家庭科を学習します。また，5，6年生で外国語を学び，コミュニケーション能力の基礎を養います。なお，文部科学省の学習指導要領（2008（平成20）年3月告示）では総合的な学習の時間を「各教科，道徳，外国語活動及び特別活動で身に付けた知識や技能等を相互に関連付け，学習や生活において生かし，それらが総合的に働くようにすること」と位置づけています。このように生きるために必要な力を身につけるために，学びの基本を土台に据えることが小学校の学びの根本であると言えます。

○ 児童期の知的発達

　児童期（およそ6歳から12歳）に子どもの運動機能は高まり，全身をバランスよく使えるようになります。自転車に乗ったり，バスケットや野球，サッカーなどルールにしたがって仲間と共同でプレイするスポーツができるようになります。また児童期前期はピアジェ（Piaget, J.）の発達段階の**具体的操作期**にあたります。目で見たり，聞いたりすることができる具体的なものについて，筋道を立てて考えたり，実際の問題に取り組むことができるようになります。そして児童期後期になると**形式的操作期**に移行し，抽象的な思考ができるようになります。

○ 児童期の動機づけ

　ひとは本来，新しいものに対する好奇心や，何かについて知りたいと思う動機づけをもっています。幼児期にはたとえ失敗してもみずからが興味をもった対象に熱心に取り組み，体ごとぶつかって遊びながら学ぶ姿がよく見られます。

　しかし小学校に入学すると，次第に学習意欲を失い，教材や学習材を前にし

▶1　内発的動機づけ
⇒ III-2 参照。

▶2　具体的操作期
⇒ I-4 参照。

▶3　形式的操作期
⇒ I-4 参照。

▶4　コンピテンス
ホワイト（White, R. W.）が提唱した概念。有能感とも言われる。やればできるという自分に対する自信のこと。III-2 も参照。

▶5　Nicholls, J. G. 1979 Development of perception of own attainment and causal attributions for success and failure in reading. *Journal of Educational Psychology*, **71**, 94-99.

[II-3] 学びの基本：小学校での学び

ても無気力になったり，新規なものを目にしてもあまり関心を抱かなくなったりします。

この原因の1つに，期待やコンピテンス▶4が学年が上がるにつれて低下する現象が見られることがあげられます▶5。クラスの中での他者との比較や，評価を通してのみずからの学力の客観的指標を成績という形で手にすることが背後にあると言われています。

❷ 環境移行

幼稚園・保育園から小学校への移行期には，子どもたちを取り巻く学びの環境は大きな変化を迎えます。小学校は義務教育の始まりであり，わが国では誰もが通うことが義務づけられている学校です。表2.3.1は酒井▶6らによるある幼稚園と小学校の連携教育のカリキュラム開発に関するアクション・リサーチにおいて，幼稚園と小学校の違いについてそれぞれの教師が発言している様子です。近年，幼少連携の研究は各地で行われるようになってきましたが，幼稚園と小学校では大きく異なる点も少なくありません。

たとえば福井県大野市立森目小学校では，子ども1人1人が学びの軌跡を絵や作文や学習シートなどの学習物を集めて蓄積するポートフォリオ▶7の形で振り返り，教師や保護者，班活動による他者からの助言を受けてみずからの学びの成長を理解するための学習方法を取り入れています（表2.3.2）。

学習者を取り巻く環境との相互作用からやる気や目標が生まれます。学級でみんなとともに学ぶことで学びへの意欲がはぐくまれていくのです。

幼児期から児童期への移行期にある子どもたちが，小学校に入学してのびやかに学び，成長するために必要なのは，学校と教師，クラスの友だちとの人間関係，保護者や地域の人々の暖かい支援です。子どもたち1人1人が個性を発揮していける教育こそが，小学校の学びに必要なことです。　　　（大家まゆみ）

表2.3.1　○月×日の話し合い「幼小のカリキュラムの違いをあらためて認識」

（小学校の教師）
　小学校でカリキュラムといった時には年間指導計画的な，つまり内容だとか活動が具体的に書かれている計画表ですね。……小学校の場合は目標とかねらいとかいうのがあって，そして内容とか活動が先にある。幼稚園の場合は，実際に子どもが活動した後に，じゃあどういうふうに子どもが何かを学んだという。……やはり小学校とかなりそこにはギャップがある。……幼稚園の場合とかなりそこが違う。

（幼稚園の教師）
　もともと小学校と幼稚園はやはり違うと思うんですね。小学校はねらいを立てるのは，やはり評価というのもあるじゃないですか。……評価のポイントとして，やはりねらいは非常に重要だし，活動していく時に，小学校の場合は。幼稚園の場合の評価というのは，どっちかというと，子どもの育ちにとってこの環境の設定がよかったのだろうかとか，わりと保育者のほうに返ってくる……

出所：酒井・藤江・小高・金田，2006，p. 49. より一部改変して抜粋

表2.3.2　ポートフォリオを導入するための学年別取扱い（森目小学校）

第1学年 学習ファイル	教師主導の評価 ・学習活動の足跡を証拠として残し，最終段階で振り返る。 ・課題やねらいは子どもの実態に応じて，教師が中心となって決める。
第2学年 初級レベル	教師の支援による評価活動，学びの振り返りの体験 ・学習過程を含めた自己評価を体験を踏まえて行う。活動の足跡から活動を振り返り，話し合いをしながら評価の規準を検討していく。 ・教師を交えた話し合いをもとに課題をつくっていく。
中学年 中級レベル	主体的な評価活動，振り返りのきっかけ ・課題づくり，評価規準についても自分なりに考えた上で話し合い，自分なりのめあてをもって学習に取り組む。 ・教師の支援のもと，評価規準に合わせて振り返る経験を積み重ねる。
高学年 上級レベル	主体的な評価活動，振り返り ・自学自習に向けて，評価活動を交えた自己評価，振り返りを子どもたち中心で行ったり，学習計画を立てたりする経験を積極的に積み重ねていく。

出所：森目小学校　2000　平成12年度研究紀要　p. 8.（安藤輝次　2001　ポートフォリオで総合的な学習を創る――学習フィルムからポートフォリオへ　図書文化　p. 198. より引用）

▶6　酒井朗・藤江康彦・小高さほみ・金田裕子　2006　幼小連携におけるカリキュラムの開発に関するアクションリサーチ　研究代表者　酒井朗　幼小中の連携教育による児童生徒の問題行動の抑制に関する教育臨床学的研究　平成15年度―17年度科学研究補助金基盤研究（C）（2）研究成果報告書　pp. 41-66.

▶7　ポートフォリオ
⇒ⅩⅠ-3 参照。

II 学びの場とその移行

4 学びの深化：中学校での学び

中学校に入学すると，小学校とは違った環境と学びが待っています。多くの中学校では指定の制服があり，部活動に入部することになります。そして3年間の学びを終えた後は，進路を選択して将来の人生へと力強い歩みを一歩踏み出します。ここでは中学校の学びについてふれます。

1 教科担任制

小学校までは学級担任制で，1人の教師が40人近い子どもたちの学級を担任して，すべての教科を1人で教えます。中学校では教師は教科担任として，専門とする教科を指導します。したがって中学校の教師は，教科内容に関する深い知識を探究しており，中学校での学びは小学校までに比べてより深いものになります。教科名も算数から数学へ，理科は第1分野（化学・物理）と第2分野（生物・地学）に分かれます。国語は現代文・古文・漢文に，社会は地理と歴史に区分されるようになります。図画工作から美術へ，家庭は技術・家庭へと学ぶ内容も深まります。

2 部　活

部活動は原則として学年や学級の所属を離れ，共通の興味や関心をもつ生徒が組織する部に入部します。部活動の種類には文化的活動，体育的活動，生産的活動および奉仕的な活動があります。文化的活動にはたとえば美術，演劇，茶道，吹奏楽，化学，鉄道，囲碁，将棋などがあります。体育的活動にはバレー，バスケット，サッカー，野球，テニスなどがあります。生産的活動には手芸，パソコン，漫画，園芸などがあります。また奉仕的活動には手話，点字などやボランティアとして校外で行う活動などがあります。

▷1　本間啓二・佐藤充彦（編著）　2000　教職研修改訂　特別活動の研究　アイオーエム

中学校に入学すると生徒は思い思いに部活動を見学し，自分の興味や関心に合った部活動に入部し，活動します。先輩―後輩の人間関係を学び，上級生になると部長や副部長など責任ある役職に就く者もいます。3年間の部活動での活躍がその後の進路に大きな影響を及ぼすことも少なくありません。

3 環境移行――児童期から青年期へ

小学校から中学校に環境が移行すると，児童から生徒へと呼称も変わります。発達の観点からは児童期から青年期へと移行します。この時期に理数科離れが

見られます。

　国際教育到達度評価学会（IEA）が小4と中2を対象として実施した国際数学・理科教育動向調査の2003年調査（TIMSS2003）では，数学や理科の学習に対する意識や行動に関して，日本の子どもは「楽しさ」や「積極性」，「自信」，「将来における有用性」などの項目において，小4と中2で国際的にも低い水準にあることがわかっています。とりわけ，中2の方が小4よりも，理数科の学習に対する肯定的な意識の低下が大きいこともわかっています。このように，小学校から中学校への移行期に理数科離れが起こっているのです。

　大家・藤江は小5，小6，中1，中2（計1,798名）を対象にアカデミックコンピテンス（Marsh, 1990）に関する質問紙調査を行いました（表2.4.1）。アカデミックコンピテンスは「学校の授業は，よく分かりますか？」「授業中の先生の質問の答えがどれくらい分かりますか？」などの6項目から成る，学びに関する自己評価についての概念です。その結果，学年が上がるごとにアカデミックコンピテンスが低下していました（図2.4.1）。このことから，学びが深化する小学校高学年から中学校への移行期にかけて，学びに関する自己評価はむしろ下がっていくことがわかります。学びが深まる中で，学びへの動機づけを高めるための授業を組み立てていくことが大事です。

（大家まゆみ）

▶2　大家まゆみ・藤江康彦　2007　青年期の進路選択による自己の構築——再構築　上淵寿・藤江康彦・大家まゆみ・伊藤忠弘・大芦治　自己学習力活動を省察する——多面的検討　日本教育心理学会第49回総会自主シンポジウム

▶3　Marsh, H. W. 1990 *Self-Description Questionnaire - II manual*. Sydney: University of Western Sydney.

表2.4.1　アカデミックコンピテンス

学校は好きですか？
学校の成績は，どれくらいですか？
テストの点は，よいほうですか？
自分は，物事を覚えることが得意なほうだ。
学校の授業は，よく分かりますか？
授業中の先生の質問の答えがどれくらい分かりますか？

出所：Marsh, 1990

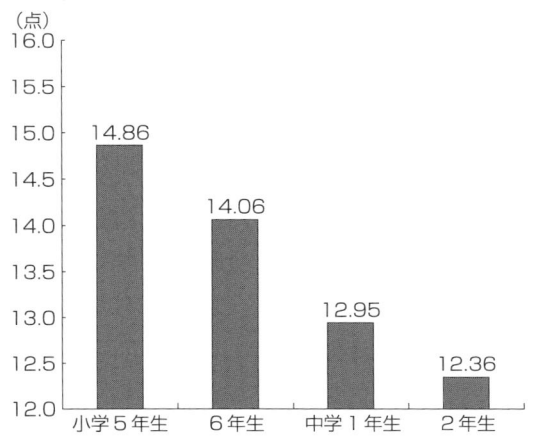

図2.4.1　アカデミックコンピテンスの得点の変容

出所：大家・藤江, 2007

II 学びの場とその移行

5 学校外での学び：習い事や塾

▷1 ベネッセ教育情報サイト　2007　習い事をしている小学生は85％以上！
http://benesse.jp/blog/20070228/p1.html

　子どもたちの学びは学校の中に限られているものではありません。学校外で，たとえば放課後に習い事をしたり，塾で学ぶ子どもたちも増えています。ベネッセ教育情報サイトのアンケートによると，習い事をする割合は，小学校に入るとそれまでの39％から85％へと倍増します。そして中学校に入ると60％程度に減っていきます（図2.5.1）。このように今や小学生の8割以上，中学生の6割が何らかの習い事をしており，子どもたちの学びの大きな割合を占めています。習い事ではスイミングやスポーツ少年団などの運動系や楽器や合唱などの音楽系，英会話などが多いようです。ここでは，学校外での学びが果たす役割について考えてみましょう。

① 学校外の学びが子どもの人間形成に及ぼす影響——塾

　「塾」という言葉にはどのようなイメージがありますか？ 塾と言ってもいろいろな種類の塾がありますが，学習塾に対する一般的な総称として塾という言葉が使われます。

　1997（平成9）年6月の文部省（当時）の生涯学習審議会の「青少年の［生きる力］をはぐくむ地域社会の環境の充実方策について」答申では，「過度の学習塾通いをなくし，子どもたちの『生きる力』をはぐくむ」という題で議論がなされました。

　子どもたちの学校外の学習環境には，児童館などの社会教育施設のほかにおけいこごと塾，スポーツ教室，学習塾など多様な民間教育事業による活動があること，小学生の7割以上（当時）が習字，そろばんやピアノ，水泳・サッカーなどのおけいこごとを習っており，子どもたちの学校外での学びには民間教育事業が大きな役割を果たしていることが，答申では報告されています。

　しかし同時に，毎日のように進学塾に通い，自宅でも深夜まで勉強する子どもたちの健康や人間形成に悪影響を及ぼすおそれがあるとの懸念も答申に含まれています。また，同じような世論も新聞，雑誌等でときおり目にすることがあります。このように受験のための

	している	していない
小学校入学前	39%	61%
小学校低学年	85%	15%
小学校中学年	87%	13%
小学校高学年	88%	12%
中学生以上	59%	41%
総計	72%	28%

図2.5.1 「お子さまは現在習い事をしていますか」

出所：ベネッセ教育情報サイト，2007

塾通いについては賛否両論ありますが，実際には学習塾にはいろいろな種類があり，「塾」と言ってもその性質はさまざまです。

❷ 塾の種類

塾は全国に拠点があり大規模に展開しているものから，地元に密着した個人塾までじつにさまざまなものがあります。佐伯・藤田・佐藤によれば，塾は進学塾，総合塾，補習塾に分けられます。

なぜこのように塾にはいろいろな種類があるのでしょうか。佐伯らは学びを「学校知」「受験知」「生活知」の3種類に分けて考えており，学校と塾の違いを次のように定義しました。学校では学びの基本である原理やしくみを教えることが中心であり，子どもの全面的な発達をうながす知識が「学校知」です。一方，目標とする学校に合格するための勉強，受験に成功するための受験技術を中心とした知識であり，直接的な生活から切り離された知識が「受験知」です。学校では受験のために子どもに各教科を教えるのではありません。「生活知」とは，子どもが大きくなって社会に出てから役立つ知識，つまり生きていくための知識や知恵です。小宮山はこれらの3つの知識を，学校と塾の関係をふまえて図式化しました。図 2.5.2 では，学校教育と塾の関係性を示しています。高等学校の各科に対応するのがそれぞれ図の延長上にある4タイプの塾です。学校教育の制度上の区分と塾の区分は類似していることが分かります。

❸ 子どもたちを支える塾——補習塾

最近では不登校や発達障害の子どもが補習塾に通う傾向も見られます。このような子どもたちに対しては，1対1の個別指導をモットーに指導する塾も多いです。集団で学ぶ教室での授業にはついていけない，友人関係で悩みクラスには行きづらいという子どもたちの学びを支える場になっている補習塾も少なくありません。

このように，塾と言うと一般的なイメージでは進学塾を指す色合いが強いですが，実際にはじつにさまざまな塾の形態が存在します。たとえば総合塾は，補習塾と進学塾の2つの特性を組み合わせた学習塾です。また，教育理念塾は社会の要請に応えるべく福祉・科学技術・工業・服飾・栄養・スポーツなどの専門的技能を培うための存在であり，専門学校や職業訓練校の成り立ちの理念と重なる部分が多いです（図 2.5.2）。

いずれにしても，現代では塾や習い事が子どもたちの日常生活に占める割合が高くなっており，子どもたちの学習経験にかなりの影響を及ぼしています。

（大家まゆみ）

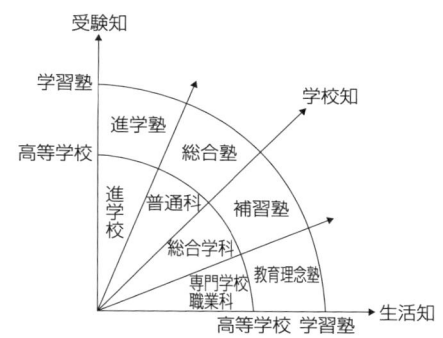

図 2.5.2　学校知・受験知・生活知の関係

出所：小宮山，2000

▷2　佐伯胖・藤田英典・佐藤学（編）1995　学びへの誘い　東京大学出版会

▷3　小宮山博仁　2000　塾——学校スリム化時代を前に　岩波書店

II 学びの場とその移行

6 進路の選択と自己発見：高校での学び

① 自分らしさの発見としての進路選択

○転機としての青年期

　国語や数学のような教科学習は，基礎的な学力を高める役割を果たします。つまりは，第1に社会人となって仕事や職業に就いたときの力になります。第2に大学や大学院に進学して専門的な知識を身につけるときの基礎にもなります。自分の興味・関心のある教科が見つかったならば，進路を考える手がかりになることもあります。

　けれども，これらの学びは，自分が将来どんな仕事をし，どんな一生を送るのかについて教えてくれるとは限りません。それで，教科学習だけでは飽き足らなくなる気持ちが出てきます。高校生のころになると，自分の生き方に引きつけた学びが強く意識されるようになるのです。

　多くの青年心理学者が指摘するように，青年期は就職や結婚などといった人生の節目の時期です。それは転機（トランジション，移行）です。職業に就くということは，そのような生活をする自分を積極的に受容することにつながります。結婚するということは，相手から求められる自分を積極的に自分らしさとして受け入れることにつながります。だから就職や結婚は，自分らしさを確認し，積極的に自分を受容することへと結びつきます。この思いは，就職や上級学校への進学に直面するにいたってさらに加速されます。

○進路選択の内的過程

　図 2.6.1は高校生の進路選択過程の心理に関する調査研究例です。5県16校2,000余名の回答に対して重回帰分析という統計処理を施した結果であり，数値は標準偏回帰係数と言いますが詳細は略します。キャリア・パースペクティブへの影響は，キャリア・モデルの有無の要因，自己決定経験の要因からいずれも正の影響が見出されています。さらに，キャリア・パースペクティブからは適職探

▷1　金井篤子　2004　高校生の進路選択過程の心理学的メカニズム——自己決定経験とキャリア・モデルの役割　寺田盛紀（編）キャリア形成・就職メカニズムの国際比較——日独米中の学校から職業への移行過程　晃洋書房　pp.25-37.

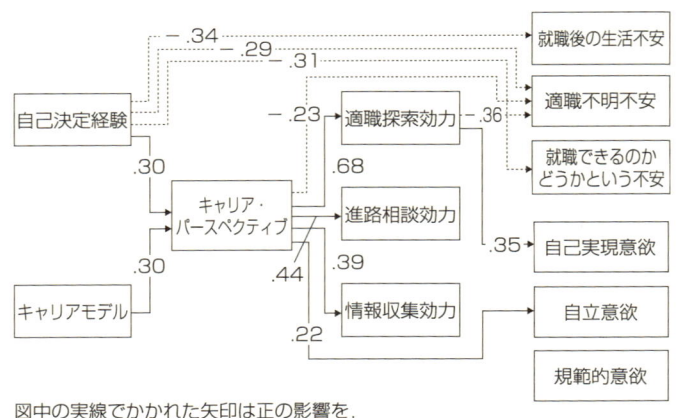

図中の実線でかかれた矢印は正の影響を，
点線でかかれた矢印は負の影響を示す。

図2.6.1　進路選択に及ぼす内的要因

出所：金井，2004

索効力，進路相談効力，情報収集効力という３つの**自己効力感**の要因へ向かって正の影響が見られます。「自分にキャリア・モデルがあるかどうか，過去に自己決定した経験があるかどうかがキャリア・パースペクティブを高め，そのキャリア・パースペクティブが自己効力感を高め，自己効力感は不安を低減したり意欲を高めたりする」という心理的過程がデータとして支持されています。このことは，高校生の内的な要因に対して教育的な働きかけを行うことが，教育的な効果をもつことを示唆します。

▷2　自己効力感
ある行動についてやればできるという自分なりの自信あるいは見きわめの強さのこと。バンデューラ（Bandura, A.）によって提唱された概念。Ⅲ-5 も参照。

❷ 教育課程の違いと就職

◯普通科と専門学科の違い

普通科では数学や国語のような基礎教科に費やす時間が多く，進路指導・キャリア教育の時間がほとんどありません。大学等への進学を希望する高校生は，そのような中で志望学部を決定します。普通科から大学へ進学する者の中には決定を先送りする者が多く見られますし，進学・就職といった進路未決定も出てきます。これはフリーターとなる原因の１つとされています。普通科の生徒には，進路情報を提供したりキャリア教育の時間を用意することが必要になっています。

他方，専門学科の生徒は実習や実技など技術的な習得に関して，多くの授業時間が費やされています。けれども現代は技術革新が急速に進むので，即戦力として期待できるほどの教育は高等学校段階では無理です。むしろ就職してからの基礎となる学力こそが必要であって，その学力の不足が高卒離職者の原因の１つとも言われています。

◯就職のメカニズムと学び

日本では，学校が高校生の卒後の就職の斡旋をしています。その流れですが，職業安定所が管内の事業所からの求人票をとりまとめます。それが各高等学校へ持ち込まれます。これを受けて，校内では生徒１人について１事業所という絞りこみを行います（一人一社制）。職業教育から雇用への移行が，学校に組み込まれてしまっているのです。これは，学校が生徒について熟知している場合には適切な就職指導ができるのですが，その反面，自己発見を基礎としたみずからの職業選択かどうかというと疑問の余地をも残しています。

学校行事や部活の中には，生き生きとした高校生の学びがあります。多様な入試方法の広がりの中で，それが就職・進学の判断材料として認知されることが現実的な意味をもつ面も増えています。したがって，これらを考慮することがこれからの課題です。

（大野木裕明）

II 学びの場とその移行

7 主体的な学び：大学での学び

1 学習に対する意欲

○ 専門分野への適合度

入学した学部の専門性の高さや専門分野に適応するかどうかが，大学生活を有効に送るための決め手の1つになります。ある大規模な調査によると[1]，専門分野への適応度の低い学生は，とくに，「大卒という学歴を得ること」「親や教師からの勧め」を重視して進路を選択する傾向があります。「自分の興味・関心」「資格取得の目的」「専門的知識や技術を身につけるため」「希望する職業に就ける」といった点については，あまり重視していません。専門分野に対する適応度については，学部間で違いがあるでしょうか。「現在の専門を学んでいることを誇りに思う」「自分が求めている生き方ができる」といった8項目からなる適応度得点によると，高適応群には医学系，芸術学系，体育学系，薬学系，教員養成学系等があがりました。これらは，学ぶ分野が明確である学部，卒後の進路もはっきりしている学部です。

学部選択条件として資格取得を重視する程度を，学部別，適応度別に図2.7.1に示します[2]。概観すると，医学，歯学，薬学，保健・看護，介護・福祉，家政・生活などでは高適応度群の資格重視得点が非常に高くなっています。こういった学部では，資格重視と適応とが結びついているということでしょう。

○ 生活環境の広がり

大学生になると，高校生と比べて，はるかに時間と空間が広がります。都市部では公共交通機関が発達しているので，比較的簡単に空間移動することができます。多くの大学生は自動車運転免許などを取得するので，かなり遠方へも自動車を運転して移動することができるようになります。時間についても，大学生は高校時代よりも自由時間が増えます。授業時間を工夫すれば，

▷ 1 柳井晴夫（代表）2002 大学生の学習に対する意欲等に関する調査研究 高等教育学力調査研究会 平成12, 13年度文部科学省教育改革の推進のための総合的調査研究委託報告書

▷ 2 同上書

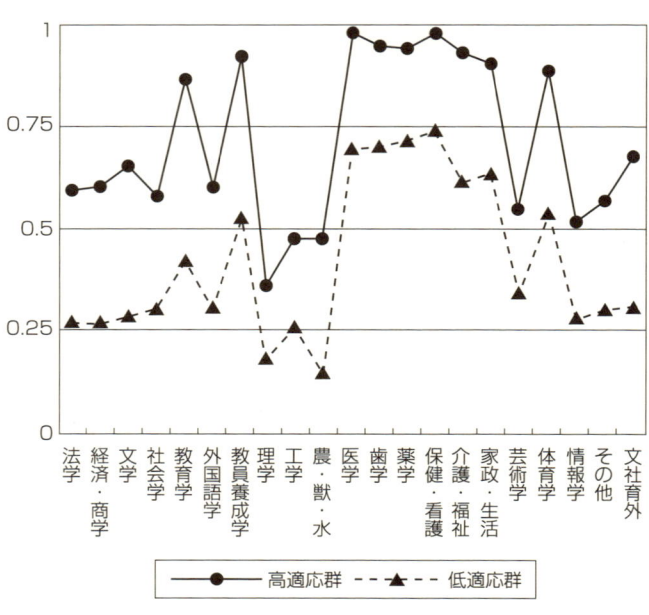

図2.7.1 学部選択条件として資格取得を重視する程度

出所：柳井他，2002

生活の時間帯が広がり，空間移動も容易になります。

　高校生という年齢的な制約がなくなり，大人と同様の扱いを受けるようになります。アルバイト活動，部活動，ボランティア活動をはじめとしたさまざまな対人関係上の出会いが生まれ，身近なところで体験を通じての興味や関心がひろがり深まります。仕事や職業世界についての知識も増えます。異年齢の人たちとのやり取りを通じて，自らのライフコースを考えるようになっていきます。

❷ 自分探しと大学生活

◯ 自分が何者であるかを知ること

　青年心理学が教えるアイデンティティ（自我同一性）論ですが，これは，いわゆる自分探しと言いかえられる面もあるでしょう。これは，自分が自分の存在を証明し確認する心理的な営みです。具体的に言うと，①自分が何者であるかを知ること，②自分が何かになること，の少なくとも2つの道筋があります。

　①はソクラテスの言葉「汝自身を知れ」で知られるような人生永久のテーマです。生活の時間と空間が広がるに従って，いろいろな人と出会い，自分の性格や考え方，価値観，生き方，家族などについて対比的に思いをめぐらせるようになります。たとえば，恋愛は異性が求めている自分と自分が受容する自分とのすり合わせの面をもっています。見方を変えると，自分が相手に求めている部分と相手が自分自身で受容する相手自身の部分の調整の面をもっています。これらの経験を通じて，自分が何者であるかを心理的に確認していくのです。

◯ 自分が何かになること

　②は将来の進路と関係があります。現在は大学生であり，それは将来の自分から見れば何者にもなっていない自分だと考えます。そして，「現在の自分が将来には何かになっていくのだ」という見通しを立て始めます。その実現に向かって努力する人たちが出てきます。プロのスポーツ選手を目指して部活をしている人もいます。資格を取得するために受験勉強を続ける人もいます。

　『大学生の学び・入門——大学での勉強は役に立つ！』という本は大学で学ぶ意味を問うている本ですが，その本の章を書き出すと表2.7.1のようになっています。せっかく大学に入学したのですから，大学での時間を大切にすることだと指摘していますが，その通りです。

▷3　溝上慎一　2006　大学生の学び・入門——大学での勉強は役に立つ！　有斐閣

（大野木裕明）

表2.7.1　大学生の学び・入門〜そのポイント

認識編
・将来やりたいことを考え続ける
・勉強しながら将来を考える
・大学での勉強は役に立つ
・自分なりの見方や考え方をもつために
行動編
・生活フォームをつくろう！
・本を読もう！
・勉強会，自主ゼミをやろう！
・1回1回の課題や発表を大事にしよう！

出所：溝上，2006の目次を抜粋

II 学びの場とその移行

8 働くことの学び：仕事の中での学び

1 就職と仕事の中での学び

○90年代以降の就職・雇用の傾向

高等学校から企業への一括採用による就職ルートは，年とともに様変わりしつつあります。この点について労働政策研究・研修機構の小杉礼子[1]は①景気の低迷，②雇用慣行の変化，③産業構造の変化の3つをあげています。新規学卒採用者が削減されアルバイトやパート採用が増加してきたこと，高水準の知識や技術さらには高学歴の卒業者への需要が高まっているために，高等学校卒業や中退者の正社員採用は厳しくなっていると言います。このことは，卒業したら就職という移行の経路が部分的に崩れているということです。その影響が高校や大学の専門性の低い学部に出ています。

図2.8.1には労働政策研究・研修機構の調べによる，年齢別あるいは学歴別に見たフリーター率が示されています[2]。低学歴の者ほどフリーターになる比率が高い傾向があります。正社員採用，終身雇用，年功賃金，企業内労働組合に支えられて企業内教育で一人前の専門家や熟練工になっていくキャリアパスが，近年かならずしも成立していないことのあらわれでもあります。

○仕事の中での学び

熟練工や技術職の育成にかかわる企業内教育は，**正統的周辺参加**[3]と呼ばれる学び方とかかわる部分が多々あります。その学び方ですが，最初は失敗しても被害の少ない周辺的な仕事から始めます。そして，次第に組織内の中心的な役割へと階層的にあがっていくのです。このような学び方は会社内だけでなく，たとえば看護師のような人たちのスキルアップの場においてもよく見られます。

図2.8.2は看護OJT[4]プログラムの一例です[5]。看護師リーダーがどんな能力を備えれば効果的な職場研修が遂行

▶1 小杉礼子 2006 なぜ若者政策を国際比較するのか 小杉礼子・堀有喜衣（編）キャリア教育と就業支援──フリーター・ニート対策の国際比較 勁草書房 pp.1-8.

▶2 労働政策研究・研修機構 2005 若者就業支援の現状と課題──イギリスにおける支援の展開と日本の若者の実態分析から 労働政策研究報告書

▶3 正統的周辺参加
⇒ I-7，XII-3参照。

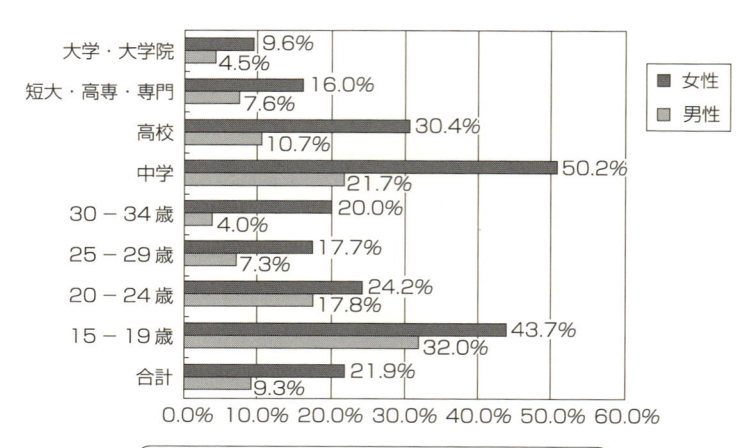

図2.8.1 年齢別・学歴別に見たフリーター率

	女性	男性
大学・大学院	9.6%	4.5%
短大・高専・専門	16.0%	7.6%
高校	30.4%	10.7%
中学	50.2%	21.7%
30－34歳	20.0%	4.0%
25－29歳	17.7%	7.3%
20－24歳	24.2%	17.8%
15－19歳	43.7%	32.0%
合計	21.9%	9.3%

（注）フリーター率は，15-34歳，非在学で女性は未婚のもののうち，フリーターをアルバイト・パートで働いているか，無業でアルバイト・パートを希望するものとして，母数を役員を除く雇用者と無業で就業希望のあるものとした比率。

出所：労働政策研究・研修機構，2005

II-8 働くことの学び：仕事の中での学び

できるかという理論的モデルです。リーダーが，職務遂行能力を向上させるための研修を企画・実行していく仕組みが作られています。

❷ 職人教育の再考

○ 学校教育との違い

学校教育では教師は入学後の生徒を選ぶことはできません。逆もそうです。しかし，職人教育では親方・師匠は弟子を選ぶことができます。逆もそうです。

そもそも親方・師匠は後継者養成の必要性を感じてはいますが，大量の後継者を育てようとしているわけではありません。その理由は，一人前の職人が増えて独立していくと，今度は自分の仕事と競合し，ライバル関係になってしまうからです。教育はもっぱら，親方・師匠の手伝い・補助のために行うのですから，必要最小限のことしか教えません。体系的で順序立てた指導はありません。この部分が，教育そのものを主目的とする学校教育と大きく違う点です。

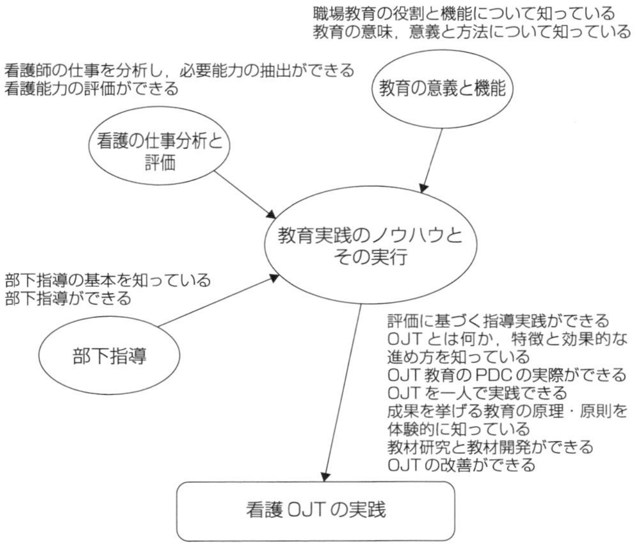

学びを持続するための動機づけですが，職人は自分でできること，体験したことに重きを置いて考えたり発言します。自分で納得することが大きな学びの原動力ですが，それは仕事を通じて深まります。そのために，マニュアル的な学びではなく，むしろ臨機応変の知恵が身についていくのです。

○ 職人的な学び

日本の専門高校や技術系の大学学部のカリキュラムで扱う技術は，もちろん，これら職人教育とは一線を画した体系的・組織的な教育の下で行われています。プロとしての精神面の指導は強調されていません。職人としての精神性は，公教育で扱う範囲かどうかという問題もさることながら，そもそも教えたり教えられる性質のものではないからかもしれません。けれども，長く仕事を続けるための動機づけ要因として，職人的なプライドこそが重要な役割を果たします。

職人と言うと個人事業主あるいは個人プレイというイメージが強いのですが，それでは現代の大組織には，職人的な学びはないのでしょうか。おそらく会社の中ではコンピュータ・プログラミングの技術や製品開発のノウハウ・センスのような形で残っています。このような学びは，これからも生き続けていくでしょう。

（大野木裕明）

図 2.8.2　看護職研修の最終到達目標としての職業能力

（注）　PDCとは，教育評価の用語で，plan（計画），do（実行），check（評価）を一連のサイクルとしてくりかえし行っていくこと。
出所：徳島大学大学開放実践センター，2001を一部改変

▷4　OJT (on the job training)
職場内で具体的な仕事を通して，仕事に必要な知識や技術などを身につけさせる教育のこと。

▷5　徳島大学大学開放実践センター　2001　看護職のためのリカレント教育プログラムの開発と評価――官・学・民連携モデルの構築とその成果（平成12年度教育改革・改善推進費によるプロジェクト研究）p.3.

II 学びの場とその移行

9 学ぶ楽しみ：生涯学習の学び

1 生涯学習の考え方

○生涯学習・生涯教育

　生涯学習，生涯教育の語が学術的に使われるようになったのは最近のことです。表2.9.1にその変遷が示されています。第一段階は1965年のユネスコ成人教育推進国際委員会の席上でラングラン（Lengrand, P.）が「永続教育」という語を使用したことに始まります。これは，そもそも学校教育を十分に受けられなかった人たち向けの補充の意味でした。学校教育と家庭教育以外がその対象でした。第二段階は，成人教育をより高度な内容水準にしたものです。カルチャーセンターや市町村の社会教育課が実施している各種講座でした。第三段階は学校教育の見直しを問いかけ，逆に生涯教育の広い視点から学校教育に対しても網をかけた段階です。生涯を通じての人の学びを正面からとらえ直しする段階でした。もちろん，現在これら3つの段階は混在しているのが実情ですが。

　なお，生涯教育と言うと教える側の施策に着目しがちですが，生涯学習と言うと学習者のみずから意欲的に学ぶ側面が強調されます。それはこういった学習が主体的な学びに支えられてはじめて持続的に成り立つからです。

○補充学習の再評価として

　表2.9.1の第一段階に示された時代を経て，今は成人にとって新たな補充教育や補充学習が必要とされる時代になりました。それは情報技術の革新によって学校教育の成果だけでは仕事を続けることができなくなったからです。仕事も国際社会を相手にする機会が増えています。教養というよりもコンピュータ，語学，異文化理解などについて仕事上必要だから学び続けなければならなくなったのです。新しい意味での補充学習です。

○カルチャーセンターの役割

　カルチャーセンターの講座は，基本的には自学自習を要します。学習内容は教養から資格取得まで幅広いので，生涯教育として学ぶ機会を提供する場になっています。

　このような機会が提供されることは素晴らしいことですが，問題は内容水準と学習継続の脱落率です。学ぶ意欲の継続性がどうしても損なわれがちになる傾向があります。

▷1　これに関連して，リフレッシュ教育が提唱されている。大学や大学院が社会人や職業人を対象にしている教育であり，大学の昼夜間開講制，夜間または通信制大学・大学院，聴講生や科目等履修生，公開講座などがこれにあたる。

表 2.9.1　生涯教育の始まりと変遷

| 第一段階：成人教育の延長 |
| 第二段階：生涯教育の学校化 |
| 第三段階：学校教育の生涯教育化 |

出所：波多野完治　1985　学ぶ心理学　金子書房　pp.139-152．を要約して作表

II-9 学ぶ楽しみ：生涯学習の学び

◯学位授与機構による支援

こういった弱点に対して，大学卒業資格は学ぶ意欲を継続させる大きな要因の１つとなっています。それが通信教育であれ，放送利用教育であれ，学歴は，モチベーションを持続させる効果をもっています。図2.9.1は学士学位の取得のしくみです。学位授与機構の設置によってさまざまなコースから学位を取得する機会が保証されることになり，これがモチベーションの維持に役だっています。◁1

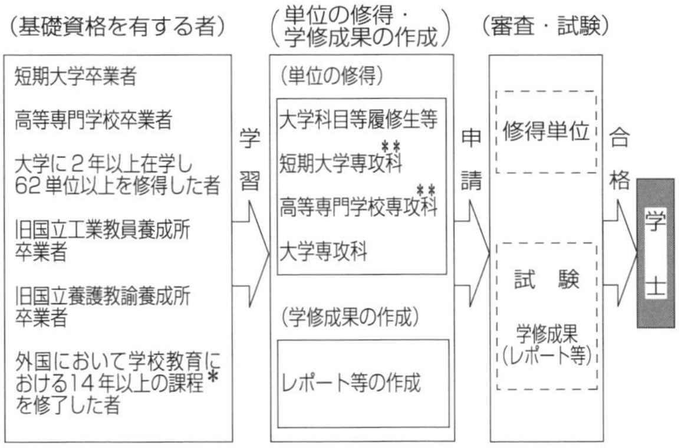

２ 最近の動向

◯学校教育の生涯学習化が加速している

生涯学習では学びが自学自習の性質をもちます。最近の大学では，学生と教員が街や地域に出て，官公庁や企業あるいは地域の人たちとともに街作りや環境問題に取り組む野外授業科目が増えています。これは長時間の座学が苦手な最近の大学生のモチベーションの問題もありますが，見方を変えますと表2.9.1の第三段階のあらわれとも言えます。企業や官公庁など学外の組織が大学に対して即戦力の学卒者を求めることに応える活動になっています。◁2 大学という学校の授業科目が，働く社会人としての生涯学習の影響を色濃く反映しているのです。

もっとも立場を変えれば，彼ら社会人自身がこの機会を生涯学習として位置づけることにもなっています。

◯学びの条件を分類する

表2.9.2は教育を提供する側と受ける側について，時間と場所を共有するか否か，学習内容を挟んで両者が双方向か否かで分類した表です。放送大学やeラーニングは最近もっとも注目をあびています。

放送大学では全国各地に学習センター◁3 を設置しています。そこで対面授業の科目も開講しています。

（大野木裕明）

図2.9.1 学士学位の取得のしくみ

（注）＊当該国において学校教育における14年以上の課題として大学への編入学が制度上認められている等に基づき，日本の短期大学，高等専門学校に相当すると認められる課題。
＊＊学位授与機構が認定した専攻科。

出所：舘昭 1998 学位授与機構の展望 小野元之・香川正弘（編）広がる学び 開かれる大学 ミネルヴァ書房 pp.55-68. p.61.より転載

▷2 ３年次末ないし４年次初期に内々定を出し，アルバイトとして会社に勤務させる学生は学卒の即戦力と言える。雇用側にも学生側にも即戦力や実践力の育成という点で相互にメリットがある。

▷3 全都道府県の約60カ所の学習センター（キャンパス）がある。

表2.9.2 生涯学習を支える教えと学びの仕組みの分類

	同時	非同時
一方向	（録画しないかぎり）放映時間の束縛を受け，教員と学生，学生同士のやりとりが皆無に近い遠隔教育。 【主な媒体】テレビ （例） 放送大学	時間の制約は受けないが，教員と学生，学生同士のやりとりが皆無に近い遠隔教育（スクーリングは例外だが，時間と場所を拘束する）。 【主な媒体】郵送文書 （例） 旧来の通信教育
双方向	授業時間の束縛を受けるが，教員と学生，学生同士のやりとりがある遠隔教育。 【主な媒体】衛星通信，インターネット （例） 早稲田大学デジタルキャンパス	時間と場所の制約を受けず，それでいて教員と学生，学生同士のやりとりがある遠隔教育（とくに昼間働く社会人に適している）。 【主な媒体】インターネット （例） 米国，豪州などの多くの大学

出所：高橋悟 2004 編訳者まえがき M・G・ムーア，G・ガースリー 高橋悟（編訳）遠隔教育──生涯学習社会への挑戦 海文堂 p.Ⅵ.より転載

III 学びの理解①学びの意欲

1 動機づけ：どうやってやる気をだせばよいか？

1 学ぶためにまず必要なこと

　人は人生を通し家庭や学校や職場などでさまざまなことを学びます。それは，人が学ぶための高度な能力，つまり，学習能力をもっているからです。しかし，どんなにすぐれた学習能力をもっていたとしても，学ぼうという意欲，つまり，やる気がなくては，学ぶという営みは起こりません。

　では，その意欲，やる気というものはどのようにして出すことができるのでしょうか？　教育心理学では，そのような意欲ややる気を動機づけ（motivation）と名づけ研究してきました。動機づけとは，正確に定義すれば，人や動物がある行動を実行しそれを維持することにかかわる仕組みのすべてを包括したものと言えますが，学習に関連して言えば学ぼうとする意欲，やる気とほぼ同じ意味と考えられます。

2 動機づけはどのようにすれば高まるか？

　学ぶ意欲を高める，やる気を出させる，つまり，動機づけを高めるためにどうすればよいかという問いは教育心理学における永遠のテーマであり，学びにかかわる人々にとっても一番の関心事です。

　20世紀のはじめに教育心理学の研究がはじまったばかりのころ，動機づけの研究は，動物を対象として行われた実験結果をそのまま人にもあてはめることが一般的でした。たとえば，水族館で曲芸をするイルカのことを考えてみてください。調教師はイルカに芸を教えるときかならず餌を用意します。目標とする動作が1つできるごとに餌を与えています。餌をまったく与えないでイルカに曲芸を仕込もうとしてもそれは不可能です。イルカは餌がもらえると思うから頑張って芸を覚えようとするのです。初期の教育心理学者たちは人間についてもこれと同じことを考えました。児童・生徒の動機づけを高めるためには何か餌となるものを与えればよい。そうすれば，やる気がでると考えたのです。

　たとえば，クラスで上位の成績をとった児童・生徒には表彰状を渡す，家庭で1時間勉強したらゲームで30分遊ぶことを許可する，テストでよい点をとったら何か好きなものを買ってあげる，というようなやり方で児童・生徒を勉強に向けるやり方です。

　また，同じ発想ですが，これと逆の罰を与えることによって動機づけを高め

るというやり方もあります。動物の場合，望ましい行動をしなかったときは電気ショックを与えたりするというやり方をしますが，人の場合も及第点をとれなかったときは叱責するとか，罰として掃除当番をさせるとかそういったことが可能です。こうすれば，いやな目に遭いたくないから勉強しようという気持ちになるというのです。

つまり，ここまでのやり方を一言で言ってしまえば"アメとムチ"をうまく利用すれば動機づけは高まるというのです。

ところで，教育心理学ではこのように褒めたり罰したりすることで学習をすすめることを強化する（reinforce）と言います。そして，学習の進行に伴い動機づけも高まると考えるのです。また，強化するために与える褒美や称賛，罰や叱責のことを強化子（reinforcer）と言います。このうち褒美や称賛などは正の強化子，罰や叱責などは負の強化子と言うこともあります。

▶ I-3 参照。

3 "アメとムチ"によって本当に動機づけは高まるのか？

"アメとムチ"によって動機づけを高めようという考え方は，非常に単純な発想でわかりやすいものです。ですから，よい成績を修めた児童・生徒を表彰するというようなことはどこの学校でもふつうに行われているはずです。しかし，誰もが感じるのは"アメとムチ"によって動機づけを高めるだけではたしてよいのか，ということです。

このような方法で動機づけを高めようという発想はそもそも動物と人間を同じように扱っているものにすぎない，という批判もあるかと思います。また，たとえば，このようなことも考えられるのではないでしょうか。大学に合格するために勉強する受験生を例に考えてみます。この受験生にとってアメは大学合格であり，ムチは不合格です。おそらくこの受験生の場合，大学合格まではアメを得ようと一生懸命勉強するはずですが，一度，大学に合格してしまえばアメは得られてしまうわけですから，もう勉強しようという動機づけはなくなってしまいます。となるとつぎのアメを見つけなくてはなりません。それが見つかればよいのですが，見つからないとなかなか動機づけは高められないはずです。つまり，このようなやり方で動機づけを高めていると，報酬や称賛がない場合は逆に動機づけが高まらなくなってしまうのです。また，動機づけようとしている目標とは無関係に報酬や称賛の期待ばかりがどんどん膨れていってしまうおそれもあります。

このように考えると"アメとムチ"で児童・生徒の動機づけを高めるのはおのずと限界があることがわかってきます。

なお，このような動機づけは目標とする対象とは別に，外部からの報酬や称賛に頼っていますので外発的動機づけと呼ばれることもあります。

（大芦　治）

参考文献

Stipek, D. J. 1993 *Motivation to learn: From theory to practice.* Boston: Allyn & Bacon.（スティペック，D. J. 馬場道夫（監訳）1999　やる気のない子どもをどうすればよいか　二瓶社）

Ⅲ 学びの理解①学びの意欲

2 内発的動機づけ：興味や楽しさからひきだすやる気

1 "アメもムチ"もないほうがやる気がつづく？

○注目を浴びたデシの実験

▷ Ⅲ-1 参照。

児童・生徒の動機づけ，つまり，意欲を高めるための基本的な方法は"アメとムチ"によることでした。報酬や称賛を得ることを目標に掲げればやる気はでるだろうという考え方です。

ところが，アメリカの心理学者デシ（Deci, E. L.）は，このやり方がかならずしも動機づけを高めることにならないことを実験によって示しました。

実験は大学生を対象にして行われました。まず，大学生数十人を2つのグループに分けそれぞれ別室に案内します。2つのグループの大学生のいずれもがソマと呼ばれる単純なパズルを与えられました。このとき一方のグループの大学生はパズルが1問解けるたびに1ドルずつ報酬が与えられました。ところが，もう一方のグループはそのような報酬は何も与えられませんでした。

このような状況をしばらく続けた後，実験の監督者は，実験の準備があるのでしばらく待っていて欲しい，といって実験室を立ち去ります。しかし，本当の理由は実験の準備ではありませんでした。監督者は実験室から見ると鏡にしか見えない窓（ワンウェイミラー）を通して大学生を観察していました。その結果，実験の前半でパズルを解けるたびに1ドルずつ与えられていたグループの大学生は，監督者が退室すると間もなくパズルをやめ置かれていた雑誌などを見て過ごしていたのに対し，何も報酬を与えられなかったグループの大学生は監督者がいなくなっても楽しそうにパズルに取り組み続けていました。

○報酬を与えられたほうが動機づけは低まるのか？

この結果に一番驚かされたのは，当時，動物実験の結果をそのままあてはめて考えていた心理学者たちでした。彼らは動物を学習に動機づけるとき餌が必要なのと同様に人間も報酬や称賛によって動機づけられるものだと考えていたからです。しかし，このデシの実験では報酬を1ドルずつ与えられていたグループの大学生のほうが結果的にやる気が続かず，実験の監督者が席をはずすとすぐに動機づけを低下させてしまったのです。ただ，人間の場合このような現象がおこるのは少し考えてみればわからなくもありません。たとえば大学合格を目標にして勉強に動機づけられていた受験生が大学合格という報酬を得た途端に動機づけを失ってしまうことは，ふつうにありそうなことです。にもかか

わらず，人間の動機づけを動物の動機づけになぞらえて考えようとしていたこと自体に無理があったのかもしれません。

❷ なぜ，"アメもムチ"もないほうがやる気がでるのか？

ここで考えてみたいのは，なぜ，報酬を何も与えられなかったグループの学生が後半，実験の監督者が退室した後もずっとパズルをつづけたかです。それは簡単に言うとこのパズルが面白かったからです。ソマと呼ばれるこのパズルは単純なものですが，たいていの人はやりはじめると病みつきになってしまうのです。つまり，人は自分で面白い，楽しいと思えば，別にそれができたとき報酬や称賛が与えられなくてもやる気がおこるのです。この研究ではこのようなパズルが用いられましたが，同じことはいろいろなものについても言えます。たとえば，趣味でパソコンのプログラムを作成すること，好きなキャラクターグッズをコレクションすること。こういったことはそれに伴う報酬はありません。それでも楽しいと思えば没頭しますし，必要になればテストがなくても専門書を調べて勉強することもあるでしょう。ときには危険を冒しチャレンジしてみようと思うこともあるかもしれません。つまり，興味をもち，さらにもっと知りたい，調べてみたいという好奇心があるのです。

人は，報酬や称賛を与えられなくても，興味，関心，好奇心，そしてそれに取り組む面白さやチャレンジ精神を感じれば動機づけを高めるのです。外から与えられる"アメとムチ"によって高められる動機づけに対して，このような内側から湧いてくる興味，関心，好奇心，面白いという気持ちによって高められる動機づけを，内発的動機づけ（intrinsic motivation）と言います。

学校の教科の学習も児童・生徒がこのような内発的動機づけをもつことができるように工夫されれば，テストや通知表で縛りつけずに済むのではないでしょうか。

❸ 内発的動機づけとコンピテンス

このように人は興味や好奇心，何かに取り組むことに面白みを感じたりするような傾向をもともともっていると考えられます。では，なぜ，人はこのような傾向をもっているのでしょうか？　それは人が生きてゆく上でずっと同じ環境の中にとどまっていることが難しいからです。人は子どもから大人になりそして生活してゆく中で，たえず新しい環境を積極的に開拓しそこに適応し，その中で自分自身の力を発揮してゆく必要があるからです。そのように新しい環境に自分自身を置き自分の力を発揮させようとする力をコンピテンス（competence），または，有能感と言います。コンピテンスは内発的動機づけの源泉とも言えるかもしれません。

（大芦　治）

参考文献

Deci, E. L., & Flaste, R. 1995 *Why we do what we do: The dynamics of personal autonomy.* New York: Putnam's Sons.（デシ，E. L.・フラスト，R. 桜井茂男（監訳）1999　人を伸ばす力——内発と自律のすすめ　新曜社）

III　学びの理解①学びの意欲

3 原因帰属：なぜやる気がでないか？

1　自分の中でどう考えるかが重要

○過去経験に左右される動機づけ

　ふつう誰でも"数学はやる気になるが音楽はやる気がしない"といったように動機づけの高まる，つまり，やる気になる科目と逆に動機づけの高くないやる気のない科目があるはずです。

　では，なぜ"数学はやる気がでるが音楽はやる気がでない"と思ってしまうのでしょうか。そう尋ねられると"昔から得意（あるいは，苦手）だから"と答える人も多いのではないでしょうか。このようにある教科や課題に対して動機づけが高まるかどうかは多くの場合過去の経験によって左右されていることがわかります（図3.3.1参照）。つまり，以前から得意でうまくできたものはやろうという気持ちが起こりますが，以前から何度やってもうまくいかないものに対してはやる気がでないものです。まず，この人の動機づけは過去経験によって左右されるということをおさえておきたいと思います。

○過去経験だけでなくそれをどう考えるかによっても左右される

　ところで，人によっては過去に何度も何度も失敗しながらそれでも同じものに対してやる気を失わずたびたび挑み続ける人がいます。そのような人たちはどうしてそこまで動機づけを保ち続けることができるのでしょうか？

　それは，人は過去にできたか，できないか，だけではなく，なぜできなかっ

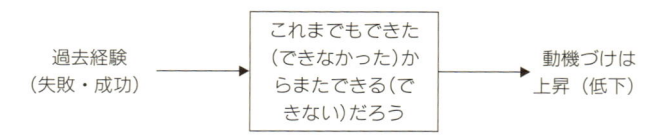

過去経験 → これまでもできた（できなかった）からまたできる（できない）だろう → 動機づけは上昇（低下）

図3.3.1　過去経験が動機づけの高低を決める

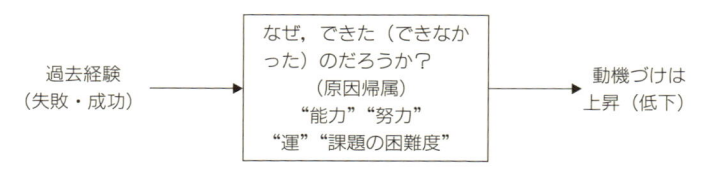

過去経験（失敗・成功） → なぜ，できた（できなかった）のだろうか？（原因帰属）"能力""努力""運""課題の困難度" → 動機づけは上昇（低下）

図3.3.2　過去経験に対する原因帰属が動機づけの高低を決める

たか，どうしてできたかという理由まで考えているからです（図3.3.2参照）。つまり，過去に何度かやってうまくいかなかった原因を考えてみたとき，能力がないからだ，という結論に達すれば，少なくともそれと同じ課題はもうやってもできないだろうと考えるはずです。そうすれば，またやろうという気持ちは起こってきませんし，動機づけも低下します。しかし，そこで，これまで何度かやってできなかったのは，準備が足りなかったからだ，準備の仕方が悪かったからだ，と思えば，より完璧に準備をしようと努力して次の機会に臨むはずです。つまり，この場合，動機づけはむしろ高くなるはずです。

❷ 動機づけの帰属理論

このように過去の失敗や成功の経験の原因を考えることを原因帰属（もしくは帰属）と言います。アメリカの教育心理学者ワイナー（Weiner, B.）は，この原因帰属によってその後の動機づけの高低が決まる仕組みに着目し，動機づけの帰属理論と言われる理論を提案しました。

ワイナーは，人が何かに取り組んで成功したり失敗したりした後に考える原因は多くの場合，たいていの場合4つに分けられると考えました。"能力""努力""運""課題の困難度"がその4つです。

たとえば，ある試験に不合格になってしまった生徒の例をこの理論に従い考えてみましょう。なぜ失敗したか，まず，"運"が悪かったからと考えた場合はどうでしょうか。おそらくその場合はまた同じような気持ちでもう一度試験をうけようと思うでしょう。動機づけはあまり変わりません。同様に試験が難しかったから（"課題の困難度"）と考えたときも次にもっとやさしい問題が出ればできるだろうと考えるでしょうから，あまり，動機づけは変わらないでしょう。今度は，"努力"が足りなかったからと考えたらどうでしょうか。もっと頑張って勉強すれば合格できるかもしれないと思えば，今度は一生懸命準備をして試験に臨むでしょうから当然動機づけは高まります。一方，"能力"がないからと考えたらどうでしょうか？　ふつう，大人になると能力はあまり変わらないものと考えがちでしょうから，努力してもまた同じ結果になるだけだと考え動機づけを低下させてしまうことも多いはずです。

おそらくこの4つの原因のなかで動機づけを高める効果がもっとも大きいのは，成功や失敗の原因を努力に求めることです。また，失敗の原因を能力に求めてしまうことがあっても，その能力を変化しないものと考えず努力によって伸びるものと思うことです。このような考え方は学習目標と遂行目標の違いにも対応します。

（大芦　治）

▷1　後になるとワイナーは原因を4つから8つに増やすことを提案しているが，一般的にはここで紹介する4つがよく知られている。なお，詳細については参考文献を参照。

▷2　III-6 参照。

参考文献
宮本美沙子・奈須正裕（編）1995　達成動機の理論と展開──続・達成動機の心理学　金子書房
Weiner, B. 1985 *Human motivation*. New York: Springer-Verlag.（ワイナー，B.　林保・宮本美沙子（監訳）1989　ヒューマン・モチベーション──動機づけの心理学　金子書房）

III 学びの理解①学びの意欲

4 学習された無力感：自分でできるという気持ちの大切さ

① 犬も無気力になる

○セリグマンの実験

　アメリカの心理学者セリグマン（Seligman, M. E. P.）は今から40年ほど前に面白い実験を発表しました。実験をわかりやすく簡略化して説明しますと次のようになります。まず，犬を2つの条件にわけます。そして各条件の犬はハンモックのようなところに縛り付けられます（図3.4.1参照）。そして足から電気ショックが流されます。このとき一方の条件の犬は自分の顔の横のパネルをつつくことで電気ショックが止められるようになっています。ところが，もう一方の条件の犬は同じ装置に縛り付けられたのですが，こちらの装置はパネルをつついても電気ショックは止められません。このような状態にしばらくおいた後，今度はこの犬たちを別の装置に連れて行き実験をします。その装置はやはり与えられた電気ショックを犬が止めるもので，今度は2つのグループの犬のいずれもが自分で電気ショックを止めることができるようになっています。

　この後半の実験の結果が劇的でした。2匹の犬のうち実験の前半で自分でパネルをつつくことで電気ショックを止めていた犬は後半の実験でもほどなく電気ショックを止めることを学習しましたが，前半でパネルを押しても自分で電気ショックを止めることができなかったほうの犬は，電気ショックから逃れようという動機づけに欠けていました。犬は電気ショックが流されても自分からは何もせずにただ装置の隅でうずくまっていただけでした。

○無気力になった犬

　では，実験の前半で自分で電気ショックを止めることができなかった犬はなぜ，後半の実験で動機づけを失ってしまったのでしょうか。

　実験の前半で自分で電気ショックを止めることができた犬とできなかった犬は対にされ同じ時間だけ電気ショックを与えられました。だから一方の犬だけが長い時間，電気ショックにさらされ体力が低下してしまったり，電気ショックの痛みに対して鈍感になってしまったということは考えにくいことです。両者の犬の決定的な違いは片方の犬は自分で電気ショックを止められるというコントロール可能性を有していたのに対し，もう一方の犬はそのような可能性が奪われていたということです。その違いが後半の実験に現れたのです。前半の実験でコントロール可能性を奪われていた犬は，自分では何をやってもダメだ

←電源   電源→

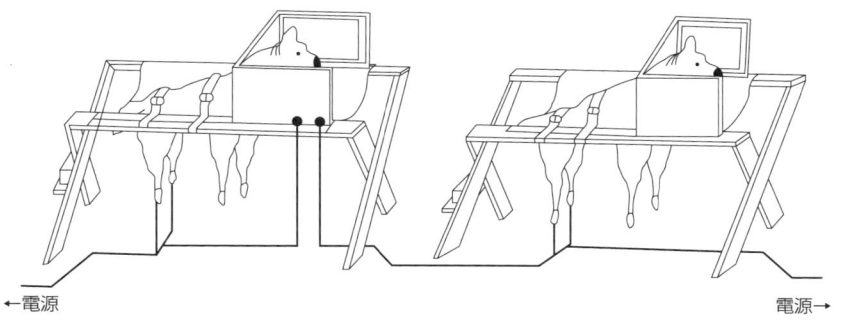

このような装置が2つならべられており、両者は同じ電線でつなげられている。左側の犬は側面のパネルで鼻をつつくとスイッチが切れ電流を止めることができるが、右側の犬は左側の犬が電流を止めない限り自分では電流をコントロールすることができない。

図3.4.1　学習された無力感の実験

という無力感を学習してしまい，後半でも自分から進んで電気ショックを止めようという動機づけを失ってしまったのです。セリグマンはこのような現象を学習された無力感（learned helplessness）と名づけました。

❷ コントロール可能性は動機づけの源泉

後にこれと似た現象は人間でも確認されるようになり，学習された無力感は人の無気力，動機づけの低下を説明する理論として広く知られるようになりました。ふつうに考えてもこの現象は理解できます。たとえば，ある教科が苦手で何度も何度も落第点をとっていた生徒は，単元が変わって新しく理解できる内容になったとしても，これまでもずっとできなかったのでコントロールの可能性がないことを学習してしまい，新たな気持ちで取り組もうという動機づけをもてないだろうということは容易に想像できます。また，繰り返しいじめにあって不登校になってしまった児童が，状況が改善されてもきっとまた同じ目に遭うだろうと思って，引きこもりつづける例などもこの現象から説明できます。

さらに，このことは内発的動機づけをもって取り組んでいる人にお金を与えることで動機づけが低下してしまう例などについてもあてはまります。内発的動機づけの実験でパズルができるごとに1ドルずつ与えられていた大学生たちは，自分以外の誰かからそのようなものをもらうということに注意が向いてしまった結果，自分で自分の結果をコントロールしているという気持ちがなくなってしまい，動機づけが低下してしまったと考えられます。これは，学習された無力感と同じ状況にあると言えます。そのように考えるとコントロール可能性が保たれているということは学習された無力感の予防と内発的動機づけの維持の双方にとって重要な条件になっていることがわかります。

（大芦　治）

▶ III-2 参照。

参考文献

Seligman, M. E. P. 1975 *Helplessness: On depression, development, and death.* San Francisco: W. H. Freeman.（セリグマン, M. E. P. 平井久・木村駿（監訳）1988　うつ病の行動学——学習性絶望感とは何か　誠信書房）

III 学びの理解①学びの意欲

5 自己効力感：実際にできるのと，やればできるというのは違う？

1 やればできるけれど……

よく，「やればできるけれど，今はやらない」という人がいます。このような人はいつまでたってもやらないので，結局，やらずじまいになってしまうことが多いのではないでしょうか。このような人は結局やる気がなかったのだ，つまり，動機づけが高くなかったのだ，ということになります。

ところで，**学習された無力感**の研究から明らかになったのは，自分でコントロールできるという可能性（コントロール可能性）があることが動機づけの維持にとって重要であるということでした。しかし，「やればできるけれど，今はやらない」という人は，コントロール可能性は認識していても，やろうとしないのです。ということは，コントロール可能性は，動機づけにとって必要な条件ではあっても，十分な条件ではないことがわかります。

▶ 学習された無力感
⇒ III-4 参照。

2 効力信念と結果期待

バンデューラ（Bandura, A.）は，このような点に着目し，ある具体的な行動がある結果をもたらすというコントロール可能性とその人自身が実際にその行動を起こすことができるということは別のものだという考え方を出しました。このうち前者を結果期待，後者を効力信念もしくは効力期待と呼びました（図3.5.1参照）。このうち動機づけにとってとくに重要なのは効力信念（効力期待）のほうであると指摘したのです。一般に，効力信念（効力期待）は，"自分は実行できる"のだという自分に対する認知と密接に関係しているため自己効力感（self-efficacy）と呼ばれています。

バンデューラによれば，結果期待と自己効力感は似た概念ではあるもののあまり密接な関係がなく，結果期待が高いが自己効力感は低い場合，あるいは，結果期待が低いが自己効力感は高い場合などが考えられると言います。バンデューラはこのような結果期待と効力期待の高低を組み合わせ，図3.5.2のような関係を考えています。

3 自己効力感の3つの次元

バンデューラは，自己効力感には3つの次元があると言っています。1つは自己効力感の大きさまたは水準の次元と言われるものです。たとえば，学校に

III-5 自己効力感：実際にできるのと，やればできるというのは違う？

```
人  ──→  行動  ──→  結果
    │              │
  効力信念         結果期待
 （効力期待）
 ＝自己効力感
```

図 3.5.1　効力信念と結果期待

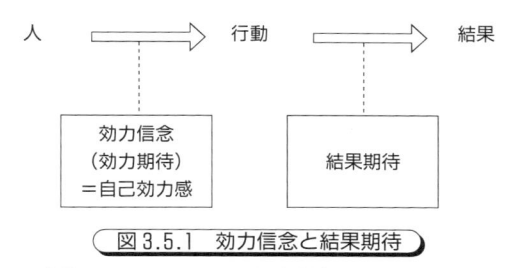

出所：Bandura, 1997, p. 22.（一部変更を加えた）

	結果期待 低い	結果期待 高い
効力信念（自己効力感）高い	抗議，不平の申し立て 状況を変える，など	生産的な活動，向上心の高揚 自分に対する満足感など
効力信念（自己効力感）低い	あきらめ 無気力（アパシー）	自己評価の低下 意気消沈など

図 3.5.2　効力信念と結果期待の組み合わせから規定されるさまざまな動機づけの状態

出所：Bandura, 1997, p. 20.（一部変更を加えた）

行けない子どもの場合を例に考えてみます。学校に行けないといってもいろいろなレベルがあります。校門まで行くことならばできるレベルと，保健室ならば登校できるレベルと，教室に行くことができるレベルでは，ずいぶん違います。このレベルの違いが大きさまたは水準の次元と言われるものです。

つぎに，強さの次元と言われるものがあります。これは上の例で言えば，保健室ならば登校できるということを取ってみても，それが50パーセント可能か，80パーセント可能かはその人のそのときの状況などによって変わってきます。これが強さの次元になります。

さらに，一般化の次元ですが，たとえば，算数に対して自己効力感をもった子どもが，その自己効力感を他の教科まで波及させられるかどうかの違いと考えれば理解できると思います。

この３つの次元は実際の教育場面にあてはめることはかならずしも容易ではなく，教育心理学の研究でも３つの次元を区別して取り上げることはあまりありませんが，自己効力感をより深く理解するためには必要なものです。また，この３つの次元にかぎらず，我が国では自己効力感の本来の理論的な背景を吟味せず，研究や教育実践場面で自己効力感を取り上げる例が多く見られます。そのような状況も踏まえると自己効力感について正しく理解しておくことは重要なことと言えるでしょう。

（大芦　治）

参考文献

祐宗省三・原野広太郎・柏木惠子・春木豊（編著）1985　社会的学習理論の新展開　金子書房

Bandura, A. 1997 *Self-efficacy: The exercise of control.* New York: Freeman and Company.

III 学びの理解①学びの意欲

6 学習目標：やる気を支える目標

1 目標によって変わってくる動機づけ

　アメリカの心理学者，ドウェック（Dweck, C. S.）は，学習に対する意欲，つまり，動機づけのあり方は，その人が学習することに対してどのような目標をもっているかによって決まるという説を唱えました。ドウェックは，その目標として遂行目標（performance goal）と学習目標（learning goal）との2つを挙げました。

　この2つの目標とは具体的にはどのようなものを言うのでしょうか。まず，遂行目標ですが，この目標がめざすところは他人よりよい成績をとって優位に立ち，安心を得ようとするところにあります。ですので他人より成績が上回ることができればその内容は問いません。逆に他人に少しでも負けたときは，それを取り返すために必死にならざるを得ません。このような目標をもつ人が示す動機づけの傾向は不安定なものになりがちです。自分のペースでやる気を維持するのではなく，たえず，他人と比較して動機づけを上げたり下げたりしなくてはならないからです。それでも，他人より勝っているとき，あるいは，わずかに低いときはまだよいのですが，他人と比べ取り返しがつかないほど悪い評価を得てしまったときは，あきらめて動機づけを急速に低下させてしまいます。

　一方，学習目標とは，学習することによって自分の知識や技能など自分の能力を高めることをめざす目標です。こちらの目標は，とにかく自分で納得してわかった，できたと思うところまでやろうというものです。そうやって，結果的に何かが習得され力が高まっていけばよいのです。ですので，この学習目標は習得目標（mastery goal）と呼ばれることもあります。学習目標をもつ人はあくまで自分の力を高めることに関心があるので他人より成績がよいか悪いかは気にしません。この目標をもつ人の動機づけの傾向は一般にかなり安定したものと言われています。自分のペースで自分で納得できるまでやろうとするからです。

2 学習者がもつ暗黙の知能観

　では，人によってどうしてこのような目標の違いが生じてしまうのでしょうか。ドウェックによるとこのような目標の違いは，その人が人間の能力一般に

ついてどのように考えているかによって決まると言います。人間の能力は生まれつき決まっているものなのか、それとも、努力すれば伸びるものなのか、多くの人がこのようなことを考えたことがあるはずです。教育心理学でもこのようなことは研究対象となっているのですが、ここで問題にしているのは専門的な研究成果よりもむしろ人が素朴に考えている暗黙の知能観です。ドウェックによれば多くの人は、能力は生まれつきという考えか、努力によって伸びるという考えのいずれかを心理学の専門知識の有無とは関係なく漠然ともっていると言います。ドウェックは前者、すなわち、能力は生まれつきで変わらないという考え方を実体的知能観、後者、つまり、能力は努力によって伸びるという考え方を拡大的知能観と名づけました。このうち実体的知能観を抱いている人は前述の遂行目標をもつ傾向があり、逆に拡大的知能観は学習目標と結びついているというのです。

▷ Ⅰ-2 参照。

たしかに、拡大的知能観をもつ人にとって、自分が分かるまで、できるまでやることが目標になるのは理解できます。学習目標がそれに対応するわけです。また、逆に、実体的知能観をもつ人にとって、学習によって能力を伸ばすことより重要なのは、他人より少しでもよい成績をとってその場を凌ぐことであり、ここに遂行目標という考え方がでてきます。また、能力は努力しても変えられないということは自分の力を自分でコントロールできないということも意味します。したがって、実体的知能観、遂行目標をもつ人は、競争相手と比べ自分が挽回しようにもないほど低い成績しかとれなかったときはコントロール不可能な状態におかれたと思い、学習された無力感に陥ってしまうこともあります。

❸ 暗黙の知能観はどうやって形成されるか？

この暗黙の知能観ですが、いつどのようにしてできあがるのでしょうか。ふつう、思春期以降の子どもや大人は「あの人は能力は高くないが努力家だ」とか「能力は高いのだがやる気がないからダメだ」というような言い方をします。つまり、能力はある程度固定的なものであり、それに対し努力は動機づけ次第で変化するもので、能力の不足を努力で補うことができると考えているわけです。それに対し、7歳くらいまでの子どもは「○○ちゃんはよく頑張るので頭がいい」というような言い方をします。この場合は能力と努力は一体のものと考えられています。これを前述の2つの知能観にあてはめてみると、能力は変化しないという前者の考えは実体的知能観に、能力は努力によって伸びるという後者の考えは拡大的知能観に近いことがわかります。もちろん、拡大的知能観をもっている大人が7歳以下の児童と同じような素朴な考えをもっているわけではありませんが、思春期以降になり能力と努力を分けて考えることができるようになるからこそ、人の能力をどのように考えるかという暗黙の知能観の違いも出てくるのではないでしょうか。

（大芦　治）

参考文献

Dweck, C. S. 1986 Motivational process affecting learning. *American Psychologist*, **41**, 1040-1048.

Ⅳ 学びの理解②学びのしくみ

1 記憶のモデル：どのように覚えるのか？

1 記憶のメカニズム

　さまざまな情報を人はどのように記憶しているのでしょうか。記憶のメカニズムに関して，アトキンソンとシフリン（Atkinson, R. C., & Shiffrin, R. M.）は二重貯蔵モデル（dual storage model）から説明しています（図4.1.1）。まず，外部の情報は感覚登録器（sensory registers）に入力され，一時的に保持されます。感覚登録器の情報（感覚記憶）は意識的に覚えようとしなくとも，0.5〜5秒程度保持されています。感覚記憶のうち，意識的に注意を受けた情報が短期貯蔵庫（short-term store: STS）に送られます。そして，短期貯蔵庫に送られた情報（短期記憶）は，さまざまな認知的な処理に利用されるために，一時的に保持されます。この短期記憶はリハーサルなどの記憶方略が用いられない限り，15〜30秒程度で消失してしまいます。また，情報の保持ではなく情報の処理という側面に焦点を当てた場合には，短期記憶を作業記憶（working memory）と呼ぶこともあります。短期記憶の容量には限界があり，大人であっても7±2個程度と言われています。記憶方略が用いられた短期記憶は，長期貯蔵庫（long-term store: LTS）に送られます。長期貯蔵庫の情報（長期記憶）は半永久的に保持され，必要に応じて検索され，使用することができます。

2 記憶方略

　情報を記憶したり，記憶した情報を思い出すためには，さまざまな記憶方略が使用されます。この記憶方略は大きく分けて3種類あります。1つ目は，情報を声に出して（あるいは心の中で）復唱するリハーサルや，多数の情報（例：リンゴ，車，鉛筆，…バナナ）の中から関連する情報（例：リンゴとバナナ＝果物）をまとめて覚える体制化などの貯蔵方略です。2つ目は，ある情報（例：サル）を思い出すために手がかり（例：動物園）を使うといったような検索方略です。3つ目は，多くの情報の中から必要な情報だけを取り

▷1 Atkinson, R. C., & Shiffrin, R. M. 1968 Human memory: A proposed system and its control processes. In K. W. Spence & J. T. Spence (Eds.), *The psychology of learning and motivation: Advances in research and theory*, Vol. 2. New York: Academic Press. pp. 89-195.

▷2 作業記憶
⇒ Ⅳ-3 参照。

▷3 Miller, G. A. 1958 The magical number seven, plus or minus two: Some limits on our capacity for processing information. *Psychological Review*, **63**, 81-97.

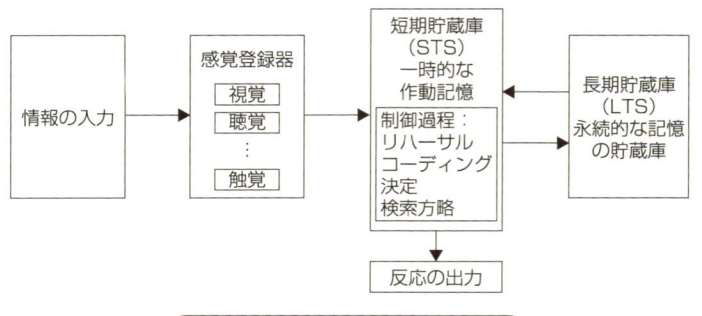

図4.1.1 二重貯蔵モデルの略図

出所：Atkinson, R. C., & Shiffrin, R. M. 1971 The control of short-term memory. *Scientific American*, **225**, 82-90.

出し，それを記憶するといったような学習方略です。たとえば，テストのために教科書の重要な情報に下線を引いたり，内容の要旨を書くといったことです。

このような記憶方略が獲得される時期はそれぞれ異なっています。たとえば，貯蔵方略や検索方略は7・8歳ごろから自発的に使用され，学習方略は思春期を越えたあたりから適切に使用されるようになると言われています。

しかし，それより低年齢の子どもであってもこれらの方略を使用する能力を備えています。たとえば，6歳児は訓練されればリハーサル方略を使用できます。また，記憶方略の使用は環境によっても影響されます。たとえば，長期間にわたり学校教育を受けた人は7～19歳にかけて徐々にリハーサル技能を発達させるのに対し，短期間しか学校教育を受けてない人はいずれの年齢でもリハーサルをほとんど使いません。つまり，記憶方略はさまざまな経験を積むことにより発達していくものと言えるのです。

③ メタ記憶

大人であれば，自分がどれぐらいの量を記憶できるか，ある物事を記憶するためにはどのような記憶方略を用いればよいのかについて，ある程度知識をもっています。このような記憶についての知識のことを「メタ記憶（metamemory）」と呼びます。これはメタ認知の下位概念として位置づけられています。

このメタ記憶は，幼児期～児童期にかけて徐々に発達していきます。たとえば，子どもに10枚の絵を見せ，自分が何枚覚えることができるか（予測された再生項目数）を予測させ，実際にどれくらい覚えることができるか（実際の再生項目数）を調べました（図4.1.2）。すると，就学前の子どもは予測された再生項目数と実際の再生項目数のズレがかなり大きくなります。その後，小学校の低学年のうちにそのズレが小さくなり，小学4年生頃には成人と同程度に自分の覚えられる枚数を予測できるようになります。

（中道圭人）

▷4 Kail, R. 1990 *The development of memory in children*. (3ed ed.) New York: W. H. Freeman and Company.（高橋雅延・清水寛之（訳）1993 子どもの記憶――おぼえること・わすれること サイエンス社）

▷5 Keeney, T. J., Cannizzo, S. R., & Flavell, J. H. 1967 Spontaneous and induced verbal rehearsal in a recall task. *Child Development*, **38**, 953-966.

▷6 Wagner, D. A. 1978 Memories of Morocco: The influence of age, Schooling, and environment on memory. *Cognitive Psychology*, **10**, 1-28.

▷7 Flavell, J. H. 1971 First discussant's comments: What is memory development the development of. *Human Development*, **14**, 272-278.

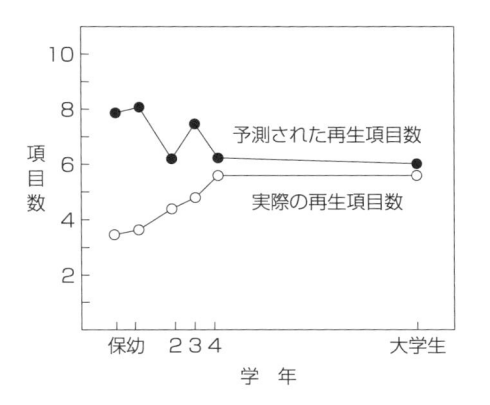

図4.1.2 学年別の予測された再生項目数と実際の再生項目数(保＝保育園児，幼＝幼稚園児)

出所：Kail, 1990　高橋・清水（訳），1993

Ⅳ 学びの理解②学びのしくみ

2 知識：物事の知識とやり方の知識

1 知識の種類

　長期記憶に保持されている知識には，大別して宣言的知識（declarative knowledge）と手続き的知識（procedural knowledge）の2種類があります（図4.2.1）。宣言的知識は意図的に言語化できる知識であり，「オランウータンは霊長類である」といった一般的な事実や概念などに関する意味記憶（semantic memory）と，「去年の8月に動物園に行った」といったように時間や場所が特定される個人的な出来事・事象に関するエピソード記憶（episodic memory）が含まれます。手続き的知識は車の運転やスキーの滑り方などの技能の実行にかかわる知識であり，実際の遂行を伴わないと言語化することは困難で，また遂行中であってもかならずしも言語化できるとは限りません。

▷1 Tulving, E. 1983 *Elements of episodic memory*. New York: Oxford University Press.（太田信夫（訳）1985 タルヴィングの記憶理論——エピソード記憶の要素　教育出版）

▷2 Collins, A. M., & Loftus, E. F. 1975 A spreading-activation theory of semantic processing. *Psychological Review*, 82, 407-428.

2 宣言的知識の構造と体制化

　宣言的知識がどのように保持されているのかに関して，ここではネットワーク理論とスキーマ理論を取り上げて説明します。

○ネットワーク理論（活性化拡散モデル）

　ネットワーク理論では，宣言的知識は意味的に関連する概念同士が結び付いたネットワーク構造によって保持されていると考えています。

　たとえば図4.2.2に示すように，各概念はノード（結節点）で示され，意味的に関連する概念ノード同士がリンクによって結び付けられています。そして，車やトラック，あるいは日の出と日の入といったように意味的な関連が強いものほど密接に結びついています。また，このネットワークはある概念が活性化されると，その概念だけでなく，その概念と意味的に関連する概念にも活性化が広がっていく（例："ナシ"に関連して，"りんご"を思い出しやすくなる）という特徴をもちます。

○スキーマ理論

　スキーマとは，さまざまな事柄に関する構造的な知識のことです。スキーマにはある出来事の一連の流れに関するスキーマ（スクリプト）や文章構造に関するスキーマ（物語文法）

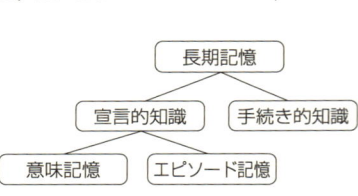

図4.2.1　長期記憶の区分

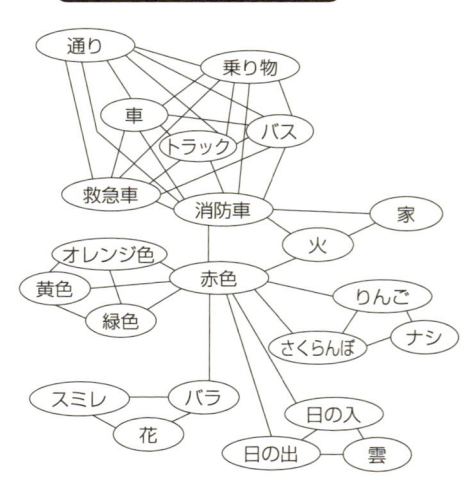

図4.2.2　ネットワーク構造の例
出所：Collins, & Loftus, 1975

などさまざまなものが存在します。たとえば，幼稚園でのお弁当活動に関するスキーマ（表4.2.1）も存在します。

スキーマにはいくつかの特性があります。[3] たとえば，表4.2.1のスキーマには"片付ける"要素が含まれていますが，片付けるモノはその時々によって異なります。このようにスキーマは変数をもちます。また，このお弁当活動スキーマが"幼稚園での1日の活動スキーマ"に含まれているといったように，あるスキーマを他のスキーマに埋め込むことが可能です。

○ 新しい知識の獲得

新しい知識は，既存のネットワークやスキーマの一部として取り込まれたり，新たなネットワークやスキーマを形成することにより獲得されます。新しい情報が増加した場合，再度，関連のある情報をまとめ，整理していく必要があります。そのような過程を知識の体制化と呼び，この体制化は学習と密接に関係していると言われています。

表4.2.1 スクリプトの例（幼稚園でのお弁当活動）

区分	順序	事象	順序不特定
食前	1.	お弁当と分かる （遊んでいたものを）片付ける	こぼし皿を置く お手ふきをしぼって置く
	2.	うがいをする 手を洗う	コップを配る お湯を入れて貰う
	3.	テーブル（机）を出す	テーブルを拭く
	4-1.	テーブルクロスを出す	用意をする
	-2.	テーブルクロスをしく	
	-3.	椅子を持ってくる	
	-4.	お弁当を出してくる	
	5.	座る 待つ	
	6.	お弁当のセッティングをする	
食事中	1.	いただきますをする	
	2.	お弁当箱の蓋を開ける	
	3.	食べる お湯を飲む	
	4.	ごちそうさまをいう	
食後	1-1.	お弁当を片付ける	テーブルを拭く
	-2.	コップを片付ける	ふきんを洗う
	-3.	椅子を片付ける	
	-4.	テーブルクロスを片付ける	
	-5.	テーブルを片付ける	
	2.	口すすぎをする	
	3.	遊ぶ	

出所：中澤潤・小林直実 1997 幼児のスクリプト形成過程――お弁当スクリプト形成に及ぼす幼稚園生活経験の効果 千葉大学教育学部研究紀要，45，119-126.

3 手続き的知識の構造と体制化

手続き的知識は，IF-THEN形式（もし～ならば，～する）のプロダクション・ルール（production rule）として保持されます。IF節には条件（例：信号が青である），THEN節は行為（例：横断歩道を渡る）が入り，条件が満たされると行為が実行されます。たとえば，264＋716という加算問題を解決するには，5つのルールが必要です。[4] 一番はじめに使用されるルールは「もし目標が加算を解くことなら，C1（答えが埋められていない一番右側の桁数）に答えを書き込む」です。そして，この次には「もし目標がC1に答えを書き込むなら，C1にNum1とNum2（ここでは4と6）の合計の一の位を書き込む」といったルールが必要とされます。

この手続き的知識は，個々のルールが一連の手続きとして体制化されることにより，手続きの実行が次第にスムーズになっていきます。しかし，高度な認知技能が求められる分野（例：読み書き）では，スムーズに実行できるようになるまでに何時間もの反復練習が必要とされます。

（中道圭人）

[3] Rumelhart, D. E., & Ortony, A. 1977 The representation of knowledge in memory. In R. C. Anderson, R. J. Spiro & W. E. Montague (Eds.), *Schooling and the acquisition of knowledge.* Hillsdale, NJ: Lawrence Erlbaum Associates. pp. 99-136.

[4] 三輪和久 1995 記憶のコンピューター・シミュレーション 高野陽太郎（編）認知心理学2 記憶 東京大学出版会 pp. 253-278.

IV 学びの理解②学びのしくみ

3 作業記憶：問題解決の場

▷1 Baddeley, A. D. 1986 *Working memory.* New York: Oxford University Press.

▷2 三宅晶 1995 短期記憶と作動記憶 高野陽太郎（編）認知心理学2 記憶 東京大学出版会, pp. 71-99.

▷3 苧阪満里子・苧阪直行 1994 読みとワーキングメモリ容量――リーディングスパンテストによる検討 心理学研究, **65**, 339-345.

▷4 Case, R. 1978 Piaget and beyond: Toward a developmentally based theory and technology of instruction. In R. Glaser（Ed.）, *Advances in instructional psychology*, Vol. 1. Lawrence Erlbaum Associates. pp. 167-228.（吉田甫（訳）1984 ピアジェを超えて――教科教育の基礎と技法 サイエンス社）

1 作業記憶とは？

会話の中では，相手の言ったことを聞きながら，その内容を少しの間覚えておく必要があります。また，263円＋158円といった暗算では，それぞれの桁の数を足しながら，繰り上がりの数を覚えておく必要があります。このような「何らかの認知的な活動を行いながら，そのために必要な情報を一時的に保持する」働きを支えているのが作業記憶（working memory）です。

作業記憶は音韻ループ（phonological loop），視・空間的スケッチパッド（visuo-spatial sketchpad），そして中央実行系（central executive）から構成されています（図4.3.1）。音韻ループは言語などの音声的な情報を保持するシステムであり，視・空間的スケッチパッドは視覚的・空間的な情報を保持するシステムです。中央実行系はこれら2つの下位システムの働きを制御し，さらに理解・問題解決などの認知的活動の処理の実行と，そのために必要な情報の保持に関与しています。

この作業記憶で処理できる情報量（作業記憶容量）には限界があり，その限界は処理資源（processing resources）によって規定されています。処理資源はさまざまな情報処理を実行するために必要な心的エネルギーのようなものであり，複数の処理を同時に行う場合にはそれぞれの処理に応じて分配されます。情報処理に必要とされる処理資源が個人のもつ処理資源を上回ると，情報処理に支障をきたす（例：知らない単語ばかりの文章を読む場合，その単語の理解に処理資源が多く必要とされ，結果として文章全体の理解が困難になる）と考えられています。

2 作業記憶の発達的変化

作業記憶容量は発達に伴い変化します。ここでは，代表的な作業記憶の測度であるリーディングスパンテスト（RST）遂行の発達的変化を例に挙げて説明します（図4.3.2）。RSTとは，ある単語に下線が引かれた複数の短文（例：「一番下の弟が，まぶしそうに目を動かしながら尋ねた。」「様々な工夫をこらして，西洋の言葉を学ぼうとした。」「彼は，人々の信頼に応えようと，昼も夜も働いた。」）を音読しながら下線の単語を覚えてもらい，全文を読み終

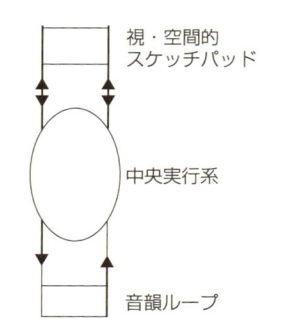

図4.3.1 バッドリーの作業記憶のモデル
出所：Baddeley, 1986

わった後で下線の単語を報告する課題です。このRSTで覚えておける単語数（RST得点）は、7歳ごろは2.0, 10歳ごろには2.8になり、20－30歳代ごろまで上昇し、その後は下降してきます。

3 作業記憶と問題解決

前述のように、作業記憶はさまざまな問題解決に関与しています。これらの関連は、さまざまな研究において示されています。たとえば、ケイス（Case, R.）はピアジェ（Piaget, J.）の液量保存課題を例に挙げ、作業記憶によって規定されるような情報処理量から問題解決能力の発達を説明しています（表4.3.1）。液量保存課題とは、同じ大きさのビーカーAとA′に同量の水が入っていることを確認させた後、ビーカーA′の水をそれよりも幅の狭いビーカーBに移し、ビーカーAとBの水の量が等しいかどうかを尋ねる課題です。この課題を解決するのに必要な情報処理量は3単位と考えられます。つまり、ビーカーAとBの液量が等しいという事実を保持しながら（1単位）、水はビーカーAからBに移し変えられただけであることを思い出し（1単位）、それらに基づいて結論を出します（1単位）。子どもの情報処理量は3～4歳ごろで1単位、5～6歳ごろで2単位、7～8歳ごろで3単位であり、前操作期（2～7歳）の子どもの情報処理量が不足しているために液量保存課題を解決できないのです。

また、作業記憶と文章理解や推論の関連も示されています。たとえば、文章（例：朝、小鳥が歌を歌ってます。お母さんは、朝ごはんを作ってます。A君はまだ寝ています。）を読み聞かせた後でその内容について質問するような場合、作業記憶容量の多い幼児は少ない幼児に比べ、理解を必要とする質問（例：「みんなで、おはようと挨拶します」という文章があったか？）により正答できます。また、前提命題から結論を導き出す課題（例：車はガソリンで走る。ガソリンで走るものはすべて人を運ぶ。車は人を運ぶか？）において、10歳児の作業記憶容量が多いほど、課題遂行がよくなることが示されています。このように、作業記憶は幼児期からさまざまな認知的活動を支えているのです。　　　　　（中道圭人）

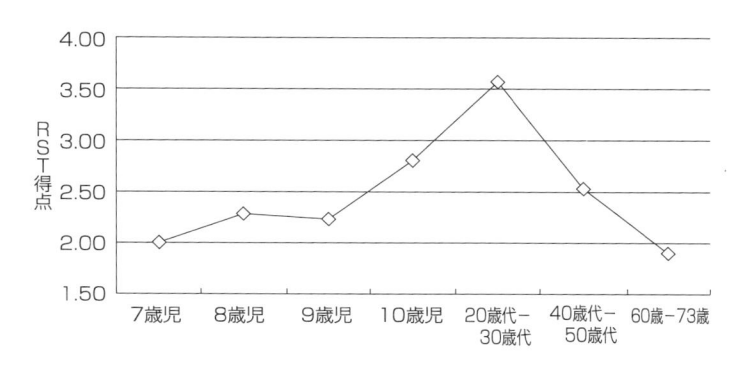

図4.3.2　作業記憶の発達的変化

出所：作図にあたって、五十嵐一枝・加藤元一郎　2000　ワーキングメモリの発達――小児におけるリーディングスパンテストおよびウィスコンシン・カード分類検査の成績変化に関する検討　苧阪直行（編）　脳とワーキングメモリ　京都大学学術出版会　pp.299-308．および目黒祐子・藤井俊勝・山鳥重　2000　リーディングスパンと加齢　苧阪直行（編）　脳とワーキングメモリ　京都大学学術出版会　pp.225-241．のデータを使用した

表4.3.1　液量保存課題で用いられる方略と必要な情報処理量

情報処理量	到達年齢	用いる方略
1	3-4歳	ビーカーの水面の高さに注目して、水の量を決定する。
2	5-6歳	ビーカーの水面の高さに注目するが、その差が小さい場合にはビーカーの幅にも注目し、水の量を決定する。
3	7-8歳	両ビーカーの液量が等しいという事実を保持し、水はビーカーAからBに移し変えられただけであることを再生し、それらに基づいて水の量を決定する。

出所：Case, 1978　吉田（訳），1984より作表

▷5　I-4 参照。

▷6　前操作期
⇒ I-4 参照。

▷7　小坂圭子　1999　リスニング能力を指標とした就学前児の文章理解――作動記憶容量と既有知識の影響　発達心理学研究, 10, 77-87.

▷8　Handley, S. J., Capon, A., Beveridge, M., Dennis, I., & Evans, J. St. B. T. 2004 Working memory, inhibitory control and the development of children's reasoning. *Thinking & Reasoning*, 10, 175-195.

IV 学びの理解②学びのしくみ

4 メタ認知：自分は分かっているのか？

1 メタ認知とは？

メタ認知（metacognition）とは，自分の認知活動に対する認知のことであり，メタ認知的知識（metacognitive knowledge）とメタ認知的活動（metacognitive activity）の2つの側面をもっています（図4.4.1）。

メタ認知的知識は，①人の認知的な特性に関する知識，②課題に関する知識，③方略に関する知識に分類することができます。人の特性に関する知識は，たとえば「私は算数は得意だけど，国語は不得意」といった個人内の比較や，「A君はB君より体育ができる」といった個人間の比較に基づくものがあります。課題に関する知識は，「分母の同じ分数の足し算より分母の違う分数の足し算の方が難しい」といった課題の性質に関するもの，方略に関する知識は，「歴史の年号は丸暗記より語呂合わせにしたほうが覚えやすい」といった課題遂行に効果的な方略に関するものです。

メタ認知的活動は，メタ認知的モニタリングとメタ認知的コントロールに分けられます。モニタリングは，認知についての気づき（例：○○が理解できてない），感覚（なんとなく解けそうだ），予想（この問題は解ける），点検（このやり方でいいのか），評価（ちゃんとできているか）などの働きを含んでいます。コントロールは，認知活動の目標設定（夏休みの宿題を終わらせる），計画（得意な科目からはじめる），修正（このやり方では解けないので，他のやり方を試そう）などの働きを含んでいます。

▷1 Flavell, J. H. 1979 Metacognition and cognitive monitoring: A new area of cognitive-developmental inquiry. *American Psychologist*, **34**, 906-911.

▷2 三宮真智子 1995 メタ認知を促すコミュニケーション演習の試み「討論編」——教育実習事前指導としての教育工学演習から 鳴門教育大学学校教育センター紀要，**9**, 53-61.

図4.4.1は，メタ認知と認知活動の関係を示したものです。何らかの認知活動を遂行する際，メタ認知はその活動の目標設定や計画立案を行います。認知活動が遂行されている間，メタ認知はその活動がうまくいっているかどうかをモニターし，活動に不具合が生じた場合には，メタ認知的知識を用いて不具合を解消するなどの必要な修正を行います。そして，メタ認知はその修正された認知活動がうまくいっているかどうかをまたモニターします。つまり，認知活動とメタ認知は循環的な関係をもっているのです。

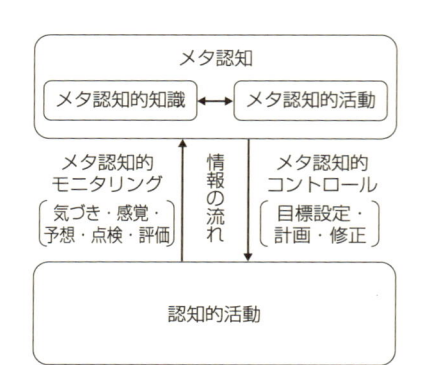

図4.4.1 メタ認知活動のモデル
出所：三宮，1995を改変

2 メタ認知の発達

　メタ認知の発達は，記憶の領域において研究が進められています。たとえば，メタ認知的知識の1つである記憶方略に関する発達は，リハーサルや体制化などの記憶方略を学び始めているが，それを記憶場面で使用しない段階（0～5歳）から，さまざまな記憶方略を獲得し，それを記憶場面で効率的に利用できる段階（5～10歳）に移行し，最終的にすべての方略が洗練され，方略をより効率的に利用できる段階（10歳以後）に至ると考えられています。

　メタ認知的活動の発達に関しては，たとえば年長の子どもであるほど自分がどれぐらいの量を記憶できるかといった予測が正確になっていきます。また，問題の難易度を見極めた上で，より難しい問題に時間をかけるといった高度なメタ認知的活動も発達が進むにつれ可能になってきます。たとえばデュフレーンと小橋川（Dufresne, A., & Kobasigawa, A.）は，簡単な問題（イヌーネコといった関連の強いペアを覚える）と難しい問題（本一蛙といった関連の無いペアを覚える）を両方解決しなければならない場合に，6・8・10・12歳児が学習時間をどのように配分するかを調べました。その結果，6・8歳児は問題の難易度によって時間を調整せず，どちらの問題にも同程度の時間をかけて覚え，10・12歳児は難しい問題に長い時間をかけました。さらに，12歳児は他の年齢の子どもより，難しい問題に長い時間をかけました。つまり，年長の子どもほど，問題の難易度を正確にモニターし，その上でみずからの行動をコントロールできるようになってくるのです。

3 メタ認知と学習

　メタ認知は，子どもの学習を支える能力の1つです。何かを学習する際には，効率的な学習方法や，自分自身の理解状態に関する知識が重要となります。また，学習している間，自分の学習を計画したり，その遂行をモニターする必要もあります。たとえば，算数の文章問題を解決するためには，問題文で何が問われているかを理解し，解答方法を計画し，そして実際に計算を行い，それらの遂行に誤りがないかをモニターします。小学5年生を対象とした研究では，算数の成績の高い子どもは低い子どもに比べて，それらのメタ認知の過程が優れていることが示されています。

　また，メタ認知の能力の向上は，学習遂行の改善にもつながります。たとえば，読解の成績が遅れている子どもたちに，読解に関する方略（例：文章の内容を要約する）を**相互教授法**により訓練したところ，その子どもたちの成績は訓練終了ごろには平均レベルに達していました。教育者にとって，学習者のメタ認知の能力をどのように育てていくかも課題の1つと言えるでしょう。

（中道圭人）

▷3　Siegler, R. S. 1986 *Children's thinking*. Prentice-Hall.（無藤隆・日笠摩子（訳）1992　子どもの思考　誠信書房）

▷4　IV-1 も参照のこと。

▷5　Dufresne, A., & Kobasigawa, A. 1989 Children's spontaneous allocation of study time: Differential and sufficient aspects. *Journal of Experimental Child Psychology*, **47**, 274-296.

▷6　岡本真彦　1992　算数文章題の解決におけるメタ認知の検討　教育心理学研究，**40**, 81-88.

▷7　相互教授法（reciprocal teaching）
生徒同士で教師役と生徒役を交代しながら，お互いに質問したり，教えあうことにより，課題理解を深めていく方法。

▷8　Palincsar, A. S., & Brown, A. L. 1984 Reciprocal teaching of comprehension-fostering and comprehension-monitoring activities. *Cognition and Instruction*, **1**, 117-175.

IV 学びの理解②学びのしくみ

5 問題解決のモデル：どのように問題を解くのか？

1 問題解決の過程

　問題解決（problem solving）とは、「目標が達成されていない状態（初期状態）から、何らかの手段（操作子）を用いて、その目標が達成された状態（目標状態）に移行すること」と考えられています。たとえば「時速60kmの車は45kmの距離を何分で走れるか」という算数の問題では、「答えがわからない」という初期状態から、「距離÷速度＝時間」という操作子を用い、「45分」という答えを得るという目標状態に移行するのです。このような初期状態、操作子、目標状態が明確な問題を良定義（well-defined）問題と言います。一方、「よい職業につくにはどうすればいいか」といったような、目標状態や操作子が不明確な問題を不良定義（ill-defined）問題と言います。

　では、人はどのように問題解決を行っているのでしょうか。ニューウェルとサイモン（Newell, A., & Simon, H. A.）▷1は、人の問題解決過程を問題空間という考えから説明しています。問題空間とは、問題解決者がもつ初期状態や目標状態に近づくための手段（操作子）などについての表象のことです。この問題空間の中で初期状態から目標状態への道筋を模索する過程が、問題解決過程であると言えます。

　この問題空間の中で用いられる方略の1つとして、目標状態に至るための下位目標を設定するという方略があります。たとえば、ハノイの塔問題（図4.5.1）の目標状態は「すべての円盤を棒Cに移動させる」ことであり、その途中の「もっとも大きい円盤を棒Cに移動させる」ようなことが下位目標になります。この下位目標を達成するための道筋は次のようになります。①最小の円盤を棒Cへ移動、②中ぐらいの円盤を棒Bへ移動、③最小の円盤を棒Bへ移動、④もっとも大きい円盤を棒Cへ移動。このように下位目標を設定し、それを解決していくことで、目標状態に到達しようとするのです。

▷1　Newell, A., & Simon, H. A. 1972 *Human problem solving*. Englewood Cliffs, NJ: Prentice-Hall.

▷2　下記が単純回路と並列抵抗の回路である。本来、並列抵抗の回路では、単純回路の2倍の電流が流れることとなる。しかし、本文のようなメンタルモデルをもつ者は、単純回路より並列抵抗の回路で電流が少なくなると考えてしまう。

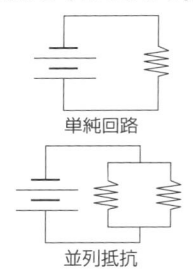

単純回路

並列抵抗

初期状態のように3枚の円盤が棒Aに通っている。円盤の移動には、以下の3つのルールがある。このルールに従って目標状態に到達するには、どのように円盤を動かせばよいか？
① 円盤は一度に一枚しか移動できない
② 各棒の一番上の円盤しか移動できない
③ 小さい円盤の上に大きい円盤を乗せてはいけない

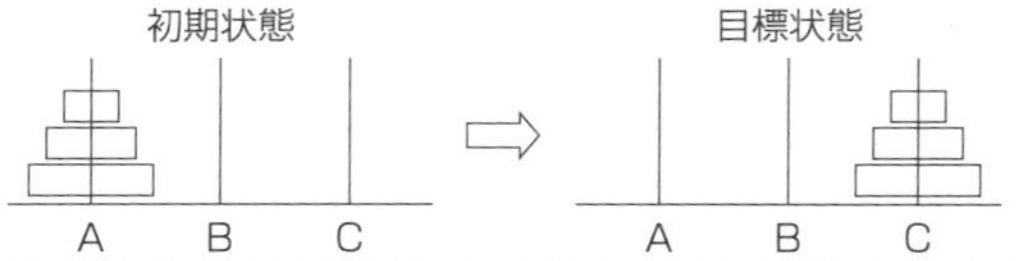

初期状態　　　　　目標状態
A B C　⇒　A B C

図4.5.1　ハノイの塔問題

出所：Kahney, H. 1986 *Problem solbing: A cognitive approach*. Milton. keynes, UK: Open University press.

❷ メンタルモデルと問題解決

人は問題解決やある事柄の理解のために，自分が納得できるイメージ（心的表象）を能動的に作り出します。このイメージをメンタルモデルとよびます。メンタルモデルは問題解決を促進することもあれば，逆に阻害することもあります。たとえば理科において，電気回路の「電線」をパイプ，「電流」を水量に，「抵抗」を細いパイプなどに見立てたメンタルモデルは，「並列した2つの抵抗のある電気回路（並列抵抗）の電流は1つの抵抗の電気回路（単純回路）の電流より大きいか？」などの「抵抗」に関する問題の解決を阻害します。これは「障害物が多いほど，水は流れにくい」といった素朴な考えが影響するからです。このため，適切なメンタルモデルの構築を援助できるような教授法の吟味が必要です。

❸ 類推による問題解決

類推（analogy）とは，2つの事柄が類似している場合に，一方がもつ属性などをもう一方ももつだろうと推論することです。言い換えると，自分の知識（ベース領域）を直面している問題（ターゲット領域）に当てはめる（写像する）ことです。類推は問題解決にとって有効ですが，つねに起こるわけではありません。たとえば，放射線問題と要塞の物語（表4.5.1）の解決は，小さな力（放射線あるいは兵）を複数の方向から標的（癌細胞あるいは要塞）に向かって放ち，それらの小さな力を収束させた大きな力で標的を破壊するという共通構造をもちます。この放射線問題のみを提示した場合の正答率は約1割ですが，要塞の物語の後に放射線問題を提示した場合の正答率は4割弱，さらに要塞の物語が放射線問題解決のヒントとなっていることを教示すると，正答率は7割以上になります。つまり，類推の効果は大きいものの，自発的に類推することは困難なのです。この自発的な類推は，ベース領域を教訓のような形で与えることにより促進されること等が示されており，類推を促す教授法を考えていくことは重要でしょう。

（中道圭人）

▷ 3 Gentner, D., & Gentner, D. R. 1983 Flowing waters or teeming crowds: Mental models of electricity. In D. Gentner & A. L. Stevens(Eds.), *Mental models*. Hillsdale, NJ: Lawrence Erlbaum Associates. pp. 99-129.

▷ 4 Gick, M. L., & Holyoak, K. J. 1980 Analogical problem solving. *Cognitive Psychology*, **12**, 306-355.

▷ 5 山崎晃男 2001 「教訓」の提示または産出による類推的問題解決の促進 教育心理学研究, **49**, 21-30.

表4.5.1 放射線問題と要塞の物語

[放射線問題]
あなたは医者で，胃に悪性の腫瘍を持った患者を担当しているとする。患者を手術することはできないが，腫瘍を破壊しないとこの患者は死亡する。そこで，放射線の治療をすることにした。十分な強度で癌細胞に放射線を照射すれば癌細胞は死ぬが，同様の強度で放射線が当たれば他の正常な細胞も死んでしまう。この放射線で，正常な細胞を傷つけないように，癌細胞だけを破壊するには，どうすればよいか？

[要塞の物語]
ある小国が独裁者の冷酷な支配を受けていた。独裁者は，堅固な要塞に立てこもり，そこから統治していた。要塞は，国のほぼ中央に位置していた。そして，その要塞からは，四方八方に放射状に道が延びていて，その要塞に近づくにはその道を通らなければならなかった。

さて，いま，1人の将軍がこの国を独裁者の手から解放しようとして兵を募り，十分の兵力を蓄えた。将軍は，一度に全軍で攻めれば要塞を攻略できることはわかっていたが，用心深い独裁者が，各々の道に大勢の人数が通ると爆発する地雷を埋めていることを知っていた。

ここで，この将軍はあきらめずに，軍の兵士を少数のグループに分けてそれぞれ別々の道から進軍させる方法をとった。地雷が爆発しない程度の兵で別々の道を通り抜けた兵士たちは，みごと要塞を攻略し，独裁者から小国を解放することができたのである。

出所：この文章は，伊藤毅志・安西祐一郎 1996 問題解決の過程 市川伸一（編）認知心理学4 思考 東京大学出版会 pp. 107-131. より引用

Ⅳ 学びの理解②学びのしくみ

6 領域固有性：学びは一般化できるか？

1 発達における領域固有性

発達の領域固有性とは，発達の進み方がそれぞれの領域によって異なるという考え方です。これに対し，たとえばピアジェ（Piaget, J.）のように，普遍的な能力（思考力，記憶力など）の発達に伴い，さまざまな領域の発達が同じように進むという考え方を発達の領域普遍性と言います。

たとえばチィとコースク（Chi, M. T. H., & Koeske, R. D.）[1]は，恐竜のことをよく知っている4歳半の男児の概念地図について調べました（図4.6.1）。概念地図は，人のもつ知識を図式に表現したものです。図4.6.1のように，この男児の恐竜の知識は，鎧恐竜と大型草食恐竜に大きく分かれ，さらにそれぞれの恐竜が外見や防御メカニズムといった特性に基づいて関連づけられていました。このように，特定の領域では幼児であっても大人顔負けの知識をもっています。

また別の研究では，チェスあるいは数列を使った課題を用いて，チェスの熟達者（平均年齢＝10.5歳）と素人の大人（大学院生）の記憶力の違いを調べました[2]。チェスの課題では，最初にゲーム「中盤」の駒の配置（平均22駒）を10秒間提示し，その後すぐに駒の置いてないチェス盤に駒の配置を再生させました。同様に，数列の課題では10桁の数列を読み上げ，その後再生させました。すると，チェスの課題では，熟達者の子ども（9.3個）が素人の大人（5.9個）より多くの駒の配置を再生しましたが，数列の課題では，素人の大人（7.8個）が熟達者の子ども（6.1個）より多くの数を再生しました。このように，発達にはある領域でのみ優れた遂行を示すといった領域固有性が存在するのです。

2 学習の転移

転移（transfer）とは，以前に学習したことが，その後の学習や問題解決に影響を及ぼすことです。前学習が後の学習に促進的な影響を及ぼす場合は正の転移（positive transfer），妨害的な影響を及ぼす場合は負の転移（negative transfer）とよびます[3]。

中世以降のヨーロッパの教育では，ラテン語といった古典やユークリッド幾何といった数学の学習を通して，一般的な能力の向上を目指していました[4]。つまり，ある領域（古典や数学）で学習したことが他の領域に正の転移をすると考えていました。しかし20世紀初頭，ソーンダイク（Thorndike, E. L.）をはじ

▷1 Chi, M. T. H., & Koeske, R. D. 1983 Network representation of a child's dinosaur knowledge. *Developmental Psychology*, **19**, 29-39.

▷2 Chi, M. T. H. 1978 Knowledge structures and memory development. In R. S. Siegler (Ed.), *Children's thinking: What develops?* Hillsdale, NJ: Lawrence Erlbaum Associates. pp. 73-96.

▷3 たとえば，英語を習得した後でドイツ語を習うと，ドイツ語の習得が容易になるようなことが正の転移であり，軟式テニスのフォームが身についているために，かえって硬式テニスでうまくいかないようなことが負の転移ということ。

▷4 このような一般的な能力の育成を重視する考え方を形式陶冶と言う。これに対し，一般的な能力というより，日常生活に役立つような知識や技能の獲得を重視する考え方を実質陶冶と言う。

Ⅳ-6　領域固有性：学びは一般化できるか？

めとした研究者の実験結果から，転移が非常に生じにくいものであることが示されました。そして，その後の研究では学習の転移を生じさせる要因が検討され，いくつかの要因が明らかとなってきました。◀5

　要因の1つは，先行する学習の習得レベル（理解の深さ）です。新しい概念を単純に丸暗記するのではなく，既存の概念と結びつけ整理したり，意味を理解しながら学習することにより転移が生じやすくなります。たとえば，「広葉樹林より針葉樹林は寒い地域にある」と記憶するだけの場合より，「なぜ針葉樹林は寒い地域にあるのだろうか？」と考え，その意味（例：寒い地域でも成長できるよう，針葉樹は広葉樹より小さく厚い葉をもつようになった）を理解する場合に転移が生じやすくなります。また，このように新しい概念を習得するためには，暗記するだけの場合よりも多くの時間を必要とします。そのため，「考える時間」を学習者に与えることも必要となってきます。

　別の要因は，先行する学習で獲得した知識内容の抽象度です。特定の文脈に限定した（抽象度の低い）知識では転移が生じにくくなります。たとえば，ブラジルの街中で物売りをしている子どもたちは，路上での売買の計算はできるのに，同じ計算を学校でならう形式にすると解答できないことが示されています。◀6　さまざまな文脈に適用できるような抽象度の高い知識を獲得させるために，学習の際にさまざまな文脈を与えたり，「もし○○の場合だったらどうなるか」を考えさせる必要があります。

（中道圭人）

▶5　National Research Council 2000 *How people learn: Brain, mind, experience, and school*. National Academy Press.（森敏昭・秋田喜代美（監訳）2002　授業を変える——認知心理学のさらなる挑戦　北大路書房）

▶6　Carraher, T. N., Carraher, D. W., & Schliemann, A. D. 1985 Mathematics in the street and in school. *British Journal of Developmental Psychology*, 3, 21-29.

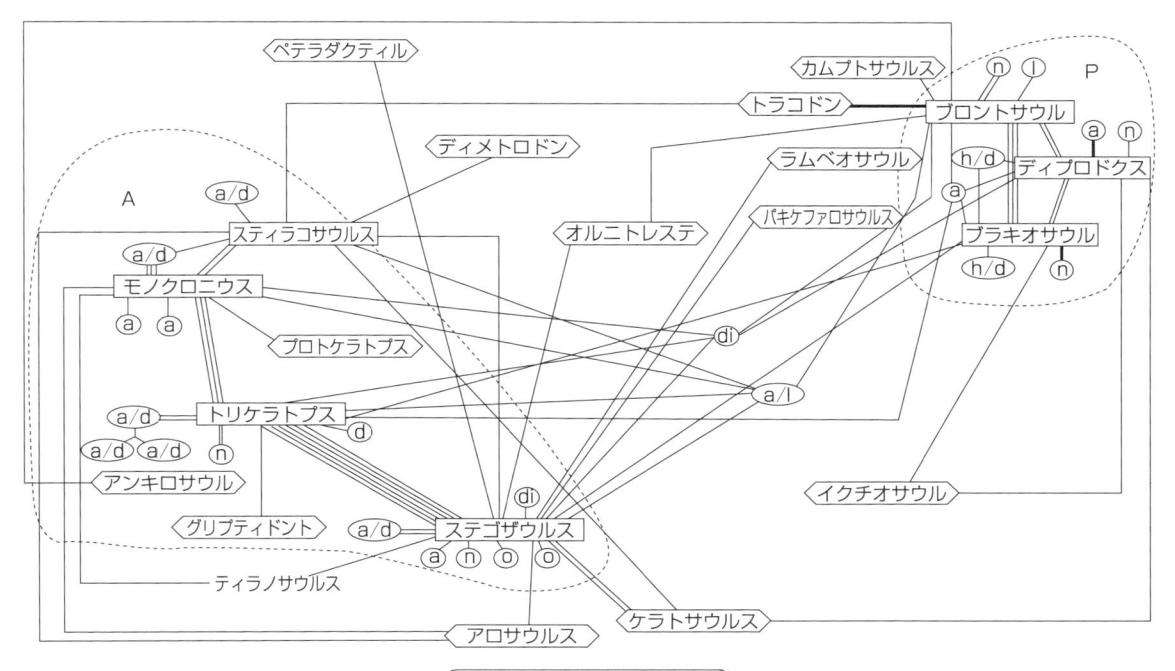

図4.6.1　恐竜の概念地図

（注）　A＝鎧恐竜；P＝大型草食恐竜；a＝外見；d＝防御メカニズム；di＝食性；h＝生息地；l＝移動方法；n＝ニックネーム；o＝その他
出所：Chi, & Koeske, 1983

IV 学びの理解②学びのしくみ

7 熟達化：より速く，よりうまく

1 熟達化とは？

　熟達化（expertise）とは，ある領域に関して長い経験を積むことによって，その領域で優れた遂行を示すようになることを言い，ある領域で熟達化した人のことを熟達者（エキスパート：expert）と言います。熟達化は，チェスや将棋をする，ある学問の問題を解く，ある言語を話すといった認知的活動だけでなく，テニス・剣道などのスポーツや楽器の演奏といった身体的活動を伴うものでも見られます。

　熟達者は，手際のよい熟達者（routine expert）と適応的熟達者（adaptive expert）に区別されます[1]。たとえば，レシピ通りに寿司をつくることに優れた寿司職人と，独創的な寿司を作ることのできる寿司職人を考えてください。前者は，特定の手続きを何度も繰り返すことにより，その手続きに慣れ，その手続きの遂行が速く正確になっている熟達者です。後者は，手続きの意味を理解しており，場面や状況の変化に柔軟に対応してその手続きを修正して適用できる熟達者です。また，自分の遂行の状態をモニターし，その状況で有効な手続きを用いるといった**メタ認知**[2]に優れた熟達者であるとも言えます。このような違いは寿司職人だけでなく，さまざまな分野で見られます。

　この適応的熟達者という概念は，望ましい学習についての示唆を与えてくれます[3]。適応的熟達者は，みずからの学習したことをそのまま使い続けるのではなく，メタ認知を十分に利用し，たえずみずからの熟達レベルを省みて，現時点の到達レベルを超えようという向上心をもっています。つまり，適応的熟達者は新しい状況への柔軟なアプローチを試み，一生を通じて学習できる人たちです。教育の目指すところは，手際のよい熟達者ではなく，この適応的熟達者を育てることと言えるでしょう。

2 熟達者と初心者の違い

　熟達者と初心者の違いは何でしょうか。その1つとして，当該領域で必要とされる記憶力と処理の自動化が挙げられます。たとえば，チェスで優れた遂行を行うためには，現在の盤面（駒の配置）を覚え，数十手先の盤面を予測して，それを記憶しておくことが必要とされます。この記憶に関して，チェスの熟達者は初心者に比べ，多くの駒の配置をひとまとまり（チャンク化）にして記憶

▷1　波多野誼余夫・稲垣佳世子　1983　文化と認知──知識の伝達と構成をめぐって　坂元昂（編）現代基礎心理学　第7巻　思考・知能・言語　東京大学出版会　pp. 191-210.

▷2　メタ認知
⇒ IV-4 参照。

▷3　National Research Council 2000 *How people learn: Brain, mind, experience, and school.* National Academy Press.（森敏昭・秋田喜代美（監訳）2002　授業を変える──認知心理学のさらなる挑戦　北大路書房）

でき，その配置も素早く再生できます。[4] また，たとえば車の運転のように，その領域に習熟するに従い，さまざまな処理を意識せずに自動的に遂行できるようになります。

さらに，熟達者と初心者は当該領域に関する知識構造にも違いがあります。たとえば，物理学の熟達者（物理学科の大学院生）と初心者（力学の授業を1学期間受講した大学生）のもつ「斜面の問題」に対する知識構造の違いを例に挙げて説明します（図4.7.1）。[5] 両者の言及した概念（図4.7.1の楕円）の数や内容にそれほど差はありませんが，両者の概念間の関係は大きく異なっています。初心者は，斜面の問題から平面や長さなどの表面的な特徴に言及しており，エネルギー保存といった力学の原理もその中の要素に過ぎません。一方，熟達者はまず力学の原理や，それらの適用条件について言及しており，その上で，平面などの特徴に言及しています。このように，熟達者は多くの構造化された知識をもっており，その知識を遂行のためにうまく用いることができるのです。

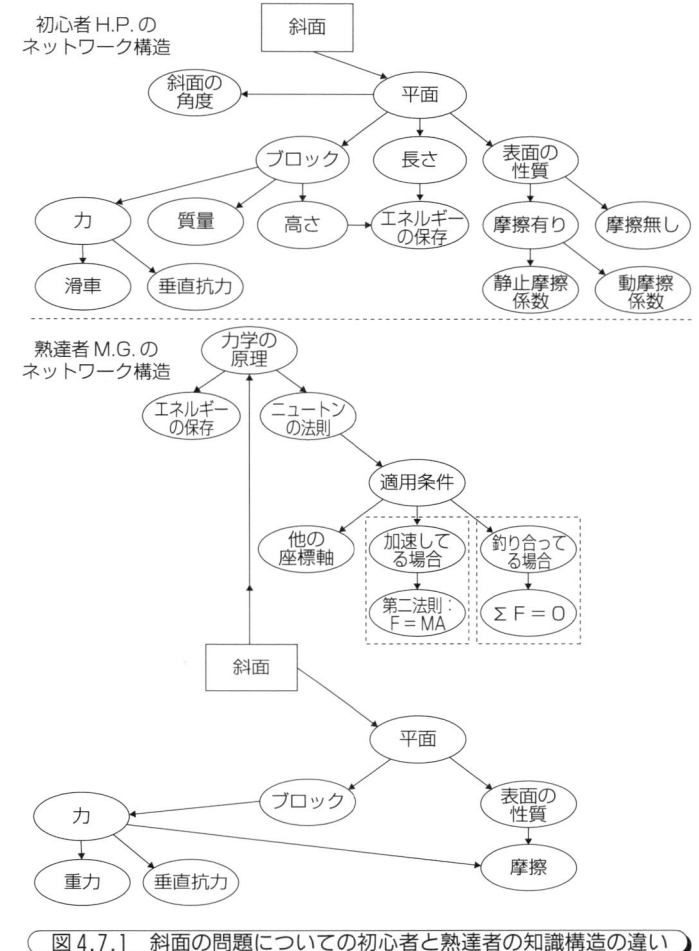

図4.7.1 斜面の問題についての初心者と熟達者の知識構造の違い
出所：Chi, & Glaser, 1981

③ 熟達化を促す学習

では，熟達化を促す学習とはどのようなものでしょうか。大浦は，[6] とくに適応的熟達を促す学習として「能動的モニタリングを伴った学習」と「意味ある文脈の中での学習」を挙げています。

「能動的モニタリングを伴った学習」とは，学習者が従来の方法では解決できないような問題に直面し，従来の解決法を見直す，自分なりの新しい解決法を見出すといったような能動的なモニタリングを行う学習のことです。また「意味ある文脈の中での学習」は，学習者が熟達者と共同で作業したり，具体的な材料について直接指導を受ける中で，熟達者のもつ知識や技能を獲得していく学習のことです。学習者はこれらの学習を通して，徐々に適応的な熟達者への道を辿っていくのです。

（中道圭人）

▷4 Chase, W. G., & Simon, H. A. 1973 Perception in chess. *Cognitive Psychology*, **4**, 55-81.

▷5 Chi, M. T. H., Feltovich, P. J., & Glaser, R. 1981 Categorization and representation of physics problems by experts and novices. *Cognitive Science*, **5**, 121-152.

▷6 大浦容子 1996 熟達化 波多野誼余夫（編）認知心理学5 学習と発達 東京大学出版会 pp.11-36.

IV 学びの理解②学びのしくみ

8 9歳の壁：具体から抽象へ

1 9歳の壁とは？

聾教育において，聴覚障害児が小学校中学年（9，10歳）のさまざまな教科の学習に困難を示す現象を「9歳の峠」と呼び，その峠をどのように克服させていくかが聾教育にとっての課題の1つと考えられています。また，聾教育に限らず一般に，抽象的な思考を求められる課題が多くなる小学3・4年ころより，子どもの学業不振やカリキュラムの進度からの遅滞が目立ち始めることが指摘されています。これらのことから，子どもの発達・教育上の問題として「9歳の壁」という用語が用いられるようになりました。

たとえば，天野・黒須は学業に困難さをもつ学業不振児がどれくらいいるかを調べるために，約5,000人の小学1年生から6年生を対象に，国語・算数の学力テストを実施しました[1]。このテストでは，全ての子どもが小学1年生用の問題から6年生用の問題全てを与えられました。そして，各学年でのテストの平均点を求め，その平均点を基にして学業不振児を決定しました。ある学年の児童の得点が1学年下の児童の平均点を下回っていれば1年遅滞した状態，2学年下の児童の平均点を下回っていれば2年遅滞した状態となります。

表4.8.1は，算数のテストに関する各学年の学業不振児の割合を示しています。表4.8.1が示すように，3年生から4年生にかけて学業不振児の割合が増加しており，小学3年生ころの学習内容に困難さを示す子どもが多いことが伺えます。

また，9歳前後はエリクソン（Erikson, E. H.）の理論での「勤勉性対劣等感」の危機が生じる時期にあたります[2]。そのため，この時期のつまずきは有能感や劣等感と関連しており，学力だけでなく人格発達の上でも重要であると考えられています。

2 なぜ9歳の壁が生じるのか？

◯教科内容に関する問題

小学3年生ころから，教科内容に現実生活から離れた科学的な概念が現れ始め，徐々に抽象的で困難な内容になってきます。たとえば，分数の概念があります。分数は分母と分子といった2つの

▶1 天野清・黒須俊夫 1992 小学生の国語・算数の学力 秋山書店

▶2 Erikson, E. H. 1963 Childhood and society. (2nd ed.) New York: W. W. Norton.（仁科弥生（訳）1977 幼児期と社会 みすず書房）

表4.8.1 各学年での算数の学業不振児の割合
(%)

	1年生	2年生	3年生	4年生	5年生	6年生
1年の遅滞		3.9	4.1	9.5	9.5	12.0
2年の遅滞			0.6	0.9	3.2	3.8
3年の遅滞				0.1	0.4	1.1

出所：天野・黒須，1992を元に作成

数で1つの量を表現する概念であり，日常生活で使用している10進法での数の概念とは大きく異なっています。このように，教科内容が日常生活から離れた抽象的なものへと変化していくことが，9歳の壁の1つの原因と考えられています。

認知発達論からの見解

9歳前後は，ピアジェの認知発達論で言えば，具体的操作期から形式的操作期に移行する時期です。形式的操作期への移行に伴い，抽象的な思考が徐々に可能になり，目の前に具体的なモノが無くても抽象的に考えることが可能になってきます。また，自分の視点からだけでなくさまざまな視点から物事を捉えることが可能になってきます。たとえば描画に関して，知的リアリズム（頭の中の自分の知っているように描く）から視覚的リアリズム（視覚でとらえたように描く）へと描画表現の構造が変化します。このような認知発達の移行に困難さを示す子どもがいることが，9歳の壁を生じさせている可能性があります。

また，吉田は発達における認知能力の一時的な低下が9歳の壁に影響している可能性を指摘しています。たとえば，西林は3歳児から大学生を対象に，周辺の長さ（60cm）が同じ正方形（15cm×15cm）と長方形（20cm×10cm）の面積を比較させる課題（等周長課題）を行いました。その結果（図4.8.1），幼児（3-6歳児）では5割以上の子どもが正方形は長方形より広いという正しい反応を示しました。しかし，この正反応は小学2年生で減少し，5年生では無くなり，大学生で再び5割程度に増加するという発達的変化を示しました。また誤った反応に関して，幼児では長方形の方が広いという反応が，小学2年生以上では正方形と長方形の面積が同じという反応が多いことが示されました。これらの結果に関して，幼児は知覚的な影響を受けやすく，全体に注意を向けた幼児は広さの違いを正しく判断し，長方形の長い辺だけに注意を向けた幼児は長方形の方が広いと判断したと考えられます。一方，小学2年生と5年生は対象を変形させても数や量は変わらないという保存の概念をこの課題にも適用したため，正方形と長方形の面積が同じという誤った反応が増加したと考えられます。このように，ある種の認知能力の発達はU字型の曲線を描きます。この現象も9歳の壁の1つの原因となっているのかもしれません。

（中道圭人）

▷3　I-4 参照。

▷4　菅沼嘉弘　1981　たしかな目，巧みな手を──「9歳の節」の絵画表現と手しごと　発達, 8, 1-14.

▷5　吉田甫　1995　九歳の壁　発達, **61**, 36-38.

▷6　西林克彦　1988　面積判断における周長の影響──その実態と原因　教育心理学研究, **63**, 120-128.

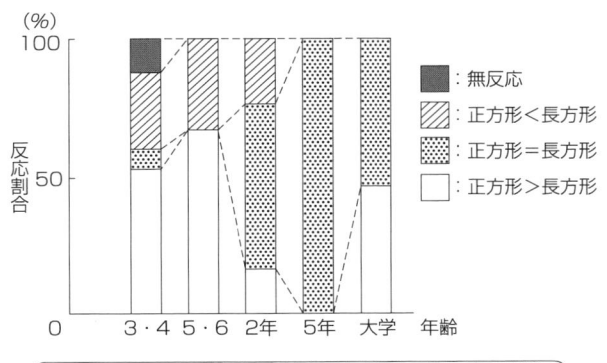

図4.8.1　等周長課題に対する年齢別の各反応の割合

出所：西林，1988を改変

Ⅳ 学びの理解②学びのしくみ

9 学習スキル：学びの基礎技法

1 学習の目的

○「生きる力」をつけるための学習
　基礎的・基本的な知識，技能を習得して活用する力や，新たな問題を解決する力を身に付ける活動が学習です。また，自ら学習できるように，主体的な取組姿勢を身に付けたり，日常必要な言語力を付けたり，さらに自分の個性を見つけて伸ばすことも学習活動に含まれます。いずれも生きていくのに不可欠です。

○目的達成のための技法
　意義ある学習をするためには，教科毎に目標として定められている知識や技能を習得すること，習得内容が実生活の場面に活用できる（**転移**[1]）ようにすること，しかもこれを自分の力で行えるようにすることが必要です。自力で行うためには，自分を制御する働き（メタ認知）の育成も忘れてはなりません。そこで，知識・技能の転移を促す習得法や，メタ認知を育成する方法など，学習にはさまざまな技法が求められることになります。

2 学習技法

○学習の必要条件
　転移を促すためには，知識を**有意味学習**[2]することが必要です。機械的に丸暗記するとすぐに忘れてしまいますが，意味が分かっていれば記憶内に役立つ知識体系が構築されるからです。また，メタ認知の育成のためには試行錯誤学習が必要です。成功や失敗から学ぶことで，習得状況の把握が正確になると同時に，自律性が身についてくるからです。

○深化学習
　新出事項に接したとき，概念の意味を理解したり，そこに展開されている知識体系を把握したり，既有知識との関係を理解したりすることを，深化学習と言います。意味を理解するには，同じ本質のものをまとめて覚える「群化」，似た概念の差異を確認する「対比」，知識の前提を確認する「階層性の把握」が必要ですし，教科書や解説参考書などの「資源の活用」も求められます。

○発展学習
　与えられた知識のみに満足せず，その知識が活用できる場面を考えたり，別の分野の知識との関係を考えたり，新たに出てきた疑問を解決するような学習行

▷1 転移
⇒Ⅳ-6 参照。

▷2 有意味学習
⇒Ⅶ-2 参照。

動を，発展学習と言います。発展学習の過程では，新しい事実が見えてきたり（概念の形成），法則を発見したり（法則化）することがあります。学問の世界では既知の内容であっても学習者にとっては新発見になるので，学習が楽しいと感じるよい機会です。事典類，専門書，インターネット等の各種資源も役立ちます。

◯ 定着作業

深化学習や発展学習をしただけでは学習内容が充分に定着しませんから，定着のための作業が必要です。各教科内で習得することが求められている知識や技能を抜き出し，身につけようと意図しながら練習する（意図的学習）必要がありますし，メタ認知が優れている人は効果的な学習が可能です。

◯ 学習方略

深化学習，発展学習，定着作業を効果的に行うための方略を学習方略と言います。意味理解を助ける方略の1つに「視覚化方略」があります。「図解・表解」「色分け」「ノート整理」等を駆使して，知識の構造を把握（体制化）したり，「イメージ化」することで意味を理解しようとするものです。人に「説明」することで，理解確認をすることもできます。無意味材料については「記憶術」によって有意味化する方法もあります（歌で覚える年号等）。試験での誤りの原因を考え，次に失敗しないように一般的教訓を引き出す方法（教訓帰納）等，他にもたくさんの学習方略があります。

3　学習の実態

◯ ごまかし勉強

試験に出そうなところをあらかじめ調べ，その部分の定着作業だけを行い，試験が終わったら内容を忘れてしまうような質の低い学習方法を「ごまかし勉強」と言います。有意味学習を行わないため，もっぱら機械的暗記と反復練習に頼ることになります。試験が終われば忘れるので，学習内容は身につきません。[3]

◯ ごまかし勉強の問題点と現状

ごまかし勉強では深化学習や発展学習をあまり行わないため，学習から楽しい要素が激減し，学習が学習者に労役として認知されてしまいます。しかし，範囲の狭い定期試験等ではこの労役ででもある程度の成績が取れるため，ごまかし勉強こそが正しい学習法であるという誤解も出てきます。少子化により受験圧力が減り，定期試験さえ乗り切れればよいという現状で，ごまかし勉強をする学習者が増加しています。ごまかし勉強を容易にする過保護な教材（定期試験予想問題集，要点集，暗記材料，マーカー等）や，試験前に出題箇所を教える教授行動等が，この傾向に拍車をかけています。質の低いこのような学習行動が学力低下の原因になっている以上，テスト問題の改善等，ごまかし勉強を減らす対策を考えることが日本の教育での緊急課題と言えるでしょう。[4]

（藤澤伸介）

[3] 藤澤伸介　2002　ごまかし勉強〈上〉——学力低下を助長するシステム　新曜社

[4] 藤澤伸介　2002　ごまかし勉強〈下〉——ほんものの学力を求めて　新曜社

Ⅳ　学びの理解②学びのしくみ

10　自己調整学習：自律的な学び

1　習慣的学習と自己調整学習

○条件づけと学習習慣

かつて行動主義心理学が全盛だったころ，学習はオペラント行動だから，なかなか学習しようとしない子がいても，賞罰のコントロールさえ巧みに行えば学習がなされるだろうと考えられていました[1]。行動形成の第一ステップは，毎日一定時間机の前に座ることです。これが学習習慣で，学校の保護者会などでは家庭での学習習慣をつけることが強調されました。

しかしながら行動は習慣化すると自動化し，内容の適切性を吟味したり修正したりすることがなくなります。惰性で教材の記入欄を埋めたり教科書を眺めているだけでは，内容の習得もできないので，最近では「自己調整学習」が強調されるようになってきました[2]。

○自己調整学習とは何か？

学習者が，まず自分の目標を決め，その目標を達成するためにみずからの計画を立て，実行段階で思考，感情，行為をコントロールし，実行後にふりかえって自らの学習行動を評価するプロセスを，自己調整学習と言います。つまり，学習を習慣的機械的にこなすのでなく，高い学習動機のもとに，目標達成に必要なことを段取りを決めて実行していくことが，習得や次の動機づけの好循環を生むと考えているわけです。ズィマーマン（Zimmerman, B. J.）は[3]，自己調整学習を計画，実行，評価のサイクルでとらえたモデルを提示し，各段階で学習効果を高める要因を分析しています。

2　自己調整学習の各段階

○学習計画の段階

学習者がどのような目標を立てるかは，その学習者の**自己効力感**が大きく影響します[4]。自己効力感とは，自分がどれだけうまくやれるかという結果についての期待のことで，バンデューラ（Bandura, A.）の提唱した概念です[5]。自己効力感が高ければ動機づけが高まり，困難な課題に挑戦するようになります。

一般に自己効力感は成功体験によって高まりますが，これは，成功したときの方法が目標達成の見通しの中に自己成長の1ステップとして位置付けられたときに限ります。つまり，やさしい問題の試験で満点が取れたり，カンニング

▷1　Ⅰ-3，Ⅲ-1参照。

▷2　自己調整学習は自己制御学習ともいう。

▷3　Zimmerman, B. J. 2001 Theories of self-regulated learning and academic achievement: An overview and analysis. In B. J. Zimmerman & D. H. Schunk (Eds.), *Self-regulated learning and academic achievement: Theoretical perspectives*. (2nd ed.) Mahwah, NJ: Lawrence Erlbaum Associates Publishers. pp. 1-37.

▷4　自己効力感
⇒ Ⅲ-5参照。

▷5　Bandura, A. 1977 Self-efficacy: Toward a unifying theory of behavioral change. *Psychological Review*, 84, 191-215.

で高得点が取れても，自己効力感は高まりません。したがって，学習計画にあたっては，学習内容の計画だけでなく，学習方法の計画も重要です。

◯学習実行の段階

実行段階では，自己学習のモニタリングとコントロールがうまく働くかどうかが重要です。このような機能をもつメカニズムをメタ認知と言います。

注意の集中状況，記憶の確実性，意味は理解できているか，学習方法は適切か，予定通り学習が進んでいるかなどを見守ることがモニタリング機能です。もう少し反復回数を増やしてみよう，忘れそうなので記録しておこう，この問題は逆から考えてみよう，別の学習方略を工夫してみよう，眠気と闘って学習を続けようなどと，自分の行動を調節するのがコントロール機能です。

学習内容がよりよく習得できるためには，学習の過程でメタ認知が充分に機能する必要がありますが，その働きには個人差が大きく存在します。

◯ふりかえりの段階

学習後には，目標はどこまで達成されたか，習得に失敗した部分はどこで，成功した部分はどこか，成功や失敗の原因は何か（原因帰属），学習方法は適切であったか，今後の学習方針はどのようにたてたらよいか等を考えると，次の自己調整学習をより効果的に行うことができます。定期テストはふりかえりのきっかけと判断材料を与えてくれるので，定期テストを考慮した計画をはじめから作っておくことが望ましいと言えるでしょう。

◯自己調整学習と教育

教育は学習者を自立させるための活動ですから，学習自体も教師や教材の指示に従って他律的に進めるのでなく，自己調整学習として自律的に行われる必要があります。学校での期間において自己調整学習を積み上げていくことにより，社会に出てからも生涯にわたりみずからを教育し続ける力（自己教育力）を，育てていくことができると考えられます。

このためには，ページの空所を端から順に埋めていくと自動的にある単元の習得ができるように作られたワークブックなどのような，他律的な教材を与えるのでなく，習得に必要な作業を学習者みずからが考え出せるような支援を，教育場面では考えていく必要があるでしょう。

❸ 自律性と教育法の適性処遇交互作用

学習者の特性によって最適な教育法は異なることが一般に知られています。学習者が自律的で自己調整学習が可能であれば，情報提供的な授業が向いており（特恵モデル），自己調整学習がうまくできないような学習者には，学習作業鞭撻的な授業が向いている（補償モデル）と言えます。しかしながら，学習者を自立させるという目標を考えれば，指示的鞭撻的な教授行動は次第に控えていって，自己調整学習ができるように支援していく必要があります。　（藤澤伸介）

Ⅳ 学びの理解②学びのしくみ

11 分散認知：学びの共同化

1 分散認知とは？

○個人の情報処理システム

20世紀前半までの心理学に代わって，20世紀後半に盛んになった認知心理学の立場では，人間の認知を情報処理システムとみなし，その仕組みや情報処理の仕方を記述するようになってきました。コンピュータとの対比による人間の認知過程の解明が進むにつれ，教育改善に貢献するさまざまな知見も得られるようになりました。[1]

○分散認知の視点

1980年代になると，さらに，認知過程が個人内の情報処理のみで完結しているのでなく，他者との相互作用も含まれているということが主張されるようになりました。コンピュータネットワークがどんどん形成されている現状においては，さまざまな情報処理機器も人間の認知活動を補っていることがわかります。このように，人間の情報処理過程が，他の人々や情報機器や情報通信網に共有され，分散している（distributed）とする見方を「分散認知」と言います。[2]

2 分散認知の事例

○教室内の相互扶助

欠席者が授業内容を出席者に尋ねる，教材を忘れた人が友人に借りる，学習内容を理解できない人が得意な人に尋ねる，試験前に問題を出し合って記憶確認をする，学習の進捗状況を開示することで周囲の反応を見て自分の相対的位置を知る，黒板がよく見えないときに板書内容を尋ねる，といった交流が，学級内では自然発生していて，この助け合いが個人の学習を充実させています。

○WWWによるネットワーク

困ったときにはその分野に詳しい友人に電話で尋ねるという時代から，メールで情報をやり取りする時代になり，さらには，見知らぬ人から情報をもらうためのネットワークも，すでにでき上がっています。

インターネット上で自由参加者が共同作業で仕上げる百科事典（Wikipedia）や，書き込まれた質問にいろいろな人が答えを書き込むシステム（OKWave，Yahoo知恵袋等），さまざまな商品の価格や会社のサービスを比較するシステム（ECナビ）等は，情報処理共同作業の例と言えるでしょう。

▷1 Ⅰ-5 参照。

▷2 Salomon, G. (Ed.) 1993 *Distributed cognitions: Psychological and educational considerations.* Cambridge, UK.: Cambridge University Press.（松田文子（監訳）2004 分散認知──心理学的考察と教育実践上の意義 協同出版）

3 一斉授業と共同学習

　伝統的な一斉授業は，個人が効率よく並行学習できるように講義の形態を取り，そこでは学習者間のコミュニケーションが「私語」として排除されます。これに対し共同学習（グループ学習）は，分散認知の過程と考えられるため，学習者間のコミュニケーションは重要です。

　共同学習をどうとらえるかによって，さまざまな名称が提案され，協同学習，協働学習，協調学習などの語が使われています。英語文脈ではcooperativeや，collaborative等の語が使われますが一定の翻訳の対応関係が一般化しているわけではありません。協同の語は，競争の反意語として使われることが多く，また，グループのメンバーがたんに作業を分担処理するのでなく，別々の場所にいてもITを活用した相互討議などによって目的や問題を共有している場合，協調の語が使われることが多いようです。また，学習者が集合して問題解決過程を共有するような，新しい教育のデザインを語るときには，協働の語が使われたりします。しかし，これら3者の差異については定まった見解があるわけではありません。さらに，参加者全員が恩恵を受ける側面を重視した場合には，互恵的学習（reciprocal learning）と言います。いずれにせよ，学力格差や競争による弊害を克服するための試みが模索されています。

◯ 社会的手抜き現象

　共同学習で生じがちな問題は，社会的手抜き現象の発生です。複数で事にあたる場合，意欲の低い者が手抜きをしたり，面倒なことを他人に押し付けたりしがちです。無責任体制を生まない何らかの工夫が必要です。

4 分散化された学習環境の試み

◯ e−教室

　国立情報学研究所が開発したNetCommonsという協調学習用情報ポータルを活用して，2002年6月より「e−教室」というインターネット上の学びの場が構築され，掲示板上で展開される「カリキュラムを越える学び」に300名以上の中高生が参加しています。科目には「ガリレオ工房」「経済と私」「情報社会＊ＡＢＣ＊」「英語で社会」「さんすうの作文」「３Ｄ工房」等があり，活発な学習活動が展開されています。

◯ シブヤ大学

　2006年9月に，特定非営利活動法人シブヤ大学が設立されました。キャンパスをもたず，渋谷区内ならどんなスペースでも教室になります。これは，あらゆる世代の人が教師にも生徒にもなる公開講座が中心ですが，参加者からさらに新しいグループが誕生して広がっていくような生涯学習機関として，注目されています。

（藤澤伸介）

▷ 3　新井紀子（監修）e−教室（編）2005 数学にときめく　ふしぎな無限　講談社

V　学びの理解③学びの諸相

1　リテラシー：文字の獲得

1　文字意識

　文字や文章などを読み書きする能力のことをリテラシー（literacy）と言います。文字を教えられる前の小さな子どもでさえも文字と接し，このリテラシーをもっています。

　リテラシーの獲得のためには文字の機能や象徴性に対する気づき，つまり文字意識が不可欠です。子どもは1歳台から絵本を読み聞かせられたり，文字積み木で遊んだり，家族が読み書きする姿を模倣して遊ぶ中で，文字やその機能に対する気づきをもちはじめます。しかし，この文字意識が明確になってくるのは，もう少し発達が進んでからになります。たとえば，内田は「字が読めると（書けると）いいことがあるか」という質問を幼稚園の年長組の子どもにしたところ，「いいことがある」と答える（読字・書字に価値を認めている）子どもは読字で25.0%，書字で12.5%に過ぎません。また，その理由も「うれしい」「ママが喜ぶから」といった文字の読字・書字に付随する事柄を述べており，文字の機能に気づいているわけではありません。この同じ質問を小学校1年生にすると，読字・書字のいずれにおいても87.5%の子どもが価値を認めるようになります。また，これらの理由を見ると「字がたくさん書いてある本が読めるから」，「絵本が作れて楽しいから」等の具体的なものが多くなり，さまざまな経験を通して文字意識は獲得されていくことがうかがえます。

2　音韻分解と音韻抽出

　かな文字習得のためには「音韻分解（phonological segmentation）」と「音韻抽出（phonological abstraction）」の2つが必要とされます。音韻分解はある単語を音節に分けることで，たとえばカラスという単語が"カ"と"ラ"と"ス"という3音節からなることが分かることです。音韻抽出はある単語の特定の音節を抽出することで，たとえばカラスの最初の音節は"カ"，最後の音節は"ス"というように音節を個別に取り出して言うことです。これら2つを総称して「音韻意識（phonological awareness）」と言い，3歳半ころから急激に発達すると考えられています。

　図5.1.1は音韻意識（音韻分解・抽出）とかな文字習得（読字数）の関係を示しています。音韻分解や音韻抽出ができるようになると，読字数が増えていく

▶1　柴崎正行　1987　幼児は平仮名をいかにして覚えるか　村井潤一・森上史朗（編）別冊発達6　保育の科学　ミネルヴァ書房　pp. 187-199.

▶2　内田伸子　1989　物語ることから文字作文へ──読み書き能力の発達と文字作文の成立過程　読書科学，**33**, 10-24.

▶3　天野清　1986　子どものかな文字の習得過程　秋山書店

ことが分かります。逆に言えば，音韻分解や音韻抽出ができない場合，かな文字の学習は困難になります。音韻意識の発達を促すことにより，かな文字の習得が促進されるのです。

　子どもたちはさまざまな遊びの中でこの音韻意識を自然と発達させています。たとえば，子どもがよく行う「しりとり」は，前の人が言った単語の最後の音節を取り出し，その音節から始まる単語を次の人が言うというのが基本的なルールであり，音韻意識を促す遊びの1つと言えるでしょう。

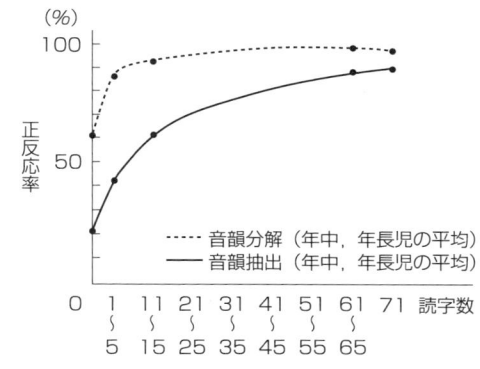

図5.1.1　かな文字の習得と音韻分解・抽出の関係
出所：天野，1986を改変

3　文字の読み書きの発達にかかわる要因

○読み書きの時代差

　1967年に行われた国立国語研究所の調査によると，ひらがな清音46文字，濁音・半濁音25文字の合計71文字についての平均読字数は4歳児で33.5字，5歳児で53.0字であり，平均書字数は4歳児で10.8字，5歳児で26.0字でした。小学校入学までにほとんどの子どもがひらがなを読むことや，自分の名前をひらがなで書くことができ，また半数の子どもがお話や手紙を書くといった活動を行っているようです。

　また，この読み書きの能力には時代差が見られます。1967年に続き，1988年に同様の方法で調査したところ，平均読字数は3歳児で18.6字，4歳児で49.7字，5歳児で65.9字であり，平均書字数は3歳児で4.5字，4歳児で20.9字，5歳児で44.6字でした。1988年の4歳児の読字・書字数は，1967年の5歳児と同程度であり，およそ20年の間に読み書き能力の獲得が1年ほど早まっていると言えます。

○読み書きの性差

　幼児期の読み書き能力には性差もあります。たとえば，東は3～5歳児を対象に，ひらがな71文字の読字テストと，「つくえ」および「さかな」という字についての視写テスト（字のお手本を見ながら，それを書き写す）を行いました。すると，読字テストでは男児（39.90字）より女児（47.91字）で平均読字数が多く，視写テストでも男児より女児がひらがなをきちんと書いていました。東によれば，このような男女差は，女児が男児に比べて絵本を読むなどの読みにかかわる活動を多く行っていることを反映しているためだと考えられます。しかし，このような男女差は小学校入学後に徐々に解消されていくようです。

（中道圭人）

▷4　国立国語研究所　1972　幼児の読み書き能力　東京書籍

▷5　島村直巳・三神廣子　1994　幼児のひらがな習得——国立国語研究所の1967年の調査との比較を通して　教育心理学研究，**42**，70-76.

▷6　東洋　1995　幼児期における文字の獲得過程とその環境的要因の影響に関する研究　平成4～6年度科学研究費補助金（総合研究A）研究成果報告書

▷7　内田，前掲書

V 学びの理解③学びの諸相

2 文章読解：読みと理解

1 文章読解の過程

我々はほとんど毎日，文章を読み，その内容を理解しています。では，どのようにして我々は文章を読解しているのでしょうか。読みに関する最近の研究成果から，図5.2.1のような読解過程のモデルが提案されています。まず，凝視（単語を見る）やサッケード（単語から単語へジャンプする）といった目の動きを通して，文章が入力されます。次に，その単語の文字列を視覚表象に符号化し，心的辞書（長期記憶に蓄えられた単語の情報）にアクセスして，その単語が自分の知っている単語と一致するかどうかをチェックします。続いて，その単語のいくつかの意味の中から，もっともその文章に適した意味を選ぶ意味的符号化を行い，その単語が含まれる**命題**を構成することにより，個々の文の意味を理解していきます。そして次のテキスト・モデリングでは，個々の文の意味を統合し，関連づけて文章全体の心的表象を作り，その文章の主題を理解します。最後に，「分からない部分はないか」「文章を正しく読み取れているか」といった自分の読解過程に関するふり返り（メタ認知的モニタリング）が行われ，その結果次第で文章を再び読み返すか，終了するかを決定します。読解はほとんど自動的に行われていますが，このような複雑な過程によって成り立っているのです。

▷1 Bruer, J.T. 1993 *Schools for thought: A science of learning in the classroom.* Cambridge, MA: MIT Press.（森敏昭・松田文子（監訳）1997 授業が変わる——認知心理学と教育実践が手を結ぶとき 北大路書房）

図5.2.1 読解過程のモデル

出所：Bruer, 1993 森・松田（監訳），1997

2 読解にかかわる要因

○既有知識

読解には，長期記憶にある自分の知っている知識（既有知識）も大きくかかわっています。たとえば，次の文章を読んでください。

「彼は練習が大切だと，ずっと思ってきた。努力だけで成功できるわけではないし，天性の力も必要かもしれない。しかし，今の位置を保つには，努力は必要不可欠である。彼はすっかり手になじ

んだ物を取り出した。それは，単なる道具ではなく，彼にとって分身のようなものだった。ゆるやかな曲線，しっかり張られた糸。これがデビューしてから，彼をずっと支えてきたのだ。」

　この文章は，難しい言葉を使っているわけではありませんが，「彼」が何をしているのか，「手になじんだ物」が何かは明確には理解しにくい文章です。この文章に「ウィンブルドン」あるいは「ライブハウス」という題名を与えると，物はラケットあるいはギターといったように，文章の理解に変化が生じます。読解は，単純に単語や文法を知っていればできるというものではなく，既有知識に影響されるプロセスでもあるのです。

◯ 作業記憶

　短い文章であっても，その中に含まれる複数の単語を1度に処理できるわけではありません。そのため，文章全体を理解するためには，文章の最初の部分の内容を記憶しながら，後の部分の処理を行っていく必要があります。この文章の内容を記憶しながら読解を進めていく過程は，**作業記憶**によって支えられています。たとえば，髙橋は小学5年生を対象に，リーディングスパンテスト（作業記憶の測度），語彙力テスト，一般的な読解能力テスト，野球や料理に関する読解テストを実施しました。すると，一般的な読解能力はリーディングスパンと語彙力で，野球の問題については一般的な読解能力と野球に関する知識で説明されていました（図5.2.2）。このように，読解は作業記憶や文章に関する知識によって影響されています。

③ 黙読と音読

　文章の読み方には，大きく分けて音読と黙読の2つがあります。音読は，明確な音声を伴った読み方，黙読はつぶやきのように多少の口の動きを伴うものやまったく音声を伴わないような読み方です。音読は発話に伴う運動的な手がかりや音声による耳からのフィードバックが得られるため，文章の逐語的な記憶を促進し，黙読は文章を音声として表現しない分，文章の意味内容の理解を促進するという見解もあります。また，これら2つの読みの速さは，小学校4年生頃には黙読の方が速くなり，それ以降，情報を得たり考えたりするための読みはほとんど黙読になると言われています。つまり，日常的に黙読が読みの中心として定着するのは小学校の高学年以降になります。

（中道圭人）

▷2　命題
たとえば「それは赤い」「太郎は笑った」といったように，1つの述語（一般的には動詞や形容詞）と複数の項（一般的には名詞）から構成される知識の最小単位。

▷3　秋田喜代美　2002　読む心・書く心——文章の心理学入門　北大路書房

▷4　作業記憶
⇒ IV-3 参照。

▷5　高橋登　1996　学童期の子どもの読み能力の規定因について——componential approach による分析的研究　心理学研究, 67, 186-194.

▷6　内田伸子　1975　幼児における物語の記憶に及ぼす外言化・内言化経験の効果　教育心理学研究, 23, 19-28.

▷7　高橋俊三　1988　発音・音声　国語教育研究所（編）国語教育研究大辞典　明治図書　pp. 665-668.

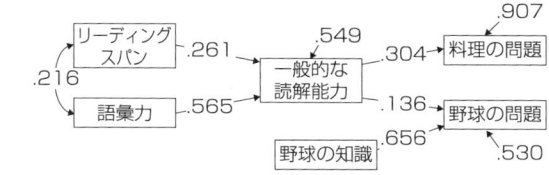

図5.2.2　読解に関わる能力間のパス図

出所：高橋, 1996

Ⅴ　学びの理解③学びの諸相

3　文章産出：どのようにして文を書くのか？

1　物語ることの発達

　文章の産出は，個人の内的なイメージを言葉で外的に表現することと言えます。就学前の子どもたちも，口頭で語ることを通して文章を産出しています。たとえば，生活経験に基づくような物語であれば，4歳ごろから一貫性のある物語を作り出すことができます。4歳後半から5歳前半になると，問題を解決するためにどこかに旅に出るといったような，事件を盛り込んだ物語を作り出すことができます。そして，5歳後半になると「組み込み技法（"○○に変身する" "夢の中の出来事"といったように，現実と非現実をつなげる技法）」を用いて空想的な物語を作り出すことができるようになります。このように，就学前の子どもたちも，文字ではないものの，文章を産出する能力をもっているのです。

▷1　内田伸子　1990　想像力の発達――創造的想像のメカニズム　サイエンス社

2　作文産出の発達

　幼稚園の年長組ごろになると，幼児の多くはひらがなの読み書きができるようになります。この幼児期の後半から組織的な文字学習が行われるようになる小学校1年生にかけて，文字で文章を書くこと（作文）が徐々に可能となっていきます。このころの作文産出は，次の5つの段階を経て，発達していきます（図5.3.1）。

▷2　Ⅴ-1参照。

▷3　内田伸子　1989　物語ることから文字作文へ――読み書き能力の発達と文字作文の成立過程　読書科学，**33**, 10-24.

　第一段階：書く文字を声に出して読み上げながら，文字を書く。
　第二段階：ささやき声か唇の動きを伴いながら1字ずつ書く。
　第三段階：ほとんどの字を黙って書くが，とくに難しい文字や言葉を書くときだけささやきを伴う。
　第四段階：ささやきや唇の動きを伴わせながら，比較的スラスラと文字を書く。
　第五段階：黙ったままで文字をスラスラと書く。

　図5.3.1が示すように，幼稚園年長組の5月ごろでは，文章を書く行為は文字を読み上げるという外的な支えを必要とします。それが小学校1年生の9月ごろまでには，外的な支えを必要とせずに文章を書けるようになってい

図5.3.1　作文産出時の外的制御の使用

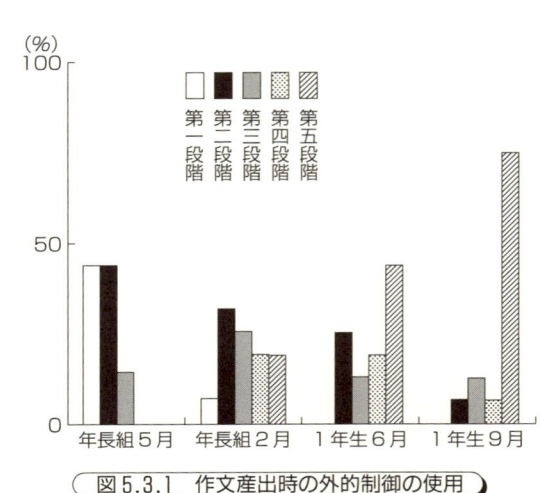

出所：内田伸子　1999　発達心理学――ことばの獲得と教育　岩波書店

3 作文の過程

では，作文の際の心のメカニズムは，どのようなものなのでしょうか。ヘイズとフラワー（Hayes, J. R., & Flower, L. S.）は図5.3.2のような作文過程のモデルを提案しています。このモデルによれば，作文の過程は書くという課題状況の認識，書き手のもつ知識，実際に文章を産出する情報処理過程の3つの下位過程からなっています。まず，書き手は文章を書くという課題の状況を認識します。たとえば，どのような話題（テーマ）か，文章を読む作者は誰かといったことです。一方で，書き手はその課題の内容に沿った長期記憶内の知識を活性化させます。たとえば，そのテーマや読者についての知識や，文章を書くときの計画の立て方や書き方です。そして，課題状況や知識に基づいて文章の構想を立て（プランニング），書こうと考えた内容を言語に置き換え（翻訳），その文章を読み返して評価や修正（推敲）を行います。また，これらの過程全体がうまく遂行されているかどうかをモニタリングしていきます。

このモデルで重要な部分は，矢印が双方向に出ていること，つまり，これら3つの下位過程が相互にかかわっているという点です。作文の産出過程は，計画を立てて，それを言語化し，推敲するというように順番どおりに進む作業ではありません。たとえば，書いている途中で最初の計画を変更して書き直すといったように，これら3つの下位過程を行ったり戻ったりする作業です。実際に文章を書くときも，スラスラと書けるわけではなく，途中で文章を読み返したり，消しゴムで消したりすると思います。実際に，小学生が作文を書く場面を観察し，書き終えてから作文中に書くのが停滞したとき（鉛筆が2秒以上止まったとき）に考えていたことを尋ねた研究があります。それによると，作文中にはプランに関すること（例：全体の構想や結末，次に書く内容を考える），情報の検索に関すること（例：前に立てたプランを思い出す），情報の喚起に関すること（例：前の文章に関連して，いろいろ思いだす），言語表現に関すること（例：文章の表現を工夫する）を考えたり，書いた文章の読み返しを行っているようです。このように，作文の過程はさまざまな下位過程が相互にかかわりあう，ダイナミックな過程なのです。

（中道圭人）

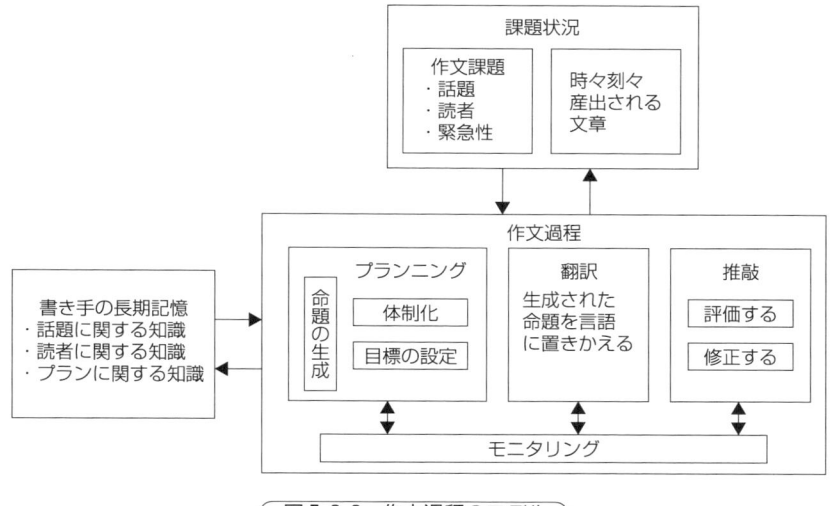

図5.3.2 作文過程のモデル
出所：Hayes, & Flower, 1980

▷4 Hayes, J. R., & Flower, L. S. 1980 Identifying the organization of writing processes. In L. W. Gregg & E. R. Steinberg (Eds.), *Cognitive processes in writing*. Hillsdale, NJ: Lawrence Erlbaum Associates. pp. 3-30.

▷5 安西裕一郎・内田伸子 1981 子どもはいかに作文を書くか？ 教育心理学研究, **29**, 323-332.

V 学びの理解③学びの諸相

4 計数：数量の認識と数えること

数は抽象的な概念であり，算数をはじめとして数を使った思考は年齢が大きくなっても困難なものです。しかし，乳児や幼児であっても生得的とも言える基礎的な数量の認識や，生活や遊びといった日常経験を通して獲得された数量の認識（インフォーマル算数の知識）をもっています。ここでは，小学校以降の数量認識の基礎となるような乳幼児の数量認識について説明していきます。

▷ 1 丸山良平・無藤隆 1997 幼児のインフォーマル算数について 発達心理学研究, 8, 98-110.

▷ 2 Starkey, P., & Cooper, R. S. 1980 Perception of numbers by human infants. *Science*, 210, 1033-1035.

1 乳児の数量認識

乳児は，後の数量認識の基礎となるさまざまな能力をもっています。たとえば，モノの数の違い（例：絵に描かれた馬2頭と犬3匹）に関して，モノの数が3つまでであれば，生後5カ月の乳児は数の違いを区別できます。これは，乳児がモノの数を数えている（計数している）のか，それともサビタイジング（subitizing：数の即座の把握）によるのかは分かりませんが，いずれにせよ，乳児は数の多少を区別できる能力をもっているようです。

また，乳児は数量の加減も認識できることが実験によって示されています。この実験では，まず乳児に空っぽの実験装置を見せ，乳児がそれに注目すると，手が現れて人形を1つ置きます（図5.4.1の「1＋1＝1あるいは2」条件の1）。次に，ついたてで人形を隠した後，手が再度現れて，2つ目の人形をついたての後ろに置きます（上段の2～4）。最後についたてを外すのですが，この際，人形が2つある場合（起こりうる出来事）と人形が1つしかない場合（起こりえない出来事）それぞれを乳児に見せました。「2－1＝1あるいは2」条件も図5.4.1の方

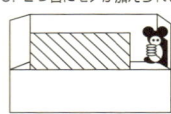

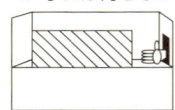

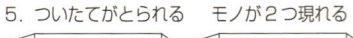

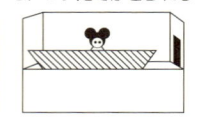

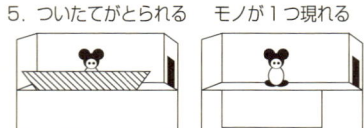

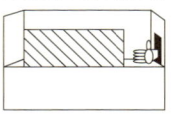

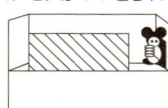

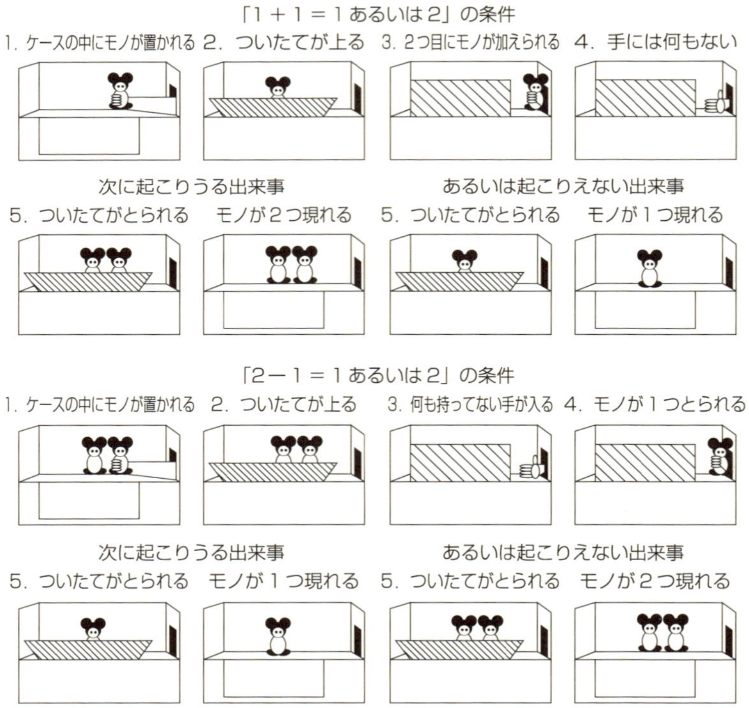

図5.4.1 Wynn (1992) の使った足し算・引き算場面

出所：Wynn, 1992

法で行いました。すると，乳児は起こりえない出来事の場合に人形を長く見つめました。これは，乳児は計算の答えを予測しており（1＋1＝2あるいは2－1＝1になるはずだ），その予測と異なっていたので人形を長く見ていたと考えられます。このように，乳児はさまざまな数量認識をもっているのです。

❷ ゲルマンの計数原理

日常生活の中で，幼児はさまざまなモノの数を数えます。幼児の数えるという行為には，単純に数の名前（数詞）を記憶するだけでなく，モノの数を数えるという計数のスキルが必要とされます。

ゲルマンとガリステル（Gelman, R., & Gallistel, C. R.）によれば，計数を達成するためには，5つの原理を獲得する必要があります。第1の原理は，1つのモノに1つの数詞だけを割り当てるという**1対1対応の原理**です。第2の原理は，用いられる数詞がつねに同じ順序性をもつという**安定順序の原理**です。たとえば，子どもが7個のモノをいつも「1，2，3，4，8，10，11」と計数した場合，数詞は間違っているが，安定順序の原理をもっていると言えます。第3の原理は，複数のモノを数えたとき，最後に言った数詞が全体の数の大きさを表すという**基数の原理**です。たとえば，「1，2，3」と計数し，3が全体の数であると分かることです。第4の原理は**抽象の原理**であり，数える対象がどのようなものであろうとも，同じように計数できるというものです。たとえば，大きなゾウ1頭であっても，小さなネズミ1匹であっても，数は1であると分かることです。第5の原理は，数える順番にかかわらず，全体の数は変わらないという**順序無関係の原理**です。つまり，5つの並んだモノは，右から数えても，左から数えても，中央から数えても数は同じであるということです。

2～3ぐらいの小さな数であれば，1対1対応については2歳ごろ，安定順序については3歳ごろ，基数性については2歳ごろ，抽象性については3歳ごろ，順序無関係については4歳ごろから自発的に用いられるようです。ただし，計数するモノの数が多くなると，幼児はこれらの原理をうまく用いることができなくなります。図5.4.2は，2～19個のモノの計数の際に，1対1対応・安定順序・基数の3つの原理すべてを用いた幼児の割合です。11個以上の計数では，3つの原理を使用できるのは5歳児でも5割以下であり，幼児の計数原理の使用は完全ではないようです。

（中道圭人）

▷3 チィとクラール（Chi, M. T. H., & Klahr, D.）は，幼児に複数の点を見せ，その個数を答えるまでの時間を測定すると，1～3個までの時間は同程度（1秒前後）であるが，4個以上では1個増えるごとに1秒ずつ反応時間が増加することを見出した。この結果から，幼児は3以下の数を低次の知覚過程であるサビタイズによって認識していると彼らは考えた。
Chi, M. T. H., & Klahr, D. 1975 Span and rate of apprehension in children and adults. *Journal of Experimental Child Psychology*, **19**, 434-439.

▷4 Wynn, K. 1992 Addition and subtraction by human infants. *Nature*, **358**, 749-750.

▷5 Gelman, R., & Gallistel, C. R. 1978 *The children's understanding of number*. Cambridge, Mass: Harvard University Press.（小林芳郎・中島実（訳）1989 数の発達心理学　田研出版）

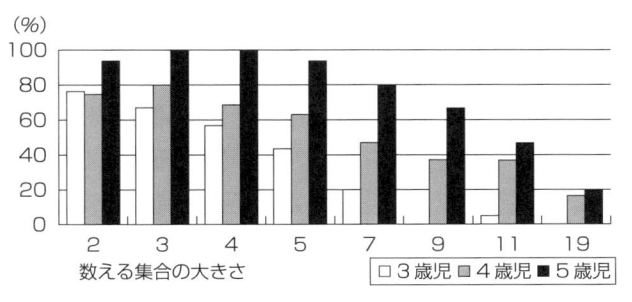

図5.4.2　3つの原理すべてを用いた割合

出所：Gelman, & Gallistel, 1978　小林・中島（訳），1989

Ⅴ　学びの理解③学びの諸相

5 初期算数：指を使ったら計算できる？

１ 数唱の発達

　多くの子どもが２歳ごろには10まで，３歳前後には20まで，４歳後半には30まで数を数えられるようになります。数唱（数を数えること）は，基本的な計算能力（ニューメラシー：numeracy）の基礎の１つと言えます。この数唱は５つの段階を経て，発達すると考えられています[1]。

　①糸状段階：数の系列を機械的に記憶しているだけで，「２は３より１小さい」などの数の意味を理解しておらず，ある数 a と別の数 b の区別ができない段階です。

　②分割できない数詞の系列段階：数と数を区別できるようになり，１から数 a までの上昇方向の数唱はできるが，数の系列は全体として理解されており，分割することのできない段階です。たとえば，１から始めて９まで数唱できるが，「８の次はいくつか？」といったことには答えられません。この段階ではまた，数唱を用いて簡単な加算・減算が可能になります。たとえば「リンゴ５個とリンゴ２個であわせて何個？」という加算なら，それぞれのリンゴの集合を数えた後に，再び全体を数えて７という答えを出すことができます。このように全体を数える方略をカウント・オール（count-all）方略と呼びます。

　③分割できる段階：１から数 a までの数唱だけでなく，数 a から数 b までの数唱も可能になる段階です。たとえば，１〜９まで数唱できるだけでなく，６〜９といった数唱も可能になります。そのため，この段階になると，より効率的な加算が可能になります。たとえば，前述の例でいえば，「５，６，７」と数えて７と答えを出すことができます（このような方略をカウント・オン（count-on）方略と呼びます）。さらに，この段階では数 a から数 b までの下降方向の数唱も徐々に可能になってきますが，それを減算に効率的に用いるのはまだ困難な場合が多いようです。

　④数詞の抽象化の段階：数は別々の独立した単位として理解され，また，記憶能力の向上に伴い新しい技能が獲得される段階です。たとえば，数 a から数 b にかけてどれだけの数があるかを数えること（数を数えながら，数えた数を記憶する）も可能になります。

　⑤数の基本的理解の段階：上昇方向にも下降方向にも容易に数唱でき，子ども自身が理解しやすいように数の系列を分割することもできるようになります。

▷1　Fuson, K.C., Richards, J., & Briars, D.J. 1982 The acquisition and an elaboration of the number word sequence. In C. Brainerd (Ed.), *Children's logical and mathematical cognition: Progress in cognitive development research*, Vol.1. New York: Springer-Verlag. pp.33-92.

たとえば，7＋6＝12（6＋6）＋1＝13といった足し算も可能になってきます。

❷ さまざまな計算方略の使用

前述のように，公的な教育を受ける前の子どもであっても加算や減算を行う能力をもっています。さらに，子どもは加算や減算をより正確に，あるいは効率的に行うために，さまざまな方略を用いています。

◯ 外的な補助としての指の使用

計算を頭の中で行うためには，与えられた数を記憶し，その上で計算をするため，多くの作業記憶が必要とされます。子どもはみずからの作業記憶の限界を補うために，指などの外的な資源を使用して計算を行います。たとえば，栗山と吉田は，物語形式での加算・減算問題（例：お母さんがケン君にチョコ◯個，ショウ君にチョコ◯個あげました。あげたチョコは全部でいくつかな？）を解く場合の，5歳児の指の動きを分析しました。そして，5歳児が使用する4つの計算方略を見出しました：1つずつ指を使って数える方略（Oタイプ），目で指を見たり頭を動かしたりして数える方略（Cタイプ），指を1つずつ数えることなく一気に指を広げて数える方略（Dタイプ），外的資源に頼らないで頭の中で数える方略（Iタイプ）。この4つの方略はOタイプ－Cタイプ－Dタイプ－Iタイプの順に発達していくと考えられますが，Iタイプが使える子どもでも問題が難しい場合には指を使用するといったように，状況に応じて外的補助を使用するようです。

◯ 方略の使用の発達的変化

子どもの使用する計算方略は，発達に伴って変化していきます。たとえば，シーグラー（Siegler, R. S.）は幼稚園児・小学1年生・小学2年生に対して加算問題を提示し，彼らが用いる方略について検討しました。表5.5.1は，5つの方略とそれが用いられた割合を示しています。カウント・オール方略は前述の通りです。検索方略は，長期記憶に保存されている過去に行った計算の結果を引き出すことです。最小（min）方略は，たとえば3＋6の場合，最初に6を選び，それに3を足すといったように，加算の2つの数の大きい方を最初に選び，それに小さい方の数を加えるやり方です。分解方略は，たとえば12＋2の場合に「12は10と2；2と2で4；10と4で14」といったように，計算をしやすいように分割することです。推測は，明確に分からないまま答えを言うことです。年齢発達に伴い，検索や分解は増加し，カウント・オールや推測は減少していきます。また，前述の外的補助と同様，子どもは問題の難易度によってこれらの方略を使い分けているようです。

（中道圭人）

▷2 Kuriyama, K., & Yoshida, H. 1988 Representational structure of numbers in children: Analysis of strategies in solving both addition and subtraction problems. 宮崎女子短期大学紀要, **14**, 13-19.

▷3 Siegler, R. S., & Shrager, J. 1984 Strategy choice in addition and subtraction: How do children know what to do? In C. Sophian(Ed.), *Origins of cognitive skills*. Hillsdale, NJ: Erlbaum. pp. 229-293.

▷4 Siegler, R. S. 1987 The perils of averaging data over strategies: An example from children's addition. *Journal of Experimental Psychology: General*, **116**, 250-264.

表5.5.1　各年齢での方略使用の割合

(％)

学年	方略				
	検索	最小	分解	count-all	推測あるいは無反応
幼稚園児	16	30	2	22	30
小学1年生	44	38	9	1	8
小学2年生	45	40	11	0	5
全体	35	36	7	8	14

出所：Siegler, 1987

V 学びの理解③学びの諸相

6 バグ分析：考えの間違いを明らかにする

1 バグとは？

バグとは，もともとコンピュータプログラムを誤作動させる要因となる欠陥のことです。心理学で人間の認知過程を情報処理過程と見なして探究するようになって，人間の問題解決過程での誤りもバグと呼ぶようになりました。

学習者の犯す誤りにもいろいろあり，はじめから誤った知識（誤概念）を保持していたための誤りもあれば，原因不明で修正や対処のしようがない誤りもあります。バグは主として後者の誤りの原因を指し，いわゆるケアレスミスが原因の場合もこれに含まれます。

バグの研究は，算数の計算における誤りに注目した研究などが1970年代からさかんに行われました。ブラウンとバートン（Brown, J.S., & Burton, R.R.）[1]によれば，ひき算の問題を与えられた児童は，正しいやり方を思い出せない場合，もっと単純なやり方で答えを出そうとすると言います。たとえば15－7で繰り下がり計算ができないと，1の位のみに注目して7－5の計算を行い2と答えてしまうことがあるのです。

バグの研究の進展により，偶発的不確定的に見えるいわゆるケアレスミスも必然的組織的に発生することが，次第にわかってきました。

●バグの種類

学習者のバグを収集し，分類するといろいろな種類があることがわかります。次に，いくつか具体例を示します。

①類似概念の混同：用語の発音や表記文字が似ているとき（基準と規準），全体構造が類似している体系内での概念（動脈と静脈）など。

②計算途絶：括弧をはずす計算では，括弧の前の係数を括弧内の各項に分配せねばならないが，一部にのみ分配して途中でやめてしまうなど。

③公式，定理の誤適用：等式が成立している場合は両辺を等しい数で割ることができるが，等式でないのに多項式をすべて等しい数で割ってしまうなど。

④見落とし：「正解を2つ選びなさい」という問いであるにもかかわらず，1つしか選ばないような，条件の見落とし。

バグは教科固有のものがかなり多いと同時に，どの学習者にも共通のものが多いので，新たな単元を学習する際に，教師がバグの発生を予測して学習者の注意を促すことが必要です。

▶1 Brown, J.S., & Burton, R.R. 1978 Diagnostic models for procedual bugs in basic mathematical skills. *Cognitive Science*, **2**, 155-192.

2 教育場面におけるバグ分析

よくあるバグを教師があらかじめ伝えることも重要ですが、教育場面では、それと同時に個人の生成するバグを分析診断することも有効です。

分析するためには、テストの答案を材料にして誤りの例をたくさん集め、誤答分析の一部として行うのが現実的です。誤りの原因にはさまざまなものがあり、答案を見ただけでバグによるものかどうかの判別が不可能であるうえ、バグによらない誤答についても分析すれば今後の誤りをなくす役に立つからです。研究目的でない限り、バグのみを抜き出して分析することは意味がありません。

◯ 誤答分析の方法

多くのテスト問題には、言語的知識の確認問題と知的技能の確認問題が含まれています。言語的知識には命名の知識（概念）と事実の知識（宣言的知識）がありますが、その多くは**有意味学習**が可能です。有意味学習可能な内容については、意味理解が不充分であれば誤答になりますし、機械的に暗記せざるを得ない内容については、定着のための記憶作業が不充分であれば誤答になります。したがって、補強のためには、不充分であった意味理解または記憶作業を再学習する必要があると同時に、今後の学習のためには、準備のやり方の再検討が必要だということがわかります。バグとしては類似概念の混同の発生の可能性がありますが、その場合は、対比に注目することでバグの解消が可能です。

知的技能の確認問題では、**手続き的知識**が記憶されていない場合と、記憶されていても正確かつ円滑な処理が可能なまでに反復練習がなされていない場合に誤答になります。手続き的知識の記憶についても、意味理解不充分な場合と定着訓練不充分な場合とで、補強内容は異なります。処理手続きの過程にバグが発生しやすいのですが、答案に処理過程が詳しく記述されていればバグの特定は容易です。しかし、学習者に答案生成過程を記述する習慣がない場合には、本人に再現してもらうしか発見の手だてはありません。

3 認知カウンセリングによる支援

バグ分析の恩恵をもっとも受けるのは学習者本人です。さらに、答案生成過程や試験準備状況を熟知しているのも学習者本人ですから、上記の誤答分析をもっとも効率よく行えるのは学習者本人ということになります。

試験での誤答や失敗した課題を前にして、学習者本人が原因を見つけ出して学習上の対策まで立てられるように支援する活動が「認知カウンセリング」です。ここでは、学習者に正解を一方的に押しつけるのでなく、面接場面で答案生成過程を学習者に再現させ、カウンセラーが一緒にバグを見つけ出して解消させたり、習得段階で必要な認知的方略を学習者が知らない場合には、さまざまな学習方略を教えたりするような援助活動が行われています。（藤澤伸介）

▷3　有意味学習
⇒ VII-2 参照。

▷3　手続き的知識
⇒ IV-2 参照。

▷4　市川伸一　1998　認知カウンセリングから見た学習方法の相談と指導　ブレーン出版

V 学びの理解③学びの諸相

7 既有知識と理解：知識に縛られる

1 既有知識と理解

◯記憶の中の知識構造

知識の単位は概念（命名の知識）です。各概念は，記憶内で階層的なネットワーク構造になっていることが，実験で確かめられています[1]。その概念どうしの結びつきによって**命題**[2]が形成され，それが宣言的知識（事実の知識）になります。知識には，さまざまな技能を支える手続き的知識（計算手順など）もありますが，こちらはかならずしもすべて言語的に記憶されているという訳ではありません。

◯既有知識からの推論

新しい場面に遭遇すると，さまざまな知識が記憶から呼び出されて眼前の事態と照合され，いろいろなレベルでのパタン認識が行われた結果，その新しい事態の意味が理解されます。しかし，過去経験と新経験はつねに同一という訳ではないので，そこにはかならず何らかの推論が含まれてきます。過去経験が有効に働いて正しいパタン認識が行われる場合もあれば，妨害的に働いて意味理解ができなかったり，誤った意味づけがなされる場合もあります。

◯既有知識と理解

新しい知識が獲得されると，従来から保持している意味ネットワーク（既有知識）に新しい概念が統合され（同化（assimilation）と言う），ネットワークが広がったり密になったりします。既有知識は修正されたり再体制化されることもありますが，これは調節（accommodation）と呼ばれます。

2 科学的概念と素朴概念

◯素朴概念の形成

我々は自分で直接経験できる世界（外在的世界と言う）と，他人の報告から得られた世界（言語的世界と言う）に住んでいます。言語的世界の多くは学校教育で体系的に与えられる知識で，その他身近な大人やマスコミなどからの知識もこれに含まれ，これらの知識は**意味記憶**[3]として蓄積されています。一方，外在的世界での経験は，**エピソード記憶**[4]として蓄積される場面イメージを伴う記憶です。エピソード記憶と意味記憶は無関係ではなく，外在的世界の経験は意味記憶の内容に従って解釈されますし，エピソード記憶の内容が意味記憶内

---

[1] Collins, A. M., & Quillian, M. R. 1969 Retrieval time from semantic memory. *Journal of Verbal Learning and Verbal Behavior*, 8, 240-247.
Collins, A. M., & Loftus, E. F. 1975 A spreading-activation theory of semantic processing. *Psychological Review*, 82, 407-428.

[2] 命題
⇒ Ⅴ-2 参照。

[3] 意味記憶
⇒ Ⅳ-2 参照。

[4] エピソード記憶
⇒ Ⅳ-2 参照。

の一般論的命題の実例として，その一般論を信ずる度合いを強固にします。

同パタンのエピソード記憶が蓄積されると，一般化が行われ（「手を離すと持っているものは落ちる」など），知識体系が自然にでき上がることがあります。このとき，一般化された概念を素朴概念，体系化された知識を素朴理論と言います。科学的概念が教授される前に蓄積された素朴概念は正しいことも多いのですが，誤りであることも少なくありません。専門分野の知識に照らして正しくない素朴概念は，誤概念と呼ばれます。「地面は平らだ」「太陽は東から昇る」などは，誤概念の例です。誤概念は，意味記憶として保持されるため，しばしば科学的概念の習得を妨害します。社会的偏見も一種の誤概念です。

○ 教育場面での誤概念

学習者が誤概念を保有していることに教師が気づいている場合は，教授場面で注意を喚起するので問題が起きませんが，教師も学習者も気づいていない場合には，習得や問題解決の場面で失敗が起こり，なかなか原因の特定ができないまま，学習困難に陥ることがあります。学習者が形成する誤った知識は，その研究者の視点によって，代替概念，前概念，直観ルール，ル・バーなどと呼ばれることもあります。

❸ 誤概念の解消

○ 誤概念の例と特徴

麻柄は，これまで指摘されてきたさまざまな誤った知識の例をまとめています[5]。たとえば，「電気は発電所から家庭まで一方向的に送られ，家電製品で消費される」「金属は燃焼すると重量が減る」「メルカトル図法の地図上の面積は実面積の比に対応する」「一旦契約書を交わしたら違法な内容でも破棄できない」「対角線は真正面の頂点と結んだ線だ（だから正六角形の対角線は3本だ）」などであり，誤概念がどの教科でも発生することがわかります。

同書によれば，誤概念は①ある妥当な適用範囲をもつ，②他の誤概念と連動したシステムをなす，③保持者に自覚がない，④正しい知識を示すだけでは，修正されない，という4つの特徴をもっています。

○ 認知カウンセリングの技法

誤概念を修正するために，学習者に介入する有効な方法の1つは，認知カウンセリングです。認知カウンセリングでは「直面化の技法」として従来から行われている方法ですが，まずは誤概念に抵触するような事例を学習者に示して誤概念に気づかせ，その後で沢山の事例を示して正しい概念を形成し直すのです。たとえば，英語学習で「固有名詞とは，この世にただ一つしかないものの名前である」という誤概念に気づかせるために，「マクドナルドは沢山あるが固有名詞，太陽は一つしかないが普通名詞」という抵触事例を示すと，学習者は誤概念であることに気づかざるを得なくなるというわけです。（藤澤伸介）

▶ 5　麻柄啓一他（編）2006　学習者の誤った知識をどう修正するか　東北大学出版会

VI 学びの支援①学びの開発と体系化

1 授業過程：授業でどう学んでいるのか？

子どもたちは授業で学んだことをどのように理解し，どのように学んでいるのでしょうか。また，教師は子どもの理解をどのように把握しているのでしょうか。ここでは授業分析，授業案，発問，教室談話についてふれます。

1 授業分析

授業分析とは，授業中の教師や子どもの発言および非言語的コミュニケーションなど，授業の中で起こった事象をビデオやフィールドノートを用いて，できるだけ詳しく記録し，分析することです。

2 授業案

教師は授業の前に授業案を作成してから授業にのぞみます。教えるトピックやテーマについて，子どもたちがどのくらい知識をもっているのか，どこでつまずくと予想されるのか，どのように教えれば興味をもつかなど，教師は授業中に生まれるさまざまな情景をあらかじめ予想し，思いめぐらせながら，授業案を作っていきます。授業内での時間配分や指導のポイント，授業目標をよく考えて授業案に取り入れます。

教師がもっている知識は，「授業を想定した教材内容の知識」[1]です。つまり「特定の教材内容をある学年のあるタイプの子どもに教えるにはどのような方法がよいか」を教師は分かったうえで，授業案を組み立てていく必要があるのです。

● 授業をデザインするときの教師の課題

吉崎[2]は教師になったばかりの初任教師と，教師になって数年を経た中堅教師を対象に，授業の前に授業をデザインするために教師が取り組むべき課題をあげています。初任教師では，「指導書の学習指導案の例を見たときに1時間の授業の流れについてイメージがわく」「単元と単元の関係に気づく」など，モデルとなる学習指導案や授業で教える単元を見たときに，大まかな指導内容と授業の流れをつかむことができるかどうかが問われます。一方，教師としての経験を積んだ中堅教師になると，「学級の子どもの実態を考慮した，単元構成や学習指導案づくりをする」「『導入』『山場』などを考慮したメリハリのある授業展開を構想する」など，これまで授業を積み重ねてきてみずから実感した学級の子どもたちの反応や雰囲気を考慮しつつ，経験をふまえて授業の展開を

▷1 秋田喜代美 1997 子どもへのまなざしをめぐって──教師論 鹿毛雅治・奈須正裕（編著） 学ぶこと・教えること──学校教育の心理学 金子書房 pp. 51-73.

▷2 吉崎静夫 1998 ひとり立ちへの道筋 浅田匡・生田孝至・藤岡完治（編）成長する教師──教師学への誘い 金子書房 pp. 162-172.

考えていきます。

❸ 発　問

　授業中に活発に発言し，やりとりする子どもたちと，子どもたちのやりとりを暖かく見守りつつ，授業をコーディネートするのも教師の役割です。「ここまでで質問がある人は？」「答えが分かる人はいますか？」「中国の首都はどこでしょう？」など，教師から子どもたちに質問を投げかけ（発問），子どもたちの理解度を確かめます。ときには教室の雰囲気をがらっと変えるために教師から発問することもあります。

　授業の大事なポイントになる発問は事前に子どもの反応を予想して用意しておいて，その後の授業展開へとつなげたり，子どもの学びに柔軟に対応して発問や授業デザインを変えつつ，子どもたちが理解を深められる指導を行っていくことが実際の授業では大事な鍵になります。

▷3　同上書

❹ 教室談話

　子どもたちの学びは，子どもたち同士あるいは教師と子どもが授業の展開の中で発話し，対話することによって豊かになっていきます。授業の中での言葉のやりとりが教室談話です。教室での教師と子ども，あるいは子ども同士がやりとりをするための手段は言葉によります。教室では教師や子どもの発言だけではなく，つぶやきやふざけ，冗談などあらゆる話し言葉が飛び交います。このように子どもたちは，言葉のやりとりをする中で，自分の考えとは違う意見をもっている友達の声を聞いたり，教師が読み上げる教科書の文章の中に今まで知らなかった知識を見出したり，ときにはうまく答えられなくて恥ずかしい気持ちになったりしつつ，授業での学びを習得していくのです。

▷4　藤江康彦　2006　教室談話の特徴　秋田喜代美（編）授業研究と談話分析　放送大学教育振興会　pp. 51-71.

▷5　秋田喜代美・市川洋子・鈴木宏昭　2003　授業における話し合い場面の記憶――参加スタイルと記憶　東京大学大学院教育学研究科紀要，**42**, 257-274.

◯実際の授業における子どもたちの参加スタイル

　秋田らによれば実際の授業における子どもたちの参加スタイルには4つの特徴があります。秋田らが実際の教室での子どもたちの発言数と，話し合いの授業で重要な発言をどの程度覚えていたかという重要発言再生数を分析した結果，参加のスタイルは図6.1.1のような4タイプに分かれました。スタイルⅡやⅢをへらし，ⅠやⅣを増やしていく授業はどのような授業になるのかを授業分析を通して研究し，授業案を作成し，授業中の教師の発問や教室談話のあり方を再考する機会を積極的にもつよう努力することが大事です。

（大家まゆみ）

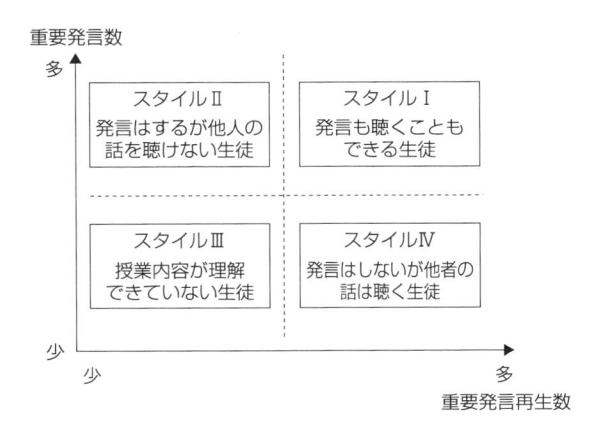

重要発言数
多

スタイルⅡ 発言はするが他人の話を聴けない生徒	スタイルⅠ 発言も聴くこともできる生徒
スタイルⅢ 授業内容が理解できていない生徒	スタイルⅣ 発言はしないが他者の話は聴く生徒

少　　　　　　　　　　　　　多
　　　　　　　　　　　重要発言再生数

図6.1.1　授業における参加スタイル：話す参加と聴く参加

出所：秋田・市川・鈴木，2003（秋田喜代美 2006 授業研究と談話分析　放送大学教育振興会　p. 90. より引用）

Ⅵ 学びの支援①学びの開発と体系化

② 授業づくり：何をどう教えるか？

① 授業案──授業をつくる

　授業を行う前にはかならず，教師が授業案や学習指導案を作成します。これから始めようとしている一連の授業の単元を学習し終えたときに到達しているべき，最終的な到達目標や，そのプロセスにある中間目標を決めます。各学年の年間目標は学習指導要領によって定められています。どうすれば子どもが内容をよりよく理解できるのか，より自主的な発言を活発にするようになるのか，学んでいて楽しいと思えるようになるのかをよく考えながら，児童・生徒の理解力や学力を把握しつつ目標を決めます。子どもが何につまずいているのかを事前にアンケートを取るなど，子どもたちの目線に立って授業を組み立てていきます。

② 教材分析

　授業を行う前に，十分に時間をかけて教材を研究しておくことが大事です。とくに教育実習生の場合には，おもに教科書を中心として教材分析を行うことになります。どのようなテーマの教材を扱うのか，授業のねらいは何か，子どもたちにどのようなことを理解してほしいのか，どこで発言を求めればよいのか，新しい知識や言葉についてどのように説明すればいいのかなど，あらかじめ教材を何度も読み込んで，よく分析しておかないと授業をうまく進められません。ショーマン（Shulman, L.）はこの過程を，目的・教材構造・教科内部や外との関連から見た教材内容についての「理解」と呼びます。

　さらに，教材分析を行うことによって，実際の授業を想定した教材内容の知識をあらかじめもっておくことが大事です。教える内容を，子どもにとっての教材，学習材になるように仕立てていくことが必要です。ショーマンは教える内容を教材に仕上げていく過程を「翻案」と呼ばれる4つの過程に分けて説明しました。①教材の批判的解釈と分析：子どもが学ぶときにどこが重要なポイントになるか，どこが難しいかを考えて批判的に解釈し，分析する。②教材の表象過程：どのような問いを投げかけたり，例を出したりするのか，映像や実際の品物を使うのかを具体的に決める。③授業構成の選択過程：学級全体や小グループ，個別学習など，どのような形で授業を構成するかを選ぶ。④生徒の特性に合わせた仕立て過程：さまざまな特性や知識，経験をもった子どもや学

▷1　Shulman, L. 2004 *Teaching as community property: Essays on higher education.* San Francisco: Jossey-Bass.

▷2　秋田喜代美　2005　学習のデザイナーとしての教え手の役割　波多野誼余夫・稲垣佳世子（編）　発達と教育の心理学的基盤　放送大学教育振興会　pp. 178-190.

級の雰囲気に合わせて調整する（図6.2.1）。

このようにして，教材を分析することによって，子どもの理解に合わせた形で授業を想定して作っていきます。

３ 課題分析と目標分類

課題分析は，子どもたちにレディネスがあるかどうかを把握するために必要です。ここではフランスの数学者ガニエ（Gagne, R.）の学習階層の考え方と，課題分析の作業手続きを紹介します。課題分析では①まず，目標となる最終の学習課題を明確にします。日々の教室での学びでは，目標がはっきりしないままに授業が始まり，時間が過ぎて終了時刻になることも少なくありません。②次に，最終課題を学ぶのに前提として必要な知識・技能すなわち先行オーガナイザーをリストアップします。③これらが学習課題となる場合に，あらかじめ必要な知識や技能，条件は何かについて分析を繰り返します。

課題分析を行うにあたって重要なのは，学習目標と学習内容，指導法，評価方法がそれぞれかかわりをもって組まれていることです。

▷3 Gagne, R. 1985 *The Conditions of Learning.* (4th ed.) New York: Holt, Rinehart & Winston.

４ 教材と学習材

教材と学習材は学び手が習得する知識や技術，概念などの教育内容をより具体的にしたものです。教材や学習材はかならずしも教科書とは限りません。伝統的な地域の文化をテーマにして教材化したり，国語や英語など教科によっては子どもたちに人気のある音楽の歌詞を取り入れたりすることもあります。季節の雲の動きを観察したり，結晶ができる様子を理科の実験で扱うこともあれば，図工や美術の時間に将来自分が住みたい家を絵の具で描くこともあります。教師の立場では，教材や学習材を子どもたちを取り巻く日々の生活に溢れる題材や現象の中から選び出し，教師みずからがアレンジして作成できます。工夫次第で授業に対する子どもの興味を引き出し，理解を深めるために役立ちます。一方，学び手である子どもたち自身が学習材をつくり上げていく場合もあります。最近では総合的な学習の時間に，テーマ選びから授業の展開，中間発表，まとめまでの流れを子どもたちが主体となって取り組むことも多くなってきました。このような学習環境を「学習者中心の環境」と言います。

（大家まゆみ）

▷4 National Research Council (2000). *How people learn: Brain, mind, experience, and school.* National Academy Press. （森敏昭・秋田喜代美（監訳）2002 授業を変える——認知心理学のさらなる挑戦 北大路書房）

▷5 同上書

理解（目的・教材構造・教科内部や外との関連から見た教材内容についての理解）
↓
翻案
① 教材の批判的解釈と分析（構造や分節化，カリキュラム開発，目的の明確化等）による準備過程
② 教材の表象過程（アナロジー，比喩，例，説明，提示等）
③ 授業構成（教え方，学習集団の組織，経営，教材の配列等）の選択過程
④ 生徒の特性（概念，誤り，困難，言語，文化，動機，性，年齢，能力，興味，自己概念）に合わせた仕立て過程
↓
授業　学級経営や教材提示，やりとり，グループ活動，しつけ，ユーモア，質問など能動的な指導，発見・探究学習，教室でのさまざまな形態での指導
↓
評価　授業中の生徒の理解をチェックし，授業や単元の終わりに生徒の理解をテストし，また自分自身の行動を評価し経験を再調整する
↓
省察　教師自身とクラスの遂行を分析しふり返り見直しや再構成をし，証拠に基づき説明する
↓
新たな理解　目的や教材，生徒，授業，自分自身についての新たな理解の統合と経験からの学び

図6.2.1　教えることの推理と思考過程のモデル

出所：Shulman, 2004, p.101（秋田, 2005, p.181.より引用）

Ⅵ 学びの支援①学びの開発と体系化

3 カリキュラム：学びを体系化する

1 カリキュラムとは？

　教育の制度を構築しようとすれば，何を，どのような順序で教育するかということを決める必要が生じます。しかも，その内容の必然性を明らかにするためには，教育目標が明示されねばなりません。このとき，教育目標，その目標を達成するために必要な教科，各教科を構成する単元，教育対象者，その対象者が習得しやすいと考えられる教育順序，教材の種類，教育に必要な時間配分などを決めた教育計画のことを，カリキュラム（教育課程）と言います。

　教科の教授を中心に系統学習を構築する「教科中心カリキュラム」，学習者の創造的個性を育てるために問題解決学習を中心にすえる「経験中心カリキュラム」など，カリキュラムを作るにはいろいろな考え方があります。

2 コアカリキュラム

　コアとは，りんごなどの芯を表す言葉ですが，カリキュラム全体を中心部分（コア）と周辺部分の2つの領域に分けて編成する考え方をコアカリキュラムと言います。教科中心と経験中心の両方の長所を生かす考え方として，注目されてきました。

　日本の初等中等教育では，日常生活との接点をもつ問題解決学習をコア部分に置く教育が第二次世界大戦集結後にアメリカの影響で導入されました。しかし，学力低下批判や系統的知識重視の批判に押される形で，のちに下火になりました。一方日本の大学教育においては，各学問領域に最低限必要な基礎となる教科をコア部分（必修科目）におき，学習者の人生設計につながる専門科目を周辺部分（選択科目）におくコアカリキュラムが注目され，いろいろな形で少しずつ導入されています。

3 問題解決学習

　コアカリキュラムとともに日本に紹介された問題解決学習は，一時期下火になったものの，学習に意義を見いだせない学習者の増加に伴い，その必要性が主張されるようになり，「生活科」や「総合的な学習の時間」として，初等中等教育の学習指導要領に組み込まれることになってきました。

　「総合的な学習の時間」は，①自ら課題を見つけ，自ら学び，主体的に判断

し，よりよく問題を解決する資質や能力を育てることと，②学び方やものの考え方を身につけ，問題の解決や探究活動に主体的・創造的に取り組む態度を育て，自己の生き方を考えるようにすること，をねらいとした教科です。これは15期中教審第1次答申の中で「生きる力」を目指して提言されたもので，小中学校では2002年度より，高校では2003年度より本格的に実施されています。その内容は，自然体験や社会体験，観察や実験，見学や調査，発表や討論，ものづくりや生産活動など体験的な学習や問題解決的な学習を積極的に取り入れたものです。

　教育心理学では，問題解決学習のような主体的な学習によって，**メタ認知**能力が高められ，得られた知識が転移しやすくなることが知られています。発見学習や問題解決学習が，いつも受容学習より優れているというわけではありませんが，カリキュラム構築においては，学習者の動機の高さや学習内容や学習段階に応じて取り入れていくべき学習活動であると言えるでしょう。

▷1　メタ認知
⇒ IV-4 参照。

❹ 隠れたカリキュラム

　以上述べてきたカリキュラムは言語的に明示されているので顕在カリキュラムと呼びますが，これに対し，学校生活で教えられる内容のうち明示されないものを，潜在カリキュラムまたは隠れたカリキュラムと呼びます。苅谷は次のような例を挙げ，社会規範や差別意識が，無意識のうちに吟味されずに入り込んでしまうことを指摘しています。

▷2　苅谷剛彦　1998　学校って何だろう　講談社

　　集団生活の規範…①時間を守る。
　　　　　　　　　②授業時間中は，教室内に留まる。
　　　　　　　　　③教師の話は聞く。生徒の発言には許可が必要。
　　　　　　　　　④課題達成度が高ければ尊重される。
　　社会通念…………⑤男子と女子は区別して扱われる。
　　　　　　　　　⑥年齢が異なると区別して扱われる。
　　　　　　　　　⑦日本国の一員である。（地理区分，歴史区分…）

　これらは，あたり前のこととして教育されるため，他のやり方の可能性があることにすら気づかなくなるのです。

　人は青年期になるとより社会に関心が向き，社会通念に疑問をもったりしますが，この隠れたカリキュラムはしばしば青年の点検の対象になります。青年は「反抗という行動によって大人の出方を見る」ことで点検することもあるため，社会通念を当然のことと考える成人にとっては，この行動が困惑の対象となります。とくに教師が「分からないことは授業中に質問しなさい」と表明しているのに，授業が生徒に質問の余裕を与えない形で進行したりすると，顕在メッセージと潜在メッセージが矛盾しているので，これが格好の標的になったりします。したがって，隠れたカリキュラムは教師にとって無視できない存在です。

（藤澤伸介）

Ⅵ 学びの支援①学びの開発と体系化

4 カリキュラムの開発と評価：教育課程をつくる

1 学習指導要領

　学習指導要領は日本の幼稚園，小学校，中学校，高等学校，中等教育学校，特別支援学校における教育課程編成の基準となる文書（幼稚園は教育要領と呼ぶ）で，文部科学大臣が「告示」として官報に公示します。その法的根拠は学校教育法施行規則です。内容としては，総則と，各教科，道徳，特別活動に関する目標や内容の骨子，指導計画作成上の配慮すべき事項が述べられています。検定教科書はこれに準拠して作られ，各学校はこれに基づいて具体的な教育指導計画を立案することになっています。

　教育の理論と実践に関しては，つねに2つの大きく対立する見解が存在しています。一方は適度な自由が保証されれば人は自発的に学習し成長できるという教育観，他方は適切な経験がある程度強制されたときだけ人は学習するという教育観です。戦後の日本の教育は，社会科と自由研究を設けた1947年の学習指導要領で始まりますが，自己教育力を重視した前者の教育観に支えられていました。しかし学力低下批判が起こり，1958年には系統主義と道徳教育を特徴とする学習指導要領へと改訂せざるを得なくなりました。そこでは後者の教育観に基づき基礎訓練や多量の知識習得が重視されたため，「詰め込み教育」との批判を浴びて，1977年改訂の指導要領よりゆとり教育路線が打ち出されました。1988年の第6次学習指導要領改訂では，学習内容の3割削減，完全学校週5日制，総合的な学習の時間などが盛り込まれましたが，学力低下批判が再燃したため，2008年春の第7次改訂では40年ぶりに授業時間を増やし，基礎的な知識や技能とともに，思考力・判断力・表現力などを高めることを求めました。

　このように，基礎知識と思考力の間を揺れ動きながらの長年の教育改革の結果，ようやくバランスのとれた教育政策にたどりついてきたと言えます。

2 カリキュラムの開発

　学習指導要領によってその方針が示されているものの，学校での教育課程に関しては，学習者の実態に合わせた教材の選定や配列，時間配分を含めた時間割編成などかなりの部分が，各学校や各教師にゆだねられています。したがって，創意工夫によって独自のカリキュラムを開発していく姿勢が，各教師にも求められています。最近は学校の責任性（アカウンタビリティ）が要求される

ようになってきていますが，責任性は自律性によってのみ果たせるからです。

国の政策も，授業の単位時間などを含めて自由化の方向です。新企画を実行しては厳正に評価し，つねに改善していく姿勢が必要です。

③ 研究開発学校制度

研究開発学校制度は，「教育実践の中から提起される諸課題や，学校教育に対する多様な要請に対応した新しい教育課程や指導方法を開発するため，学習指導要領等の国の基準によらない教育課程の編成・実施を認める制度」（文部科学省）です。もともと学校教育法施行規則でそのような実施を認めていましたが，文部科学省は2000年（平成12）年度に制度を改善し，2003（平成15）年の告示第56～58号によって現行制度に整備されました。これまでの実践研究の成果は，「生活科」の導入（1989年）や「総合的な学習の時間」の創設（1998年）を検討する際の実証的な資料として活用されたり，中央教育審議会教育課程部会での審議の資料として生かされてきています。

研究開発学校制度は，将来の教育課程の基準の改善等に向けての先導的な研究であるため，それぞれに即した独自の基準で評価されるものの，最低限の評価のチェックポイントとして，次の5つの観点が示されています。

①課題認識の的確性，②計画や手順の妥当性，③研究のねらいの達成度，④研究の結果得られた結論の実証度，⑤研究成果の一般性。

法令で学校教育が学習指導要領に準拠することを定めている以上，このような研究開発学校制度による教育課程内容の吟味は必要不可欠でしょう。

④ 幼小・小中連携カリキュラム

従来は，幼稚園，小学校，中学校，高等学校が，それぞれ独立して守備範囲の教育に腐心してきましたが，ともすると長期的な視点を欠き，無責任な発想を生む可能性がありました。そこで，中高一貫教育の発想を生かし，小中連携や幼小連携の試みがなされるようになってきました。また，文部科学省と厚生労働省は，幼稚園と保育所との連携を進めています。さらに，高等学校と大学の連携も始まっています。

連携の内容は①施設の共用化，②教育内容の整合性の確保，③教員の合同研修や資格の併有の促進，④連携事例集の作成，⑤児童生徒学生の交流が中心ですが，もっとも重要なのは②であり，円滑な実施のためには③も欠かせません。

小中連携教育で注目されている東京都品川区では，その成果として，①教員の情報交換による小中共通の学力観の形成と教育課程の充実，②学習や生活指導上の問題に対する対応の小中の一貫性の確保，③豊富な実験器具・教材との接触による児童の学習意欲の増大，④中学校理解による児童の進学時不安やストレスの減少，⑤学校行事の充実などを挙げています。

（藤澤伸介）

VII 学びの支援②主体的な学びの授業

1 発見学習：自分で答えや解決法を見つける

1 発見学習とは？

◯受容学習と発見学習

　一般的授業場面では，教師によって提示された知識内容を，学習者が受動的に習得していくやり方が多く見られますが，このような知識獲得方法を受容学習と呼びます。これに対し，教科で習得すべき原理原則を学習者が自分から発見していくような知識獲得方法を「発見学習」と呼びます。発見学習はブルーナー（Bruner, J.S.）が提唱した概念です[1]。発見学習を体験させる授業は，学習者の主体性を重視する教育方法と見ることができます。

◯知識の種類と学習

　言語的知識には，命名の知識と事実の知識があります。命名の知識（概念）は，その分野の専門用語であり約束事であるので，これは受容学習として教師が教え込むしかありませんが，事実の知識（これは「**宣言的知識**」と呼ぶ）は一般法則として定式化できるため，発見学習が可能なのです[2]。

　宣言的知識を受容学習させる場合，一般には，教師が授業で一般法則と個別事例を示して解説します。試験では，個別事例を示して一般法則が適用できるかとか，一般法則に対する個別事例が示せるかを見て，それができれば，その宣言的知識が習得されたものと見なすのです。

　これに対し，宣言的知識を発見学習させる場合には，教師は個別事例のみを示し，一般法則は学習者が発見するように授業を進めるのです。発見した法則が正しいかどうかは，別の個別事例がうまく説明可能になるかどうかで，判定ができます。学習者は，正しい法則にたどり着いた時点で，歴史的に法則を発見した学者の発見の感動を追体験できるのが，この学習の特徴です。

　知識には，宣言的知識の他に**手続き的知識**[3]も存在します。手続き的知識は「〜するには〜すればよい」という，技能を支える知識ですが，これも成功失敗の機会が多く与えられれば，発見学習させることが可能です。

2 発見学習の評価

◯発見学習の長所

　ブルーナーは，発見学習の長所を次の4つにまとめています[4]。
①問題解決に役立つ知識や態度が身につく。

---

[1] Bruner, J.S. 1960 *The process of education.* Cambridge, Mass: Havard University Press.

[2] 宣言的知識
⇒ IV-2 参照。

[3] 手続き的知識
⇒ IV-2 参照。

[4] Bruner, 前掲書

②**外発的動機づけ**から**内発的動機づけ**に移行させられる。
③発見のための一般的方略（ヒューリスティック）が習得できる。
④発見内容の保持と，**転移**が促進される。

◯ 教育現場での発見学習

　これらの長所を裏づける研究はいくつもあるのですが，実際の中学や高校の教育現場では発見学習があまり実施されていません。それは，発見学習を実施するにあたって，①授業時間が限られていること，②大量の教材準備が必要であること，の2つが障壁になるからです。時間については，学習者の発見を待たねばならないので予定通りに授業が進行する保証がありませんし，教材準備に関しては，一般法則が導き出せるための個別事例を沢山用意すると同時に，誤りの法則が導き出された場合に誤りが認識できるような事例までも用意しておく必要があるのです。受験準備等を考慮に入れて，短時間に効率よく沢山の知識を詰め込もうとすると，どうしても受容学習に傾きがちです。とくに，従来型の暗記確認試験では，学習直後の成績は受容学習の方が良くなるため，成果主義の教育環境では受容学習をさせてしまうことになります。

3　発見学習実施への努力

　発見学習のもつ，学習が楽しくなり，知識が身につきやすいという長所は捨てがたいので，さまざまな導入の工夫が試みられています。現実的なのはすべての知識獲得を発見学習にするのでなく，多くの知識は受容学習にゆだね，ハイライトの部分だけを発見学習にするような授業展開です。

◯ コンピュータの利用

　関数の一般形において，係数や定数項を入力するたびに曲線が変化する様子を画像で示せるようにして，係数や定数項の意味が発見できるように作った，数学教育のソフトがあります。このように，画像を自由に変化させるソフトは，幾何学や関数の学習（概念理解）に発見学習を導入するのに役立っています。

◯ 統計資料の活用

　社会科で，結論的知識を与えるのでなく，統計資料から一般的傾向（宣言的知識）を読み取るような授業が工夫されています。

◯ 例文の提示

　外国語の習得において無意識のうちにルールが獲得できる学習者はそう多くないので，正しい文と誤りの文を沢山提示して文法規則（手続き的知識）を発見するような授業実践もなされています。この場合，発見したルールを明示的に示すと同時に，運用練習の反復も併用すると習得の効果があります。

◯ 注意点

　発見学習が効果的に行われるためには，発見するための前提となる知識が必要です。漠然と考えさせるだけでは，授業時間を空費するだけです。（藤澤伸介）

▷5　外発的動機づけ
⇒ VII-1 参照。

▷6　内発的動機づけ
⇒ III-2 参照。

▷7　転移
⇒ IV-6 参照。

▷8　市川伸一　2004　学ぶ意欲とスキルを育てる　小学館

VII 学びの支援②主体的な学びの授業

2 有意味受容学習：既有知識に組み込む

▶1 Ausubel, D. P. 1963 *The psychology of meaningful verbal learning.* New York: Grune & Stratton.

① 受容学習と発見学習

　学習者が原理原則を「発見学習」できるように授業を組み立てる方法を，ブルーナーが提唱したのは1960年です。オーズベル（Ausubel, D. P.）はこれを，教師が知識内容を提示し学習者が「受容学習」を行う伝統的な教育方法と対峙するものとして位置づけました。現在でも中学や高校の教育の主流は受容学習です。命名の知識（概念）や知識体系は受容学習として教授するしかありませんし，発見学習に適した学習素材は限られているからです。

② 有意味学習と機械的学習

　学習には有意味学習と機械的学習があります。機械的学習は，意味を考えずに丸暗記するやり方です。機械的学習は，まず記銘が困難でさらに記憶されたものを思い出すのも困難です。機械的学習を確実に行うためには，リハーサル（復唱などの単調で退屈な反復練習）を大量に行う必要があります。

　これに対し，有意味学習は記銘，再生や再認のどの段階も機械的記憶よりも容易であり，保持期間も機械的記憶より長くなります。有意味学習には学習内容の有意味性と，学習内容に対する学習者の反応の仕方の有意味性の2つの側面があります。

○学習内容の有意味性

　何をどこまで把握すれば有意味学習になるかというのは，難しい問題です。「分かったつもり」という段階もあるからです。教科によって把握すべき意味の範囲は異なると考えられますが，少なくとも記憶内の意味ネットワークの結びつきが質的にも量的にも強いほど，記憶がたやすくなると言えます。

　外在的意味（単語，用語の指示対象）…語学学習における単語なら指示対象のイメージ，理科用語の学習では観察対象のイメージが想起されれば有意味学習をしたものと判定することができます。

　内在的意味（抽象的概念から想起される内容，連想される内容すべて）…数学用語，社会科用語，文法用語等の命名の知識については，定義と実例が示せれば，一応意味がわかったと言えます。事実の知識については，その命題や定理や事件のその教科の知識体系の中における位置づけ，階層関係，包摂関係，因果関係，既有知識との関係も，すべて「意味」に含まれます。

意味性の低い学習対象を有意味化する方法として，記憶術があります。歌で覚える歴史年号などはその例です。ただし，記憶術で付与した意味は学問体系の中の意味ではないので，学習の中での情報処理活動を妨害することもあります。たとえば，英単語を日本語にこじつけて覚えると，英文速読を妨害します。

● 学習者の反応の仕方の有意味性

学習者の学習内容に対する反応の仕方は，保持に影響を与えるもっとも重要な要因です。学習内容が意味のあるものであっても，学習者が意味に注意を払わずに機械的に学習すれば有意味学習は成立しませんし，逆に意味性の低い内容であっても，学習者が何らかの意味を見いだすようにすれば有意味学習が成立するのです。

手続き的知識に関しても，その手順に論理的必然性がある場合には，手続き的知識（方程式の解法の記憶等）を意味記憶とリンクさせて学習すれば，有意味学習が成立することになります。

3 有意味受容学習

発見対受容，有意味対機械的の4通りの組み合わせの中から，オーズベルが提唱したのは，有意味受容学習です。

記憶内の既有知識が明確かつ適切に構造化され，しかも安定していれば，新しい学習内容は正確な意味づけがなされて構造化され，既有の意味ネットワークにうまく移植されます。それに対し，既有知識の構造が曖昧で混沌とした状態で不安定な場合は，新しい情報の受容学習は妨害されて，定着は成功しません。オーズベルの考えは，以上の通りです。

系統学習では基礎に当たる内容が学習者の既有知識になるので，上記の考えは「基礎事項は完全習得学習が必要である」というブルーム（Bloom, B. S.）[2]の考えを導き出す，根拠となっています。[3]

4 先行オーガナイザーと予習

先行オーガナイザーとは，学習の開始の直前に学習者に与えられる教授上の枠組みのことで，教授される学習素材を，学習者の認知構造に有意味に定着させることができます。学習前に学習内容のアウトラインを把握しておくと，意味が分かりやすくなるのだということです。オーズベルが提案した先行オーガナイザーは学習素材そのままでなく，一般的抽象的に全体像を述べた解説オーガナイザーと，既有知識との異同を述べる比較オーガナイザーですが，譬え話も先行オーガナイザーになると言っています。

学校で授業を受ける前に，学習者個人が予習をすると効果的であることが，知られています。これは，予習が主体的な学習姿勢を形成すると同時に，予習内容が先行オーガナイザーの働きをもつためだと考えられます。（藤澤伸介）

▷2 Bloom, B. S. 1974 Time and learning. *American Psychologist*, **29**, 681-688.

▷3 Ⅷ-2 参照。

Ⅶ 学びの支援②主体的な学びの授業

3 仮説実験授業：科学研究のシミュレーション

1 仮説実験授業とは？

○定義と理論的基礎

仮説実験授業は，板倉聖宣が1963年に提唱した「科学上の最も基礎的一般的な概念・法則を教えて，科学とはどのようなものかということを体験させることを目的とした授業理論」です。発見学習を成立させるための，1つの授業方式と考えられています。

板倉は，この授業法の理論的基礎を次の2つの命題によるとしています。

①科学的認識は，対象に対して目的意識的に問いかける実践（実験）によってのみ成立し，未知の現象を正しく予言し得るような知識体系の増大確保を意図するものである。

②科学とは，すべての人々が納得せざるを得ないような知識体系の増大確保を図る1つの社会的機構であって，各人がいちいちその正しさを吟味することなしにでも安心して利用し得るような知識を提供するものである。

板倉の言う「仮説」とは，対象に対して目的意識的に働きかけるときの結果予測（「卵はテーブル上で立てられる」など）を指し，その予想を確かめるために実際の事物を調べてみること（「卵が立つかどうか，実際に試みる」など）を実験と呼びます。

▶ 板倉聖宣　1971　科学と仮説──仮説実験授業への道　季節社

○授業手順

授業手順は，次の7段階で行われます。

①導入質問（経験の情報交換）

②問題場面の提示（教師が，準備。目的意識の確認）

③結果の予想（学習者は，量的変化の場合は数量を，質的変化の場合は適切な選択肢を解答することが求められる。教師は反応分布表を板書）

④根拠の討論（各予想の裏付けとなる根拠を，学習者が発表し合う。発表の強要はしない。学習者は，討論の過程で自分の主張を変更することが認められており，その都度教員は支持者数を集計し直す）

⑤実験の実施（問題場面の事態を，実際にやってみる。観察も含む）

⑥評価（予想の判定。実験結果の解釈はしない。理解確認用の「練習問題」を行う。正答率は9割以上が目標。学習者は感想を書く。）

⑦発展（視野を広げる「お話し」を教師が読み聞かせる。研究問題提示）

◯マニュアル

　仮説実験授業は，50種以上の問題場面が提案されており，各問題場面に最適な教材が「授業書」という形で定式化され，普及が図られています。また，教師が自分の意見を押しつけたり，正解に誘導していくことのないように，授業の進め方が定められています。

❷ 仮説実験授業の長所と短所

　仮説実験授業には優れた長所が沢山ありますが，長所は見方を変えると短所にもなります。したがって，教師にはその特性を充分に把握した上で授業の中に取り入れていくような，柔軟な対応が求められます。以下に両面を示します。

◯パッケージ化

　教室内で議論が盛り上がるような課題を開発するのは，一般の教員にとって容易なことではありません。その点仮説実験授業は，どの教員にも簡単に実施できるようにパッケージ化されているおかげで普及したと言えます。しかしながら，教材が定式化されマニュアルが完備することによって，授業の進め方がパタン化し，柔軟な展開がしにくい面があります。

◯科学的思考力重視

　外界の事象について勝手な推論で何かを断定するのでなく，実際に事実を調べる「科学的態度」を養うのが第一優先になっている教授法です。そのため，学習指導要領の範囲を網羅したパッケージが用意されているわけではありません。授業時間内で検定教科書との両立に苦労する場合もあるようです。

◯教師不介入の原則

　教師の押しつけ・誘導が抑制されているため，学習者の自由な発想が尊重され，活発な討論が起こり，教室内に活気が出るように計画されています。しかし，どのような意見が出されるかは学級の成員によりますから，教師不介入の原則が貫かれると，マニュアル通りの発言が生徒から出現しないこともあり得ます。根拠は誤りなのに正しい選択肢が導かれ，実験の結果が予想通りになった場合，誤りの根拠が正解として定着してしまう危険性があります。

◯集団思考

　多くの学習者が興味をもつような問題場面が設定されているため，誰でも発言がしやすく，議論が盛り上がるようになっているので，討論を進める練習になります。しかし，予測だけは偶然に山勘で適中したのに，肝心の正しい理論の方は説明のされ方が下手で理解できないというような児童生徒がいた場合は，その子にとっては授業が当て物ゲームになったり，「楽しい授業だった」という印象だけで，理論が理解できないまま授業が終わる可能性があります。また，個々の生徒が実施する実験，または少人数グループ実験のよさが生かされないという点も指摘されています。

（藤澤伸介）

Ⅶ　学びの支援②主体的な学びの授業

4　協同学習：助け合いで学ぶ

1　競争と協同

　集団内で，ある個人が他人より先に目標を達成しようとする相互行動を競争と呼び，しばしば競争相手に対する妨害活動を伴います。これに対し，集団内でその成員同士が同時に目標を達成するような相互行動を協同と呼び，相手に対する促進的な相互援助活動を伴うことが多くなります。

　競争は外発的動機づけの効果をもち，能動的な態度を形成する一方で成員に心的不安や緊張を呼び起こします。敗者は自信喪失して消極的な態度が形成されやすく，勝者も勝利が目的化すると内発的な意欲を失い，学習にマイナスの影響をもつことになります。競争相手とは，友好的関係よりは敵対的関係になりやすいという面もあります。これに対し協同による問題解決は，内発的動機づけを高め，学習者の自己概念が肯定的になり，学業成績を高め，人間関係も良好になることが，古くから知られています。

　学習課題が概念理解にかかわったり，複雑な問題解決の場合で，メンバーの人間関係が良好なときに，協同による学習効果がもっとも高くなることがわかっているので，さまざまな協同学習の方法が提案されています。

2　バズ学習

　バズ学習は，塩田芳久が1950年代に提唱した学習指導法です。学級の中を複数の少人数グループに分けて，小集団で討議による問題解決を行わせます。話し合いのときに騒がしくなる音から，バズ学習という名がつきました。一般に，集団討議では参加人数が多くなるほど，自由な発言が疎外されたり，実質的に参加しない者が出てきたりしがちです。一斉授業でのそういった欠点を補うために，バズ学習は広く採用されてきています。とくに，愛知県犬山市では2001年度から「少人数授業」という特色ある試みを開始していますが，これはバズ学習の長所を活かした方式として注目されています。

　一般的なバズ学習は，課題提示，個人学習，バズセッション，全体学習，教師のまとめ，のような流れになります。理論的背景としては，①学力と人間関係の指導の統合，②個人の学習原理と集団相互作用原理の統合，③学級の成長と個人の発達の3つがあると言います。塩田によれば，バズ集団メンバーの知能が高いことより，知能個人差が大きいことの方が，集団の構造的発達や学習

▷1　Johnson, D. W., & Ahlgren, A. 1976 Relationship between student attitudes about co-operation and competition and attitudes toward schooling. *Journal of Educational Psychology*, **68**, 92-102.

▷2　杉江修治　2003　子どもの学びを育てる少人数授業──犬山市の提案　明治図書

▷3　塩田芳久・梶田稲司　1976　バズ学習の理論と実際　黎明書房

▷4　塩田芳久　1965　学級集団の研究（Ⅱ）──バズ分団の構造的発達ならびにその学習効果について　名古屋大学教育学部紀要，**12**, 41-49.

効果に有利であるということです。

3 ジグソー学習

　ジグソー学習は，アロンソンら（Aronson, E. et al.）が開発した学習指導法です。たとえば30名の学級があったとします。まずこれを6人ずつの5集団に分けてジグソー集団とし，協同学習の仲間と決めます。次に学習内容を6つに分割して6か所のテーブルで並行して各内容を学習します。このとき各集団から1人ずつの代表が各テーブルに出張することになります（カウンターパートセッション）。学習が終わったら各代表は自分のジグソー集団に戻り，今度は学習内容を仲間に教えることになります（ジグソーセッション）。実施に当たっては，各ジグソー集団の人数と学習内容の分割数を同じにすることが，必要条件となります。この方式は，各代表が異なったピースを持ち寄って1枚の絵を構成するジグソーパズルに似ているので，ジグソー学習と命名されました。

　ジグソー学習は，個人間競争が成功と両立しないしくみになっているのが特徴で，協力の意義が体験できるようになっています。また，各代表は異なった内容を学習しているので，集団の中では全員が教え役を体験できると同時に，仲間に頼ることができないため，カウンターパートセッションにおける学習が真剣になります。さらに，仲間内の1人1人が重要な存在になるため，差別やいじめの解消につながると言われています。

　蘭によれば，小学校高学年を対象に国語と社会の授業で，ジグソー学習実施学級と一斉指導学級の成績上昇度を比較した結果，ジグソー学習の効果が見られたと言います。一斉指導のような教室内秩序がなくても，学習者個々の存在が重視される方式で学力の構築が可能であることが分かります。

4 LTD話し合い学習法

　LTD話し合い学習法は，ヒル（Hill, W. F.）が提唱した共同学習の指導法です。この学習法では，学習者は読書課題について予習し，それをノートにまとめた上で授業に臨むことが要求されています。授業（60分）は3〜15分の8ステップで構成されており，各ステップには話し合うべき内容が示されています。すなわち①導入，②概念の定義と理解，③筆者の主張の把握，④話し合いトピックの選定，⑤他の知識と教材との関連づけ，⑥自己との関連づけ，⑦読書課題の評価，⑧話し合い活動の評価の順で，進められます。

　一斉授業で得た知識を個人の単独作業で定着させる場合は，その理解が表面的な理解にとどまりやすいので，これを避けるために話し合いが活用され，ステップを決めることで知識を自分の経験との関連で理解できるように工夫されているのです。教師の側の読書課題の選定準備や，各ステップの話し合い課題の設定さえできれば，効果的な指導法と言えるでしょう。

（藤澤伸介）

▷5　Aronson, E., Blaney, N. T., Sikes, J., Stephan, C., & Snapp, M. 1975 Busing and racial tension: The jigsaw route to learning and liking. *Psychoiagy Today*, 8, 43-50.

▷6　蘭千壽　1983　児童の学業成績および学習態度に及ぼすJigsaw学習方式の効果　教育心理学研究，**31**, 102-111.

▷7　Hill, W. F. 1969 *Learning through discussion*, Beverly Hills, CA: Sage Publications.

▷8　安永悟　2006　実践・LTD話し合い学習法　ナカニシヤ出版

Ⅶ 学びの支援②主体的な学びの授業

5 プロジェクト学習：自分たちの課題を追求する

1 総合的な学習の時間

　総合的な学習の時間は小学3年生以上が対象で，小・中学校では2002（平成14）年度，高等学校では2003（平成15）年度から導入されました。総合的な学習の時間のねらいは，学習指導要領によると次のように定義されます。①自ら課題を見付け，自ら学び，自ら考え，主体的に判断し，よりよく問題を解決する資質や能力を育成するとともに，②学び方やものの考え方を身に付け，問題の解決や探求活動に主体的，創造的，協同的に取り組む態度を育て，自己の生き方を考えることができるようにすること。この定義は小・中・高の学習指導要領のいずれにおいてもほぼ共通の内容です。このように総合的な学習の時間は，児童・生徒の主体的な学びが中心となります。

　総合的な学習の時間の基礎となるのは，各教科それぞれで身につけられた知識や技能が相互に関連づけられ，深められ，児童生徒の中で総合的に働くようになるという「知の総合化」（1998（平成10）年教育課程審議会答申）です。総合的な学習は，学校によって進め方や内容が変わってきます。総合的な学習の時間の名称も各学校で定めてよいことになっていて，年間100時間程度という時間数が一応の目安とされてきましたが，2011（平成23）年度からは小学校3～6年生は各70時間，中学校1年生は50時間，中学校2・3年生は各70時間，高等学校は卒業までに105-210単位時間（3～6単位）になりました。

　授業では，子どもたちの協同学習や少人数でのディスカッションが総合的学習の時間の中心となります。つまり，教室で黙って座って聞く形態の授業や暗記が苦手な子どもたちが活躍できる場となり，さまざまな個性をもった子どもたちが協同で生き生きと授業を作り上げていく絶好のチャンスになります。

　総合的な学習の時間における教師の役割は，事前にどのような計画を立てるか，また子どもが選んだ題材は適切かどうかを吟味することです。子どもたちに任せておくだけの放任主義や目標も定まらないままにとにかく活動しようという活動主義だけでは成り立たないのが総合的な学習の時間を運営する難しさでもあります。教師の教育的な経験や見通しが大事になります。

2 生活科

　総合的な学習の時間が小学3年生以上を対象としているのに対して，生活科

は小学1，2年生を対象に定められている教科です。小学校学習指導要領によれば，生活科のねらいは，児童の身近な生活圏を学習の対象や場とし，児童が具体的な活動や体験を通して「自立への基礎を養う」ことです。

このため生活科の内容は，①学校と生活，②家庭と生活，③地域と生活，④公共物や公共施設の利用，⑤季節の変化と生活，⑥自然や物を使った遊び，⑦動植物の飼育・栽培，⑧自分の成長の8つから構成されています。

このように，まさに学校と家庭，地域の生活の中で自然とふれあい，季節を感じて遊びながら成長するための科目を小学校低学年で学びます。

2008（平成20）年版の学習指導要領には，新たに5つの事項が加わりました。▷1

❸ レッジョ・エミリア

わが国の総合的な学習の時間と生活科のモデルとなる「学びの共同体」が，北イタリアの人口14万人の小都市，レッジョ・エミリアにあります。この町の幼児学校の特徴は「創造性の教育」です▷2。レッジョ・エミリアには現在，市立の幼児学校（3歳～6歳）が20校，14の乳児保育所（0歳～2歳）があります。これらの学校と保育所では親の参加が実践の中心になっています。同じ保育者が3年間，子どもたちのクラスを受けもちます。学校長は存在しません。

レッジョ・エミリアでは保育者同士が協同で作業を行い，2人1組で教室で子どもたちをはぐくみ，記録文書を作ります。どのようにするのかというと，学んでいる子どもたちの会話を保育者がテープに録音して，あとで書き起こして，保育者たちと教育の専門家たちが一緒に分析するのです。指導方法はエマージェント・カリキュラム（緊急カリキュラム，創発的カリキュラム）といって，子どもたちが生み出すテーマを保育者がその場で取り上げ，カリキュラム化します。このようにして，保育者と子どもたちがたえず対話して，カリキュラムを柔軟に調整していきます。

ここでのプロジェクト活動の1つを紹介します。ある5歳の子どもが園庭にやって来る鳥に興味をもって，保育者にどうして鳥がくるのかをたずねたところ，いろいろな意見が出て最後には保育者と子どもたちが小さな湖と，鳥の小屋と，観測所を園の中に作ることになったことがありました。そしてついにはレッジョ・エミリアの町に毎年，鳥の遊園地が作られるようになったのです。レッジョ・エミリアで子どもたちが学ぶ姿は，2001年に「子どもと百のことば」というテーマで日本でも展示会が開催されました。子どもたちのアイディアを描画，造形，劇，ダンスなど目に見える形にする。他人に説明できてはじめてそれが分かったと言えると考えるのがレッジョ・エミリアの根底に流れる考え方です。

（大家まゆみ）

▷1　①自分の特徴や可能性に気づき，見つける，比べる，たとえるなど多様な学習活動の充実②身の回りの人とのかかわりや自分自身のことについて考えるために，活動や体験したことを自分なりに整理したり，言葉や絵で表現する活動③中学年以降の理科の学習を視野に入れ，自然の不思議さや面白さを実感するよう，遊びを工夫したり遊びに使うものを工夫して作る学習活動④安全な登下校に関する指導と自然の素晴らしさや生命の尊さを実感する指導の充実⑤幼児教育や他教科と関連する合科的な指導，の5事項が加わった。

▷2　Hendrich, J.（Ed.）1997 *First steps toward teaching the Reggio way*. Upper Saddle River, NJ: Prentice-Hall.（石垣恵美子・玉置哲淳（監訳）2000　レッジョ・エミリア保育実践入門――保育者はいま，何を求められているか　北大路書房）
レッジョ・エミリアの保育についてはⅠ-6も参照。

Ⅶ 学びの支援②主体的な学びの授業

6 オープン・エデュケーション：壁のない教育？

1 オープン・エデュケーションとは？

　オープン・エデュケーションは，学習者の主体性を重んじた，従来からの制度にとらわれない教育方法の総称です。オープン教室がその必要条件で，学習する場所が指定されていないため，学習者は位置の移動が自由で別の部屋に移ることも可能です。学習は個人でもグループでもよく，通常は，学習時間も自由に設定することが可能です。教師と学習者の役割も固定せず，教師がクラスのメンバーに対して一斉に指示を出すということはありません。

　これはイギリスで1960年代に始まったと言われ，日本には70年代に紹介されました。1984年には，空間的配慮に富んだ建築様式の校舎建設推進のために，文部省（現在の文部科学省）が補助金の交付を始めたため，いわゆる「壁のない教室」は，全国で4,000校以上あると言われます。

　しかしながら，校舎の中にオープン・スペースを作っただけで，オープン・エデュケーションが成立するわけでないのは，言うまでもありません。現実には，たんなる多目的スペースとしてしか使われておらず，カリキュラムも従来の教師主導型の一斉授業しか行われていないところが多いと言われます。

　オープン・エデュケーションで有名な日本の学校は，愛知県知多郡東浦町立緒川小学校，岐阜県揖斐郡池田町立池田小学校，富山県南砺市立福光中部小学校です。とくに緒川小学校は，地域に開かれた学校としても高く評価されています。また，従来のオープン・エデュケーションは小学校が中心でしたが，千葉県木更津市にある暁星国際学園では，「ヨハネ研究の森コース」という小中高全参加型の教育を2001年から展開しています。ここでは，小学4年から高校3年までの100名を越える生徒たちが，寮生活をしながら同じスペースで学習しており，大学受験ではAO入試で実績を上げていると言います。

2 オープン・エデュケーションの特徴

　①科目構成：統合されたカリキュラム（伝統的な科目構成でない）
　②教師の役割：学習の促進者
　③カリキュラムの企画作成：児童生徒が参加
　④児童生徒の学習活動：発見学習中心
　⑤学習形態：グループによる共同学習重視

⑥動機づけ方法：内発的動機づけ重視（テストによる動機づけは最小限）
⑦学習場所：社会の中の学習（学校や教室に限定せず）
⑧学習活動の評価：創造的表現を尊重

3 オープン・エデュケーションの成果

ジアコーニアとヘッジズ（Giaconia, R., & Hedges, L.）[1]は，オープン・エデュケーションに関する150の研究を総括して，伝統教育に対するオープン・エデュケーションの成果を，次の5つにまとめています。

①協調性，独創性，自立性の伸展（成果あり）
②教師や学校に対する肯定的態度，対人調整能力（やや成果あり）
③達成動機（成果あり）
④計算力，読解力，その他学業成績（有意差なし）
⑤不安，**統制の位置**[2]，自己概念（有意差なし）

④の成績評価が，伝統教育の成果を評価するために作られたテストによって判定しているにもかかわらず有意差なしだということを考えれば，オープン・エデュケーションは健闘していると言えるでしょう。

4 オープン・エデュケーションの課題

◯目標設定，学習課題，教材，自己評価制度，グループ作成…

オープン・エデュケーションの効果的実施に当たっては，見出しに挙げた項目のどれをとっても伝統教育とは異なるさまざまな準備が必要です。自由選択を可能にするためには，豊富な選択肢を用意せねばならないでしょう。

◯教師の養成や研修

教師はロジャース（Rogers, C.）のいわゆる「**促進的（facilitative）教師**」[3]の条件を備えていることが望ましいと言われています。したがって，伝統的教育を受けてきた教師をいかに養成するかが，重要課題になっています。

◯音声の侵入

1つの空間で複数の活動が行われるため，音声侵入の問題が発生します。静寂さを必要とする活動への対策を，あらかじめ解決しておく必要があります。

◯自己統制力や対人スキルが低いままの学習者

成果として自己管理能力や対人スキルは向上する者が多いとしても，中にはいつまでも人間関係が苦痛だという児童生徒も存在します。そういう児童生徒にどう対処すべきかまで，あらかじめ考えておく必要があります。

◯進学先学校との教育システムの一貫性

オープン・エデュケーションが小学校だけの単独実施の場合，管理統制型の中学校に進学した場合に，学習者に学校不適応が発生する可能性があります。

（藤澤伸介）

▷1 Giaconia, R., & Hedges, L. 1982 Identifying features of effective open education. *Review of Educational Research*, **52**(4), 579-602.

▷2 統制の位置（locus of control）
自分の行動の原因が自分の内側にあるか外側にあるかの考え方の傾向。内的要因は，努力や能力。外的要因は，課題の困難さ，支配者，運や霊的な力。ロッター（Rotter, J. B.）が提唱した一つの性格特性。

▷3 促進的教師
生徒の感情に共感し，行動は肯定的に解釈し，生徒を褒め，生徒のアイデアは尊重し，意見が異なれば対等に議論し，生徒に笑顔で接するような教師のこと。Rogers, C. 1969 *Freedom to learn*. (1st ed.) New York: Macmillan/Merrill.

VIII 学びの支援③個に応じた学びの援助

1 プログラム学習：個に応じたステップ学習

1 一斉授業の限界

○一斉授業では１人１人に対応できない

ふつう学校では，教師がクラス全体の児童や生徒に対して一斉に授業を行っています。ところが，児童・生徒の１人１人は異なる能力，適性をもっています。もちろん，習熟度別のクラス編成，科目選択の弾力化などによってこの難点を補うことは考えられますが，それにも限界があります。スキナー（Skinner, B.F.）は，**オペラント条件づけ**の研究によって得た知見を直截的に導入することで，このような根本的問題を一挙に解決することを試みました。

○オペラント条件づけから見た授業の問題点

スキナーは，教室での教授法には３つの問題点があると言います。まず，１つめは，罰などの負の強化子（reinforcer）が頻繁に使われていることがあげられます。ふつう，教師は生徒ができなかったことについて知らず知らずに非難や叱責を与えてしまっています。しかし，スキナーは，動物を使ったオペラント条件づけの研究の経験から，人間も動物と同様に罰は学習のプラスにならず，むしろ，褒める，承認するなどの正の強化子を使うことがより学習を促進すると言います。２つめですが，もし教師が児童・生徒に褒める・承認するといった正の強化子を用いていても，一斉授業ではそれが適切な時点（児童・生徒の反応の直後）で与えられず，しばしば児童や生徒が正しい反応を示してからかなり遅れて与えられることがあるということです。これは大人数のクラスでは仕方ないことです。さらに，３つめですが，スキナーは，学習する課題ではできるだけ細かく段階分けしてそれを順番に学習してゆくことが効率的であるにもかかわらず教室ではそれが行われていない，と指摘しています。

2 ティーチング・マシンとプログラム学習

○ティーチング・マシン

コンピュータのディスプレイに提示されたボタンに指で触れたりして解答するクイズやゲームはよく見かけます。ティーチング・マシンとはこれとよく似た形式の装置で，これで学校の教科のカリキュラムを学習するものです。その歴史は古く1920年代にプレッシー（Pressey, S.L.）によって開発され1950年代頃から徐々に実用化されました。ティーチング・マシンを使えば児童・生徒は

▷１ オペラント条件づけ
⇒ I-3 参照。

▷２ プログラム学習については I-3 も参照。

▷３ これとは別にロシアの心理学者ガリペリン（Galperin, P.J.）も知識や概念の組織的な学習法としてのプログラム学習を提唱しているが，ここで紹介するものとはまったく異なる概念である。

個別に学習できますので，スキナーはこれに目をつけ上に述べたような一斉授業の問題点を解消し，それに代わるものとして教育に導入することを試みました。

● プログラム学習

ふつう，プログラム学習とはオペラント条件づけの研究から得た知見にもとづきこのようなティーチング・マシンを用いて学習することを言います。児童・生徒は1人1人ティーチング・マシンに向かい，そこから提示される学習内容を学んでゆきます。そこでは，児童・生徒は提示された課題にその場で自分で解答し，その正否が即時にフィードバックされますが，罰などは与えられません。そして，正しい理解ができていれば次の段階に進み，理解ができていなければその課題に再び取り組みます。カリキュラムは系統的に小さなステップに分けられ，そのステップを完全に学習したら次というように段階的に学んでゆくようになっていますので，児童・生徒は自分のペースで確実に学習することができます（図8.1.1参照）。

プログラム学習は1950年代からアメリカで流行し，1960年代前半には日本でも導入が試みられました。

● プログラム学習についての議論

スキナーはプログラム学習で用いるプログラムは児童・生徒の能力にかかわらず同じもの（単線型）がよいと考えていたようですが，現実には習熟度別に枝分かれするようなプログラムを用いた方がよいという考え方もあります。また，スキナーは児童・生徒は原則として自分で解答を記入することを想定していましたが，実際には選択肢を選ばせる方がよいという意見もあります。ただ，この場合，偶然できる可能性も出てしまい，各段階を完全に習熟し次に進むという原則からはずれます。

（大芦　治）

参考文献

Skinner, B. F. 1968 *The technology of teaching.* Englewood Cliffs, NJ: Prentice-Hall.（スキナー，B. F. 村井実・沼野一男（監訳）1969 教授工学　東洋館出版社）

辰野千壽・天野幸子・河合英子 1968 プログラム学習　波多野完治・依田新・重松鷹泰（監修）学習心理学ハンドブック　金子書房 pp. 507-537.

Hollamd, J.G. 1960 Teaching machines: An application of principles from the laboratory. *Journal of Experimental Analysis of Behavior*, **3**, 275-287.

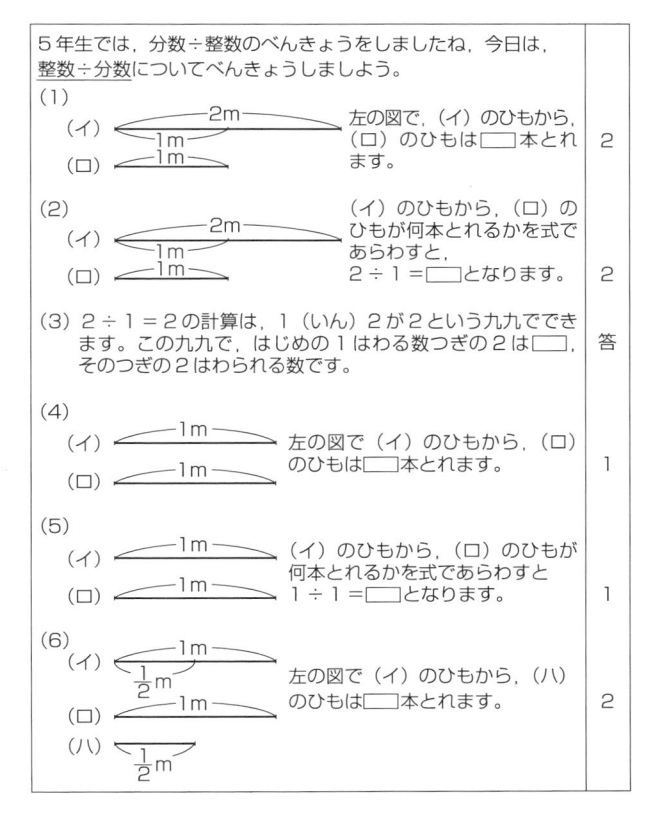

図 8.1.1　プログラム学習の例

出所：矢口新　1970　プログラム学習の理論と方法　明治図書　p. 81.

Ⅷ 学びの支援③個に応じた学びの援助

2 完全習得学習：みんなが分かる

1 本当はみんなが分かる

◯教師のもつ先入観

完全習得学習の提唱者**ブルーム**（Bloom, B. S.）によれば，多くの教師は次のような先入観をもって授業を行っています。つまり，クラスの生徒の3分の1は自分の教えることを十分に理解し，次の3分の1は，教師の教えることをある程度理解してもやや不十分さが残ってしまい，そして，最後の3分の1の生徒は落伍するか，大きな問題にならない程度で辛うじて済む者がやっとだと思いながら授業をしていると言うのです。このような状況は，ブルームの活躍した1960年代のアメリカでも現在の我が国でもそれほど変わらないのではないでしょうか。

ブルームは，まず，このような先入観を捨てるべきであると説きます。ブルームは，当時，生徒の学習の適性，達成のもっとも適切な指標はある基準となる単元を学習するにあたってどれだけの時間を費やしたかで測定されるべきという主張をしたキャロル（Carroll, J. B.）の考えにヒントを得て，どのような子どもでも時間さえかければ学習内容の95パーセントくらいは理解できるはずだという前提に立ちます。ブルームによれば，たとえば，生徒が数学のある部分を理解するのに費やす時間は，極端なケースを除けば，最長と最短との比で言うとだいたい6対1くらいだそうです。一般に落伍すると考えられている生徒でもこのくらい時間を費やせば，学習内容のほとんどは理解できるということになります。

◯なぜ，みんなが分かる必要があるのか？

では，なぜ，ブルームは，ほとんどの子どもは時間さえかければ学習内容はほとんど理解できると考えたのでしょうか？ 実は，これについてはかならずしも十分な根拠はなく，むしろ，彼はそう考えるべきだという信念をもっていたようです。つまり，現代では科学技術の進歩で社会はますます複雑化し，そのテンポも速まっています。そうした社会の変化に適応してゆくためには，学校での教育内容を身につけただけでは十分ではなく，学校教育を終えたあとも生涯にわたって学習を継続してゆく必要があるからです。ところが，上に述べたように学校での学習は上位3分の1に入っていた人以外にとってはかならずしも成功体験となっていなく，むしろ，フラストレーションとして記憶されて

▷ ブルーム（Benjamin, S. Bloom; 1913-1999）
20世紀のアメリカを代表する教育心理学者。シカゴ大学教授を長く勤めた。ここで紹介する完全習得学習のほか，教育目標を体系的に整理したことでも知られる。

いるため，その後の人生で学習すべき必要に迫られてもなかなか動機づけをもつことができなくなっているのです。そこで，ブルームは，学校の学習内容というのは誰にでも時間さえかければ理解できるという前提に立ち，教育方法を工夫すべきと考えたのです。

❷ 誰もが分かる授業

　完全習得学習（mastery learning）とは，このような理念のもとに提唱されました。ある程度の時間を費やし，また，教授方法，指導方法を工夫することで誰もが内容の9割以上を理解した上で次の段階に進み，学習を継続し学力を積み上げてゆこうという考え方です。完全習得学習の根底には前述の"時間さえかければどんな子どもでもほとんどの学習内容は理解できる"という考えがあることは言うまでもありませんが，だからと言って時間を費やしさえすればよいということはありません。長時間の学習を持続させることは動機づけ（意欲）の維持という点から考えても現実的ではありません。ブルームは，学業成績と家庭で宿題に費やす時間がかならずしも比例せずむしろ反比例になることから，ただ時間をかけることが完全習得学習には有効であるとは言えないと述べています。彼は，できる生徒とできない生徒がある単元に費やす時間の比が1対6くらいであるとして，それを1対3くらいまでに縮めることこそ完全習得学習の目指すところだと考えました。そのための方法として①小グループによる学習，②チューターによる1対1の指導，③必要に応じて生徒にあったテキストに変更すること，④ワークブック，プログラム学習などを適切に用いること，⑤視聴覚教材，ゲーム感覚の教材を用いること，などを挙げていますが，そのほかに独自の評価方法を提唱したことでも知られています。

❸ 形成的評価

　通常，学校では学期末などに試験を実施し成績評価を行います。このような評価は総括的（summative）評価と言います。それに対し，ブルームは，完全習得学習では生徒が重要なポイントを完全に理解し次の段階に進んでゆくために，教育内容を適切な単元に分け，その単元ごとに評価を行い，結果をフィードバックし，理解の足らない点をはっきりさせてゆく必要があると言います。そのための評価を形成的（formative）評価と呼びました。これはもともとスクリバン（Scriven, M.）が提唱したものですが，ブルームがこれを完全習得学習に取り入れました。彼は，形成的評価では総括的評価のように点数や順位をつけてはいけないと言います。細かい単元ごとに毎回点数や順位がつくことで生徒は自分の能力に先入観をもってしまい動機づけを失ってしまうからです。形成的評価はあくまで学習を進めるために必要な情報を提供するための評価なのです。

（大芦　治）

参考文献

Bloom, B. S. 1981 *All our children learning: A primer for parents, teachers, and other educations.* New York: McGraw-Hill.（ブルーム, B. S.　稲葉宏雄・大西匡哉（監訳）1986　すべての子どもに確かな学力を　明治図書）

Bloom, B. 1974 Time and learning. *American Psychologist*, **29**, 682-688.

Bloom, B.S., Hastings, J. T., & Madaus, G. F. 1971 *Handbook on formative and summative evaluation of student learning.* New York: McGraw-Hill.（ブルーム, B. S.・ヘスティングス, J. T.・マドゥス, G. F.　梶田叡一・渋谷憲一・藤田恵璽（訳）1973　教育評価法ハンドブック――教科学習の形成的評価と総括的評価　第一法規）

Ⅷ 学びの支援③個に応じた学びの援助

3 習熟度別学習と小集団学習：学びへの工夫

1 個に応じた学びと指導

◯個をどう考えるか

「個に応じた」とは，「個人差に対応する」ということです。不可分を承知の上ですが，個人差を，いま質的な個人差と量的な個人差に分けてみましょう。図 8.3.1 は，一斉指導を前提として，学習集団の編成を例示してみたものです。小集団（グループ）編成のいろいろが例示されています。

▷1 一斉授業における机間巡視は，個に応じた学びの指導とは言えない。

◯量的な個人差

量的な個人差を考えて学びの援助をする場合には，「ア．学習時間（学習速度）による学習集団編成」「イ．学力到達状況（習熟）による学習集団編成」などが行われています。

これらの編成は，数学など学習内容の積み上げが必要な科目でよく使われます。

◯質的な個人差

質的な個人差を認めるということは，学びのゴールが異なるということです。指導スタイルはむしろ，児童・生徒の学びの方向に教師が寄り添って付いていくというイメージです。「ウ．学習適性・思考スタイルによる学習集団編成」「エ．興味・関心による学習集団編成」が適します。

「オ．生活経験による学習集団編成」も理屈上では考えられるのですが，現実的に運用しようとすると，実際には編成そのものが困難でしょう。

```
                    ア．学習時間（学習速度）  イ．学力到達状況（習熟）
                        による学習集団編成       による学習集団編成
                      ┌──────────────┐     ┌──────────────┐
                      │ 早いグループ  │     │ 習得グループ │
                      │ 中位グループ  │     │ 中位グループ │
                      │ 遅いグループ  │     │ 未習グループ │
                      │ *個別進度もある│     └──────────────┘
                      └──────────────┘
                    ウ．学習適性・思考スタ    エ．興味・関心による
                        イルによる学習集団編成    学習集団編成
                      ┌──────────────┐     ┌──────────────┐
    ┌────────┐     │ 帰納・体験型  │     │ Aに興味・関心│
    │学級集団│────│              │     │ Bに興味・関心│
    └────────┘     │ 演繹・書物型  │     │ Cに興味・関心│
                      └──────────────┘     │ Dに興味・関心│
                                            └──────────────┘
                    オ．生活経験による学
                        習集団編成
                      ┌──────────────┐
                      │ 経験グループ │
                      │ 中位グループ │
                      │ 未経験グループ│
                      └──────────────┘
```

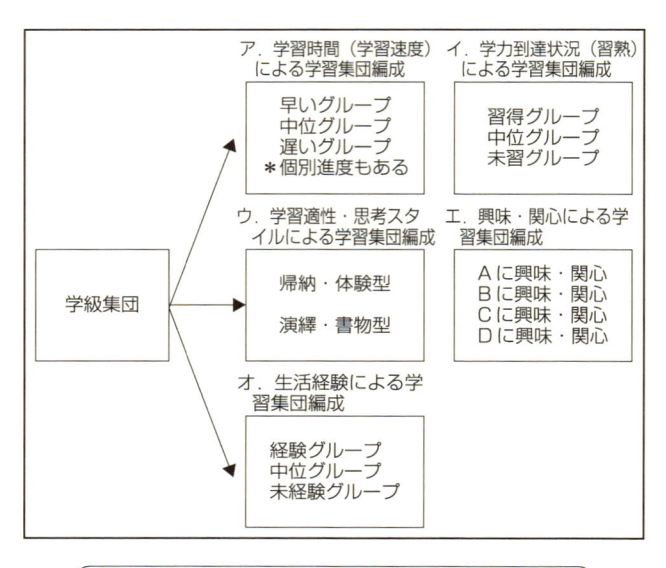

図 8.3.1 個人差に応じる学級集団編成のいろいろ

出所：高浦勝義 1999 T. T. とは――その基本原理と形態　新井郁男・天笠茂　学習の総合化を目ざすティーム・ティーチング事典　教育出版　pp. 18-33. p. 25.

2 習熟度別学習

◯習熟度

習熟度とは学習の到達度のことです。1978年の高等学校学習指導要領で習熟度別の学級編成が認められました。これを契機として，しだいに中学校や小

学校へも習熟度別の学級編成が多様に広がっています▷2（図8.3.1）。

◯習熟度別学習の長所

何といっても，分からないところが分かるようになるという点が長所です。児童・生徒が質疑をして理解を深めることができるのならば，学級の児童数は多人数の一斉授業でも，それが少人数学級の一斉授業でも同じです。けれども現実には，授業時間の制約によって，分からないままに授業が進みます。習熟度別学級や小集団学習では，この短所を克服できます。教師が指導するための事前評価や形成的評価が可能なので，指導が臨機応変に対応できるのです。

◯習熟度別学習の短所

習熟度別とは能力別を言いかえただけですから，下位の児童生徒が劣等感をもつことがあります。それによってモチベーションがさがり，学力低下に拍車がかかります。学習目標への未到達者が固定してしまう恐れもあります。もちろん「なにくそ！」と頑張って逆にモチベーションがあがる場合もあるのですが，それを事前に期待するべきではありません。

◯習熟度別学習への対応

一斉授業と個別学習の中間にあるのが小集団学習です。通常は6名ぐらいまでの集団で学習を進めます。理科の実験やインターネット利用の調べ学習などではよく利用されるようになっています。

習熟度別学級で現在よく行われている方法は，児童・生徒の学級編成を固定しないということです。ある教科だけ，ある単元だけ習熟度別にします。これによって，児童生徒間での相互の相対評価が迷彩化されるので，児童・生徒の相互の優劣比較に関する心理的負担はずっと軽減されます。

なお習熟度別学級では注意すべき点があります。それは教師サイドの接し方です。ややもすると，習熟度の遅い児童・生徒に対する態度と，習熟度の速い児童・生徒に対する態度が異なってしまうことがありますが，これは不適切です。このような教師の態度が，ますます子どもたちのモチベーションを低下させるからです。

◯学びの多様化

近年は，学校教育という公教育以外にも，学習塾やテレビ・インターネットなど，学びの源に触れる機会が急激に増加しています。

もちろん一斉授業は効率よく体系的に教育指導するのにはすぐれた教育方法なのですが，学びの機会を柔軟に保障していくことがこれからはますます重要視されつつあります。

（大野木裕明）

▷2　一斉授業によらない授業の方法としては，オープン・スペースを利用した個別授業があります。Ⅶ-6参照。以下の文献も参照。
加藤幸次・高浦勝義　1987　個性化教育の創造（シリーズ　オープンスペースの活用第1巻）　明治図書

Ⅷ 学びの支援③個に応じた学びの援助

4 ティーム・ティーチング：補い合う指導

▷1 Shaplin, J. T., & Olds, Jr. H. F. 1964 *Team teaching*. Harper & Row. （平野一郎・椎名満吉（編訳）1966 ティーム・ティーチングの研究 黎明書房）

▷2 加配教員
1993年から実施された文部省（現在の文部科学省）の「第6次公立義務教育諸学校教職員配置改善計画」に基づく加配措置のこと。T. T. のための教員とも言われたが，現場の実態はかならずしもそのようにはなっていない。

1 ティーム・ティーチングとは？

◯ティーム・ティーチング

ティーム・ティーチング（team teaching：T. T.）とは教師側がチームを組んで教える授業形態のことです。協力教授と訳されています。学級担任や教科担任が1人でその学級の児童・生徒に対して授業を行う「一教師一学級制」の授業形態とは異なります。T. T. は1957年にアメリカ合衆国マサチューセッツ州レキシントンのフランクリン小学校で開始されたと言われています。

◯ティームの類型

図8.4.1に代表的なティームの類型を示します。学年ティームは同一学年でティームを組む場合です。多くの場合，ここにもう1人の**加配教員**が支援に入ります。教科ティームは国語，社会といった同一教科でティームを組む場合です。これらは大規模校や中規模校でよく見られます。

図の右下の異学年ティームは，小規模校などでよく見られます。たとえば，

図8.4.1 ティーム・ティーチングにおけるいろいろなティーム構成

出所：加藤，1996, pp. 42-43.

1年生と2年生の低学年ティーム，3年と4年の中学年ティーム，5年と6年の高学年ティームというティームの組み方をします。

図の左下の異教科ティームですが，総合的な学習の時間や中学校の選択教科でティームを組む場合に見られます。

○ティームを組んだ教師は何をするのか

ティーム・ティーチングを行う教師は，次のような活動について協力して指導にあたります。①一緒に指導計画（指導案）を立案する。②指導計画にもとづいて，一緒に指導に必要な教材・教具を収集したり作成したりする。③一緒に指導する。④指導について，一緒に評価（反省）する。

ティームというからには，一緒に考え一緒に協力して活動することが必要です。ただその場に集まっていて，教師間でお互いの連携がなくてはティーム・プレイにはならず，その効果も期待できません。

❷ 現実的な問題としてのティーム・ティーチング

○子ども人口の減少

子どもの数は急激に減少しています。4月にならないと学級の数が決まらない小・中学校は少なくありません。それに伴って，学年間の学級数の不ぞろいも目立つようになっています。ある教科専門の教師が不足するのでT.T.に頼らざるを得なくなっています。従来の教職員定数改善計画のテーマは学級の子どもの数を減少させることでした。ところが第6次教職員定数改善計画においては，学級のサイズはそのままで，T.T.にあたる加配教師が配置されました。このような経過を経てですが，現在はむしろ，急激な子ども数の減少に対応する施策，あるいは外国語学習やインターネット利用授業の対策としてT.T.が使われるようになった面が出ています。

○インターネットと外国語学習

インターネットを利用した調べ学習では，「一教師一学級制」による一斉授業では，指導力の点から見て対応できません。わずか1時間の授業でさえ，その授業形態は一斉授業から小集団学習へ，ある時は個別学習へ，さらには一斉授業へとめまぐるしく授業形態が変化するからです。

外国語学習においても「一教師一学級制」による一斉授業では，児童の学習活動に対応しにくくなっています。小学校で始まっている英語活動では，ゲームを取り入れたり体験的な活動を含むことが多くなります。児童と教師とのコミュニカティブなやりとりが交わされます。児童が椅子に座ったままで1時間が終わることはほとんどないのです。中学校でもALTと日本人外国語教師とのT.T.による英語学習が定着してきました。T.T.は個に応じた学びの援助の1つとしてすっかり定着しています。

（大野木裕明）

▷3　香川大学教育学部附属坂出中学校　1995　多様なティーム・ティーチングからの授業改造　黎明書房

▷4　加藤幸次　1996　ティーム・ティーチング入門　国土社

▷5　松川礼子・大下邦幸　2007　小学校英語と中学校英語を結ぶ──英語教育における小中連携　高陵社書店

▷6　ALT（Assistant Language Teacher）（外国語指導助手）
外国語（英語）の授業で教師サイドに参加する外国人英語話者のこと。1987年から「語学指導等を行う外国青年招致事業［JETプログラム］」が開始され，世界各地からきたALTが日本人の外国語（英語）担当教員とのT.T.による授業を行っている。

VIII 学びの支援③個に応じた学びの援助

5 適性処遇交互作用：個人の特性に応じた教え方

1 教え方から見た個の学び

○適性処遇交互作用（ATI）とは？

教育心理学者のクロンバック（Cronbach, L. J.）は，教授の仕方によって得られる学習効果は一様ではないこと，それは学習者の適性によって異なることを指摘し，これを適性処遇交互作用（aptitude treatment interaction；ATI）と呼びました。[1] ここで適性とは学力だけでなく，興味・関心その他あらゆるものを指します。処遇とは教育指導の方法ですが環境条件なども含みます。

○研究事例

古典的な研究事例ですが，スノー（Snow, R. E.）らは大学生に物理学入門コースを教えるにあたって，映画による指導と教師による指導とを比較検討しました。図8.5.1の縦軸は小テストの得点合計です。横軸は学習者の対人的積極性です。F_1は対人的積極性の低い群です。F_3は対人的積極性の高い群で，F_2は中間群です。結果は，対人的積極性の高い大学生F_3は教師による指導法でよい成績を示しています。他方，対人的積極性の低いF_1群は逆転して映画による指導法で高得点を得ています。学習者の個人特性によって交互作用が発生しています。

図にはありませんが，責任性という個人特性について見ると，やはり交互作用が見られました。責任性得点の高い者は映画による指導がより高得点の傾向があるのに対し，責任性得点の低い者は教師による指導法の方が高得点でした。このほか適性サイドの個人特性としては，物理学に対する態度，物理常識，学業成績，教育映画の視聴経験，娯楽映画の視聴経験，情緒安定性，社交性等も取りあげています。

○学習指導の最適化

適性処遇交互作用の考え方によると，教師によって，学習者によって，学習内容によって，違った指導法の方が効果的になる可能性があることになります。したがって，効果が最大になるような指導法を探っていくことが意味のあることになります。これは学習指導が最適化になる条件を追究する試みへとつながります。[2]

▷1 実験計画法で用いる分散分析法をイメージすると理解が容易である。分散分析については，心理・教育関係の統計書を参照のこと。適性処遇交互作用は次の論文で提唱された。
Cronbach, L. J. 1957 The two disciplines of scientific psychology. *American Psychologist*, **12**, 671-684.

▷2 東洋 1968 学習指導の最適化 波多野完治・依田新・重松鷹泰（監）東洋・坂元昂・辰野千寿・波多野誼余夫（編）学習心理学ハンドブック 金子書房 第21章 pp. 633-647.

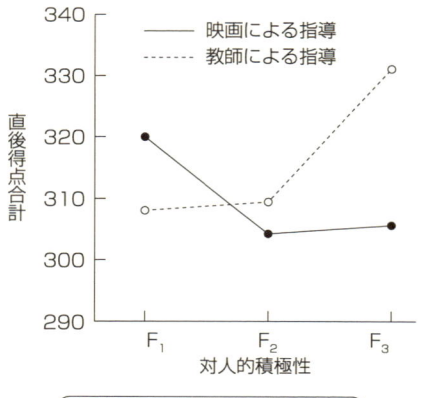

図8.5.1 適性処遇交互作用

出所：Snow, R. E., Tiffin, J., & Seibert, W. 1965 Individual differences and instructional film effects. *Journal of Educational Psychology*, **56**, 315-326.

VIII-5 適性処遇交互作用：個人の特性に応じた教え方

2 学習者適性から見た個の学びへの援助

○学習者適性とは？

今度は，学ぶ側の条件として学習者の個人差を考えてみましょう。最初に思いつくのは能力です。たとえば習熟度別というのは能力別を言いかえたものです。この場合の能力とは学校のテスト成績に表れた得点差といった大ざっぱなものです。けれどもたとえ大ざっぱであっても，テスト成績は学校における知的な能力を把握する有力な手段とみなされています。

能力の他には性格や認知スタイル，対人的態度や学習態度などもかかわります。たとえば認知スタイルですが，代表的な認知スタイルとしては課題解決への熟慮型－衝動型の個人差がよく知られてきました。図8.5.2はケーガンら（Kagan, et al.）が提案した熟慮型－衝動型を調べる見本合わせテスト（matching familiar figures test: MFFT）の図版例です。図の上部と同じ絵を下の6つの選択枝の中からできるだけ速く見つけるのです。多くの図版に対する解答の反応時間と誤数を記録して，反応は速いが誤数の多い者を衝動型の認知スタイル，反応は遅いが誤数の少ない者を熟慮型の認知スタイルをとる者とします。このような認知スタイルが学習者の間で大きく異なるのなら，1つの教え方による学習効果にも大きな差が出てきます。教室での現実的な対応としては難しい面もありますが，こういった認知スタイルや性格的な個人差にも対応した援助が望ましいことは言うまでもありません。

○指導に合った適性が伸びる

適性処遇交互作用があることは分かりましたが，それでは実際に適性処遇交互作用を考慮した教育や学習はどうすればよいのでしょうか。

学校としては，学習者適性を考慮した指導法をとることが考えられます。ティーム・ティーチング，小集団学習，CAIといった指導法は，個に応じた指導と言えるでしょう。

これに対して，もう一方では，児童・生徒がみずからを教師の指導法や指導方針に合わせていくこともよくなされます。学級では，児童・生徒は担任や教科の教師を選ぶことは通常はできません。したがって，児童・生徒の方が教師のやり方に合わせているのがおおかたの現状です。教師の研修ではよく「授業づくり」「学級づくり」といった語を聞きますが，これは教師が教師なりに力を発揮できるように児童・生徒を変えていくという面を言わずもがなに表現しているのです。

ですから，指導法を臨機応変に変え，教師が児童・生徒の学習者適性を固定視しないことこそが必要です。

（大野木裕明）

図 8.5.2 MFFT の図版例
出所：Kagan, et al., 1964

▷ 3 Kagan, J., Rosman, B. L., Day, D., Albert, J., & Phillips, W. 1964 Information processing in the child: Significance of analytic and reflective attitudes. *Psychological Monographs*, **78** (Whole No. 578.).

▷ 4 CAI（computer aided instruction または computer assisted instruction）
コンピュータで制御する教授のこと。コンピュータ支援教育と訳されている。コンピュータによって学習教材を提示し，学習者が解答を進めていく。CAIには，教授目的によって，ドリル型，チュートリアル型，シミュレーション型などがある。最近はコンピュータ・グラフィックスが高度になり，飛行機のパイロット用のフライト・シミュレーションなど職業技術の訓練によく使われる。

VIII 学びの支援③個に応じた学びの援助

6 知能検査：知的な個人差をとらえる

1 知能のとらえ

　これまで多くの研究者が知能について研究を続けてきました。しかし，知能の定義は現在でも一様ではありません。世界ではじめて知能検査を作成したフランスのビネー（Binet, A.）は，知能を「注意力，理解力，判断力，推理力などの総体」としてとらえました。これに対してスピアマン（Spearman, C. E.）は，知能を構成する要素として，問題を解決するときに共通に必要とされる一般因子と，特定の問題を解決するときに必要とされる特殊因子との2因子をあげました。研究者の中には，知能はさらに多くの因子から構成されているととらえる人もいます。また，ピアジェ（Piaget, J.）は，知能を発達していくものとしてとらえ，質の異なる5つの段階に分けました。この発達という観点から知能をとらえる見方は，その後の学校教育や障害児教育に大きな影響を与えました。

▷1　Ⅰ-4 参照。

2 知能検査の誕生

　知能検査は，知能を客観的に測定するための道具です。ビネーはシモン（Simon, T.）の協力を得て，1905年に30項目からなる世界初の知能検査を作成しました。当時のフランスでは，知的障害児に対して特別な教育を実施する必要に迫られていたため，この生徒たちを一般の生徒の中から判別するための知能検査が必要だったのです。この知能検査は，両者の名前をとって「ビネー・シモン検査」と名づけられました。

　1908年の改訂では，300名の子どもから得られたデータをもとにして，各年齢段階の知能水準を見出しました。このように各年齢の水準を定めておけば，ある子どもの検査結果をこの水準と照らし合わすことで，その子がどの年齢段階に位置づいているかを推定できます。検査によって位置づいた年齢を「精神年齢」（mental age：MA）と言い，知的発達の年齢を意味します。そして，その子どもの検査時の実際の年齢を「生活年齢」（chronological age：CA）と言います。知的発達に遅れのある子どもの場合，精神年齢は生活年齢よりも低くなります。

3 知能指数

　1916年，アメリカのスタンフォード大学のターマン（Terman, L. M.）を中

心とした研究者は，ビネー・シモン検査を英語版に改訂し，「スタンフォード・ビネー検査」を作成しました。この検査には知能指数の概念が取り入れられました。知能指数（intelligence quotient：IQ）は，精神年齢と生活年齢をもとにして，次の式で算出します。

$$知能指数（IQ）= \frac{精神年齢（MA）}{生活年齢（CA）} \times 100$$

精神年齢と生活年齢とが一致すれば，知能指数は100となり，この数値は標準的な知能を有していることを意味します。

また，1939年にウェクスラー（Wechsler, D.）は知的障害者の診断用の心理検査を作成し，「ウェクスラー・ベルビュー検査」と名づけました。これ以後に作成された児童用検査「ＷＩＳＣ」（ウィスク）は，知的障害児や自閉症児などの診断を目的に多く使用され，知的発達の特徴や今後の指導方針などがその結果から導き出されています。この検査の特徴として，全体的な認知能力を表す全検査IQ（FSIQ）と，四つの指標得点（言語理解指標，知覚推理指標，ワーキングメモリー指標，処理速度指標）を算出し，これらの値から子どもの指導に有効な特徴を把握します。◀2

知能指数は，現在でも知的発達の指標として教育や福祉の分野を中心に広く用いられています。

4 知能偏差値

知能偏差値（intelligence standard score）は，個人の知能が集団内でどのあたりに位置づくかを示すのに用いられ，次の式で算出します。

$$知能偏差値 = \frac{（個人の得点－集団の平均点）\times 10}{集団の得点の標準偏差} + 50$$

個人の得点と集団の平均点とが一致すれば，知能偏差値は50となり，この数値はその子どもが集団内で平均的な位置にいることを意味します。

なお，偏差とは，集団の平均点と個人の得点との距離（差）のことです。標準偏差とは，偏差を用いて算出される値であり，統計上の変動を示す指標のうちでもっとも多く使用される重要な指標です。◀3

5 知能指数や知能偏差値の扱いについて

ビネーが作成した知能検査は，個人の知能の状態をとらえることを目的としていました。しかし，その後導入された知能指数や知能偏差値を用いれば，個人間の知能の程度を比較したり，集団内での相対評価をすることが可能になります。それゆえ，扱い方によっては，人間を選別・序列化させる危険性があります。知能指数や知能偏差値は，あくまでも人間の知能の一側面を表す数値ですので，私たちはこの数値の扱いに十分気をつける必要があります。（松田信夫）

▶2 X-10 参照。

▶3 ウェクスラー検査では偏差IQが下記の式で算出される。
偏差IQ＝
$\frac{（個人の得点－該当年齢集団の平均点）\times 15}{該当年齢集団の得点の標準偏差}$
$+100$

Ⅷ 学びの支援③個に応じた学びの援助

7 多重知能理論と情動的知性：多様な知能を生かす

1 知能指数（IQ）至上主義

　知能という概念は研究者の中でもまだ一定ではありません。知能を単一の要素で成り立つと見なす立場もあれば，多くの要素で成り立つと見なす立場もあります。知能をどう定義するかで，知能を調べる検査問題の中身は異なります。新しいものを生み出す創造力や，他人とうまく協調できる力などは，人間の力として重要視されていますが，これらの力は客観的な検査が容易でなく，検査問題を作成しにくいという面があります。また，同じ検査問題であっても，回答者の所属する生活文化や富裕度によって回答内容が異なってくることも現実に生じます。つまり知能検査で人間の知能や人格の全てを表すことは不可能に近いのです。

　しかし，知能検査の結果に一喜一憂する風潮が，この一般社会にあることも事実です。知能指数や知能偏差値が高ければ，その人は成功する人生を送るであろうというとらえは，保護者や教育関係者の中にも意外に根強く浸透しているように思われます。

2 「情動的知性（Emotional Intelligence）」という新たな概念の提唱

　ダニエル・ゴールマン（Goleman, D.）はその著書『EQ——こころの知能指数』で，こうした風潮に一石を投じました。「人生を成功に導く要因のうち，IQが関係するのは多く見積もってもせいぜい20％どまり」と主張するゴールマンは，人間を幸福に導く鍵としてIQより情動的知性を重視します。情動的知性とは，以下に示すような力の総体です。

・自分自身を動機づけ，挫折してもしぶとくがんばれる能力
・衝動をコントロールし，快楽をがまんできる能力
・自分の気分をうまく整え，感情の乱れに思考力を阻害されない能力
・他人に共感でき，希望を維持できる能力

　ゴールマンは，神経生理学の科学的データや教育実践データをもとに，家庭教育や学校教育によってこの情動的知性を向上させることが可能であることを主張しています。この情動的知性を高めることによって，子どもたちは家庭生活や学校生活での諸問題に適切に対応できるようになり，さらには将来の社会生活で生じる諸問題に対しても，暴力等に直接訴えかけることなく，円滑に対

▷1 EQ
ゴールマンは，原著ではEmotional Intelligence（情動的知性）という言葉を使用している。訳本の表題に使用されているEQは，日本のマスメディアによる造語である。

▷2 Goleman, D. 1995 *Emotional intelligence.* New York: Bantam Books.（ゴールマン, D. 土屋京子（訳）1998 EQ——こころの知能指数　講談社）

処できるようになることを力説し，そのプログラムや事例も紹介しています。

3　多重知能理論

ハーバード大学のハワード・ガードナー（Gardner, H.）も，人間の知能や能力を広範囲にとらえる研究者です。ガードナーは人生に有用な知能として，以下に示す7種類をあげ，多重知能理論を展開しています。[3]

① 言語的知能：話し言葉と書き言葉への感受性，言語を学ぶ能力，ある目標を成就するために言語を用いる能力。
② 論理数学的知能：問題を論理的に分析したり，数学的な操作を実行したり，問題を科学的に究明する能力。
③ 音楽的知能：音楽的パターンの演奏や作曲，鑑賞の能力。
④ 身体運動的知能：問題を解決したり何かを作り出したりするために，体全体や身体部位（手や口など）を使う能力。
⑤ 空間的知能：広い空間のパターンを認識して操作する能力。
⑥ 対人的知能：他人の意図や動機づけ，欲求を理解して，その結果，他人とうまくやっていく能力。
⑦ 内省的知能：自分自身を理解する能力。

以上の7種類は決定的な数ではなく，さらに細分化することが可能であることをガードナー自身も認めています。すなわち彼は知能の構成要素を広範多岐にとらえており，従来のIQの概念を超えた多重的構造として知能を理論化しています。知能をこのように多面的にとらえると，子どもの才能や潜在能力がたくさん見えてきます。

4　プロジェクト・スペクトル

ガードナーはゴールマンと同じく，知能は家庭教育や学校教育によって向上させうるとの立場です。ガードナーは，その多重知能理論にもとづき，子どもが自分の才能にもっともふさわしい方面に進んで能力を発揮しつつ人生を送ることができるよう，プロジェクト・スペクトルというプログラム（カリキュラムと評価）を開発しました。現在，米国のタフツ大学内の幼稚園を中心に，就学前の子どもを対象にこのプログラムが実践され，多様な知能を生かす教育のあり方に関する多くの知見が得られつつあります。

学校を卒業して社会に出ると，IQの数値だけではおしはかれない人間としての総合力（ゴールマンやガードナーが重視している能力）がいよいよ重要性を増します。現代は，洋の東西を問わず，学校現場や地域社会に数多くの難問（暴力，ひきこもり，心的外傷など）が山積しつつありますが，人間には多様な知能があることを前提に，これらを教育の力によって適切に伸ばし，かつ修正していこうという取り組みに，今大きな期待が寄せられています。（松田信夫）

[3] Gardner, H. 1999 *Intelligence reframed: Multiple intelligences for the 21 century.* New York: Basic Books.（ガードナー，H. 松村暢隆（訳）2001 MI──個性を生かす多重知能の理論 新曜社）

VIII 学びの支援③個に応じた学びの援助

8 創造性：発想と工夫を育てる

▷1 住田幸次郎 1967 創造性の測定と評価の研究の現状 恩田彰（編）創造性の開発と評価 明治図書 pp. 211-225.

▷2 住田幸次郎 1988 創造性検査の構成とその特徴 日本創造学会（編）創造性研究と測定（創造性研究6） 共立出版 I章3節 pp. 23-32.

▷3 Wallas, G. 1926 The art of thought. London: Jonathan Cape.

▷4 平石徳己 1998 創造的思考プロセスの幾何学的モデル化 日本創造学会論文誌, **2**, 50-61.

▷5 堤康彦 2003 アーチストと子どもたちの幸福な出会い 佐藤学・今井康雄（編）2003 子どもたちの想像力を育む――アート教育の思想と実践 東京大学出版会 第13章 pp.

1 創造性を育てること

○一休さんと一斉授業

子ども向けの童話に「一休さん」の話があります。一休さんは得意のとんちで大人たちをぎゃふんと言わせ敬服させるので、子どもたちには爽快感をともなった共感をもたれています。けれども、もしも一休さんが一斉授業をしている教室に児童・生徒として居たならどうでしょう。授業がやりにくいので困ってしまう教師が多いのではないでしょうか。一休さんが創造性豊かな人物かどうかについては異論がありますが、それはさておき、このことは創造性の教育を考えるときに何らかのヒントになるでしょう。

○創造性の定義

これまでの知識をもとに従来誰も気づかなかったような発見や発明を産出する能力を創造性と呼びます。創造性とは何かについて一致した見解が得られないのも創造性の特徴ですが、測定するという観点から創造性を定義した有名な例としてはギルフォード（Guilford, J. P.）の一覧表（表8.8.1）が知られています。ただし、これらの中には知的な好奇心や美的感受性などは含まれていません。測定は非常に困難ですが、創造性の諸因子の中では、流ちょう性、柔軟性、独創性の3つは測定論的には比較的安定しているとされます。

2 教育支援策として見た創造性

○創造的産出の過程

ワラス（Wallas, G.）が描いた創造的思考の過程は①準備期、②あたため期、③ひらめき期、④検証期です。これを創造的過程の幾何学的モデルとして新たにとらえ直している例の1つが図8.8.1です。図中のM-Nのルートは難易度水準の低い問題を解決するときのパスです。難しい問題では、P-A-B-C-D-E-Qのようならせん状のルートが想定され

表8.8.1 創造性関連因子の一覧

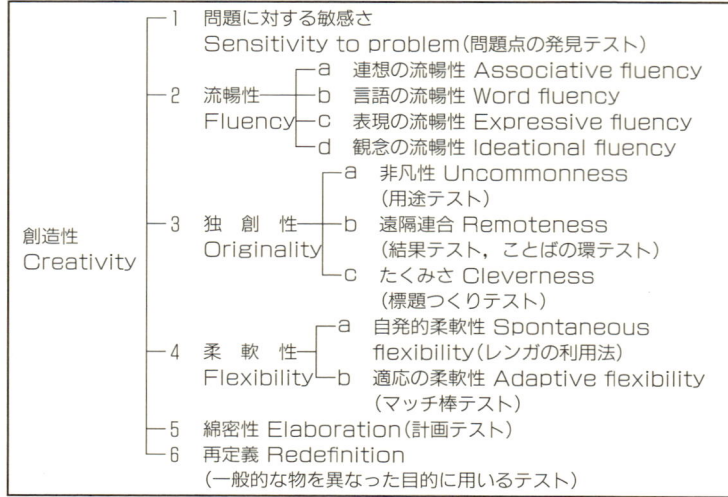

- 創造性 Creativity
  - 1 問題に対する敏感さ Sensitivity to problem（問題点の発見テスト）
  - 2 流暢性 Fluency
    - a 連想の流暢性 Associative fluency
    - b 言語の流暢性 Word fluency
    - c 表現の流暢性 Expressive fluency
    - d 観念の流暢性 Ideational fluency
  - 3 独創性 Originality
    - a 非凡性 Uncommonness（用途テスト）
    - b 遠隔連合 Remoteness（結果テスト、ことばの環テスト）
    - c たくみさ Cleverness（標題つくりテスト）
  - 4 柔軟性 Flexibility
    - a 自発的柔軟性 Spontaneous flexibility（レンガの利用法）
    - b 適応の柔軟性 Adaptive flexibility（マッチ棒テスト）
  - 5 綿密性 Elaboration（計画テスト）
  - 6 再定義 Redefinition（一般的な物を異なった目的に用いるテスト）

出所：住田、1967

VIII-8 創造性：発想と工夫を育てる

ています。解決の見通しがつかないあいまいな状況では，集中力や持続力といった心的な努力が必要ですが，このような配慮は教師サイドの教育的な働きかけによってある程度貢献できるかもしれません。

○ 支援の仕組みをつくる

それが音楽であれ造形芸術であれ，人間発達の早期から第一級の専門家と出会い，そこから触発されることも，効果的な創造性教育の1つです。個々の出会いもさることながら，学校教育においては，どのような仕組みを作るかが重要になります。図8.8.2は，その一例です。NPO法人が両者の間に立って，芸術家と小学校児童との仲立ちや渉外を引き受けます。授業時間としてはおもに総合的な学習の時間をあてます。

○ 仮説・検証と創造性

よく誤解されることですが，ワラスのいうひらめき期だけが創造性と結びついているわけではありません。それも大事なことですが，それが偶然の発見であれ出るべくして出たアイデアであれ，創造的な所産に結びつくという確かな手応えと仮説・検証が大事なのです。そして，この仮説・検証の力は訓練や教育によって高められると見なされているのです。実際に，ブルーナー（Bruner, J. S.）の**発見学習**の試みがなされていることを思い出してください。

工学教育に詳しい島田は，アメリカの哲学者パース（Peirce, C. S.）が提唱した推論方法である仮説・検証（abduction）に改良を加えて図8.8.3のように紹介しています。命題を生み出す段階，命題を仮説として具体化する段階，実験・検証後に帰納推論する段階の3つの段階で，創造過程が位置づけられています。授業の指導においてこの種のマップに照らして授業の流れを作っていく過程は，会社内の研究・開発活動と相通じるところがありますが，まるでブルーナーの発見学習理論がより精緻化されて描かれているかのようです。

（大野木裕明）

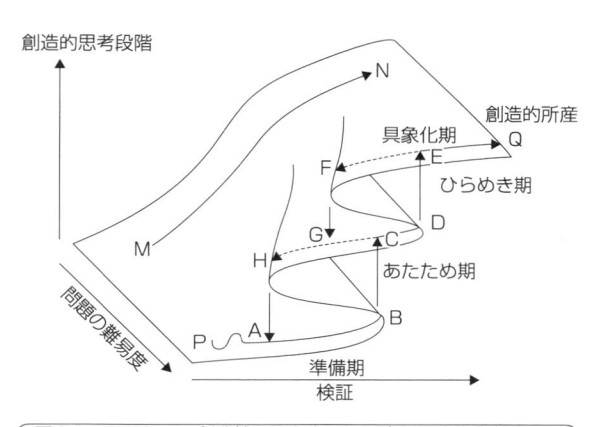

図8.8.1　ワラスの創造性4過程をとらえ直した幾何学的モデル
出所：平石，1998

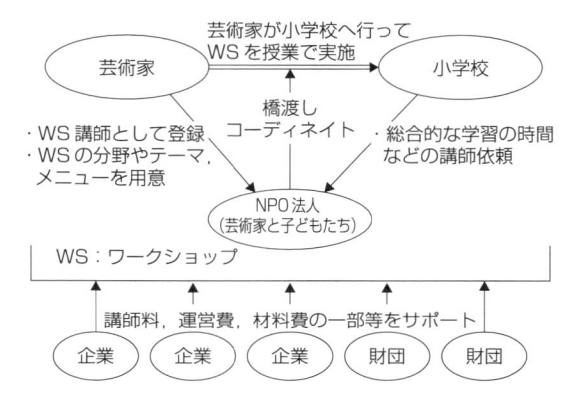

図8.8.2　芸術家が小学校でワークショップ型授業をおこなう事業構造
出所：堤，2003, p.249.

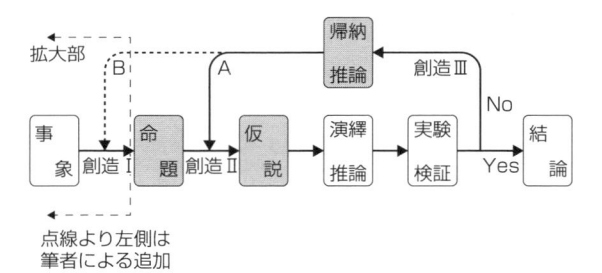

図8.8.3　仮説・検証の過程における創造性の位置づけ
出所：島田，2005, p.120.（デイヴィス，W. H. 赤木昭夫（訳）パースの認識論　産業図書に掲載の概念図に島田が付加し改変）

247-265.
▷6　発見学習
⇒ VII-1 参照。
▷7　島田弥　2005　学生・技術者育成の研修システム——自主性・創造性喚起の具体的方法　大阪大学出版会

IX 適応の理解と支援①自立と社会性の学び

1 虐待：基本的信頼関係をつくる

① 子どもの心身に深い傷を与える虐待

　人は社会の中で，いろいろな人たちからの支えをもとに生きています。赤ちゃんにとって，この世に誕生してからまず最初に支えてくれるのは，多くの場合，その母親でしょう。授乳などを通して赤ちゃんは栄養を摂取します。肌を合わせた2人の姿からは，強い愛情や絆が伝わってきます。母親から赤ちゃんに注がれる慈愛あふれる視線，そして，安心しきって母親の胸に抱かれる赤ちゃんの姿に接しますと，私たちは心が安らぐのをおぼえます。

　しかし，家庭によっては虐待が生じていることも事実です。「児童虐待の防止等に関する法律」は，児童虐待の種類として①身体的虐待，②性的虐待，③ネグレクト（養育放棄），④心理的虐待の4つをあげています。さらに，子どもの目前での配偶者への暴力などもこの虐待に含まれます。虐待は，子どもと親との間にはぐくまれるはずの愛情や絆を根底より壊し，子どもの心身に深い傷を与えます。この虐待問題をとらえ，対応を考えるための視点を，ここ IX-1 と IX-2 とで述べましょう。

② 「愛着」と「内的ワーキングモデル」

　特定の相手（赤ちゃんにとっては母親などの養育者）との間に存在する愛情の絆を「愛着」（アタッチメント）と呼びます。愛着の成立は，両者が強い信頼関係で結ばれたことを意味し，健全な親子関係には無くてはならない条件の1つといえます。この愛着の概念を最初に取り上げたボウルビィ（Bowlby, J.）は，この愛着が人生の幸せにとって重要な役割を担うことを指摘しました。

　乳児は，数多くの人たちとのかかわりの中で，人についてのいろいろなイメージを心の中に育てていきます。たとえば，自分の父親と接するうちに，父親とはどのような人なのかといったイメージを育てます。幼児期ともなれば，友だちというイメージも育てます。なかでも，母親についてのイメージは，その子の成長にとって重要な影響があると言われています。

　乳児は空腹になったり，おしめがぬれたりすると，母親の助けを求めて泣きます。母親はその泣き声を聞くと，わが子の要求の中身を察知し，対応しようとします。こうした相互のやりとりが続けられる中で，乳児は母親についてのイメージ（母親像）を次第に形成していきます。自分が助けを求めたとき，ど

▷1　児童虐待の防止等に関する法律
親が自分の子どもに繰り返し暴力を振るったりする児童虐待が急増し，深刻な社会問題になっていることを背景として，2000年に成立した。保育士や教師には虐待の早期発見と通告が義務づけられている。

▷2　Bowlby, J. 1969 *Attachment and loss*, Vol. 1. *Attachment*. London: Hogarth Press.（ボウルビィ, J. 黒田実郎他（訳）母子関係の理論I　愛着行動　1976　岩崎学術出版社）

のように応答してくれる母親なのか，あるいはどのように自分に働きかけてくれる母親なのかといったことについての一般的なイメージです。こうしたイメージのことを「内的ワーキングモデル」と呼び，母親との愛着関係に関するイメージを「愛着についての内的ワーキングモデル」，父親に関するイメージを「父親についての内的ワーキングモデル」などと呼びます。

こうした内的ワーキングモデルを心に形成することには大きな意味があります。私たち人間は，日々多くの人たちとのかかわりの中で，過去を思い出し，今日の活動を自分なりに評価し，明日を予測し，対策やプランを立てようとします。内的ワーキングモデルは，こうした思考や行為のよりどころとして機能する重要な役割を担うと言われています。

さてボウルビィは，これらの中でも「愛着についての内的ワーキングモデル」に注目し，このモデルが子どもの今後の心身の成長に大きく影響する可能性を指摘しました。

③ 愛着についての内的ワーキングモデル

愛着についての内的ワーキングモデルの中身は，人によって異なります。たとえば「自分の母親は，自分が欲求したときにはたいてい早く応答してくれるし，身体接触を通して愛情を注いでくれる」といった内容もあれば，「欲求してもすぐには応答してくれず，それも短時間で愛情に乏しい」といった内容もあるかもしれません。前者のような場合，子どもは母親との安定した信頼関係のもとで健全に成長していくことが期待されますが，後者であれば，要求が叶えられぬ経験が積み重ねられることにより，母親との信頼関係がうまく成立せず，その後の成長にマイナスの影響の生じることが懸念されます。

子どもは，それぞれ固有のワーキングモデルを心に抱きながら成長します。そして将来その子が親になったとき，それまで心に抱いてきたワーキングモデルが，これからの育児行動に影響を及ぼすという事実が注目されています。

④ 育児への影響

母親にとってその幼少期に受けた育てられ方が，後年のわが子への育て方を方向づけるという点からすると，母親との間に愛着が成立した子どもは，後年親になったときにも，わが子との愛着を形成しつつ育児を行うことが期待されます。しかし，適切な対応を受けぬ状況が続いたり，あるいは虐待を受け続けたような場合，親との愛着は成立しにくくなります。育児で悩む人は，その苦しみを1人で抱え込もうとせず，身近な人や相談機関等に早く相談することが望まれます。愛着を含め，人間関係上の問題は変容が可能だからです。

（松田信夫）

IX 適応の理解と支援①自立と社会性の学び

2 虐待を防ぐ：親へのサポートと早期発見

1 虐待の件数

　厚生労働省の統計によると，全国の児童相談所が虐待に関する相談を受け，具体的な援助を開始した件数は，2006年度で37,323件にのぼり，ここ数年増加の一途をたどっています。2005年に施行された改正児童福祉法により，市町村も児童虐待相談に応じるようになったことから，実数はまだ多いことが予測されます。

2 虐待の要因

　現代では，急激な都市化や核家族化が進行しつつあります。これに伴い，以下の内容が虐待の要因としてあげられています。
- 密室化した家庭での育児が母親に与えるストレス
- 配偶者等による育児への無理解が母親に与えるストレス
- 望まない出産や育児が母親に与えるストレス
- 再婚者の連れ子への苛立ち・嫉妬
- 親自身が幼少時に受けた虐待による心的外傷　等

ストレスとは精神的な緊張のことであり，心に変調が生じた状態です。
　虐待は，親としての自覚の欠如が原因の1つではありますが，上記のように育児不安や育児ストレスによる面も少なくありません。これらの要因からは，社会環境や生育歴ゆえに追いつめられた親の姿も浮かび上がってきます。

3 虐待を防ぐために

　複数の要因がからみあった結果生じる虐待を防止することを目的に，地道で継続した取り組みが現在全国で続けられています。

○社会的サポートの効力

　育児に及ぼす社会的サポートの効果について，これまで数多くの研究が積み重ねられてきました。社会的サポートとは，配偶者，親戚，子の兄弟，友人，専門家など，母親以外の人たちからの支援のことです。育児上の悩みを聞いたりアドバイスしたりして，育児を援助することなどがこれにあたります。
　クロッケンベルグ（Crockenberg, S. B.）[1]は，こうした社会的サポートによって，母親の感じるストレスや焦燥感が軽減していくことを明らかにしました。母親以外の人がそばで支援してくれることは，母親の情緒の安定につながるた

▶ 1 Crockenberg, S. B. 1981 Infant irritability, mother responsiveness, and social support influences on the security of infant-mother attachment. *Child Development*, **52**, 857-865.

め，望ましい育児の展開が期待されます。また，カットローナら（Cutrona, C. E. et al.）は，頼りにできる支援者が身近にいる母親は，育児への**自己効力感**が高いことを示しました。育児への自己効力感とは，「自分には育児をする能力がある。その自信がある」といった前向きな感覚のことです。信頼できる他者の存在や支援は，母親にとって育児への自己効力感を支え，望ましい育児の展開を可能にします。

近年，地域社会の教育力の低下が大きな問題になっており，教育行政，福祉行政，民間団体などが中心となって，子育てを支援する活動が展開されつつあります。その取り組みでは，身近な地域に子育ての支援者を配置し，孤立化傾向にある母親の育児をサポートしようという方針が重要な柱の１つになっています。今後の取り組みによる成果が期待されます。

◯虐待を疑われる保護者への対応

「わが子に対してカッとなる自分をどうしてよいかわからない」といった相談を保護者から受けたとき，その対応には以下のような配慮が必要です。

①相談に出向いてこられたことにまず敬意を払い，ねぎらう。
②保護者の苦悩を受容・共感しつつ，保護者の思いが出尽くすまで聞く。
③あせらず時間をかけ，保護者が自分を取り戻し自省する方向に援助する。
④虐待の感覚が薄く深刻なケースには，専門機関と連携しチームで対応する。

社会的に追いつめられつつある保護者をただ責めるのでは，問題の解決にはなりません。心に抱えている重い悩みを聞き届けつつ，子どもへのかかわりについて，別のとらえや視点を提案することが必要です。

◯早期発見・早期対応

近年の児童相談所への虐待相談件数の増加や児童虐待問題が深刻化していることを背景に，児童虐待の防止を目的として2000年に「児童虐待の防止等に関する法律」が制定されました。虐待されている子どもを守るためには，早期発見・早期対応が何より重要です。そのため，子どもに接する機会の多い保育・教育関係者等にその早期発見と通告が義務化されました。ここで大切なことは，仮に虐待の確証がない場合でも，虐待が疑われるなら通告しなければならないという点にあります。保育・教育関係者は通告することに躊躇してはなりません。また，虐待のおそれがあると判断された場合には，児童相談所職員等が警察官の立ち会いのもとで子どもの自宅等に立ち入り調査ができることも規定されています。子どもの生命を守るため，徹底した取り組みが求められます。

◯早期発見のポイント

虐待を受けている子どもの特徴としては，不自然な外傷（あざ，打撲，タバコが押しつけられたような跡等），身体的虐待を疑わせる音（家からの叫び声や叩くような音），不潔な身体や服装での登校（園），極度な表情の乏しさ等があります。これらが早期発見のポイントです。

（松田信夫）

▷2　Cutrona, C.E., & Troutman, B. R. 1986 Social Support, infant temperament, and parenting self-efficacy：A medical model of postpartum depression. *Child Development,* 57, 1507-1518.

▷3　自己効力感
⇒ Ⅲ-5 参照。

Ⅸ　適応の理解と支援①自立と社会性の学び

3　幼児・児童の仲間関係：友達のできる子，できない子

1　幼児期の仲間関係

　乳児期までは家庭の中で親やきょうだいとの関係が中心ですが，幼児期になると，子どもは幼稚園や保育所などの家庭外の場で同年齢の仲間と出会うことになります。

　3歳児は仲間の行動や存在に関心をもつようになり，3歳後半には仲間を誘ったり，おもちゃを共有したり交代で使うようになります。

　4歳ころから仲間との協同遊びに参加し始め，ごっこ遊びのような役割を分担しあう社会的な協同が可能になります。また遊びも男女別に分かれていきます。

　5歳になれば，気の合う同性の仲間との活動が中心となり，遊びの内容も男女により大きく異なってきます。しかし同時に，クラス意識のような集団意識ももつようになります。

　幼稚園で，子どもたちはどのようにして仲間関係をつくりあげていくのでしょう。幼稚園に入園した4歳児のクラスを観察した研究によると，孤立行動が入園1週間目には76％であったのが，4週後には50％へと低下していきました。逆にこの間に同性の幼児との相互作用が増加しました。

　さらに，仲間との相互作用が進む中で，幼児は次第に仲間1人1人の違いに気づくようになります。これが，仲間の中で好まれる子，嫌われる子，存在感がなくなにかと無視される子といった社会的な地位の違いを生むことになります。入園1ヵ月後に仲間から遊びたいと選ばれることの多い子は少ない子に比べ，それまで相互作用した同性の人数が多く，また他者へのポジティブ（肯定的・友好的・受容的）な働きかけや，他者から受けるポジティブな働きかけの頻度がそれぞれ高い子でした[1]。つまり，入園当初に対人的な積極性をもち，その際に相手のいやがらない友好的な働きかけを多く行う子は，その後仲間から受け入れられると言えます。

　仲間の中でもとくに特定の人物との好感をもったお互いを心理的に支えあうような親密な関係を友人関係と呼びます。幼児期にはこのような友人関係も生まれます。友人関係は，初期には物理的に近い（家が近い，通園が一緒）ことや，魅力的なものの所有（面白いおもちゃを持っている）といったことから生まれますが，次第に一緒に遊んでいて楽しい子，自分と気の合う子が「友達」に

▶1　中澤潤　1996　新入幼稚園児の友人形成　保育学研究, 30, 98-106.

なっていきます。4歳新入園幼児は入園後1.5ヵ月目にはつねに行動をともにする「友達」をもちはじめることが報告されています。▶2

❷ 児童期の仲間関係

　小学校に入った当初の低学年期までは，幼児期までの仲間関係と大きく変わることはありません。しかし子どもの知的・身体的発達が進み，子どもの自立意識も高まり親離れが進むに伴い，仲間はますます大切なものとなり，仲間からの影響を受けるようになります。児童期中期以降，仲間関係は同性の互いに親密な関係をもつ4～5人の友人との閉鎖的なものとなっていきます。秘密基地をつくったり，そのグループの中だけで通用する言葉やギャグ，ルールなどを作ることで，仲間同士の結束を高めたり，他のグループへの対抗意識をもつようになります。このような集団をギャング・グループ，この時期をギャング・エイジと呼びます。▶3 ギャング・グループの中で，子どもは仲間の中での役割，規範，責任，約束などさまざまな社会的な事柄を学ぶのです。

　しかしながら，テレビゲームや塾，さらに子どもを対象とする犯罪の多発などのため，子どもが自由に放課後に群れて遊べる場や時間は失われてきています。神奈川の小学生（4・6年生），その親や教員（20～30代），同じく親や教員（40～50代）による調査では，放課後や休みの日の外遊びの日数（週あたり）を見ると，5日以上が男児25.0％・女児10.8％，20～30代の大人の小学生時代では男性69.2％・女性42.8％，40～50代の大人の小学生時代では男性76.7％・女性48.8％でした。逆にほとんど無しとする人の割合は，男児15.9％・女児23.9％，20～30代の大人の小学生時代では男性0.8％・女性2.2％，40～50代の大人の小学生時代では男性1.3％・女性2.2％でした。▶4

　また文部科学省の小学2年生から高校2年生までの調査でも勉強や遊びの時間のうちもっとも多く費やされているのはテレビやテレビゲームであり，室内遊びが多くなっています。▶5 都会では秘密基地がつくれるような，広場や空き地はなく，受験のための塾通いが一般的となっています。また地方では互いの家に自由に行き来できるような所に友達がいないため，自宅でテレビゲームで過ごす子も増えています。このようなことから，最近ではギャング・グループのような密接な仲間関係をもてない子どもも多くなっていると言えるでしょう。

❸ 仲間関係に影響する要因

　子どもの仲間関係には，仲間に対する社会的スキル，その背景となる社会的情報処理，また社会的場面における情緒制御能力という個人の特性，多様な仲間を許容し調和的な関係をもとうとする集団の側の特性が相互に影響します。

（中澤　潤）

▶2　謝文慧　1999　新入幼稚園児の友だち関係の形成　発達心理学研究，**10**，199-208.

▶3　小林さえ　1968　ギャングエイジ　誠信書房

▶4　村瀬浩二・落合優　2007　子どもの遊びを取り巻く環境とその促進要因——世代間を比較して　体育学研究，**52**，187-200.

▶5　文部科学省スポーツ・青少年局学校健康教育課　2002　児童生徒の心の健康と生活習慣に関する調査報告書

IX 適応の理解と支援①自立と社会性の学び

4 生徒の仲間関係：親からの自立と友達

1 親から仲間へ

　青年期は心身の変化や親からの自立が進み，「第2の誕生」[1]とも呼ばれる時期です。しかし，それまで依存できていた親から自立し離れることには不安や恐れが伴います。そのため青年には親の代わりとして依存できる，自己の悩みや考えを語り合う同世代の仲間が必要となります。興味や関心の共通する少数の友人との自己の内面を打ち明けあい，秘密をもちあうなどの親密な交流は，自分が孤立しているのではないという感じを与えてくれます。その反面で，孤立感を回避したい，皆と同じでないと不安だという心理が，仲間への同調や服従といった行動をもたらします。

　たとえば，家庭や学校などにおける困った場面について，誰に自己開示（自己をありのままに打ち明ける）するかを尋ねた調査では[2]，母親・父親に比べ同性の友人への自己開示が多いことが示されています。また，自己開示の少なさは孤独感の高さと関連しており，悩みを打ち明けたり相談できる友人をもつことが，青年期に重要であることがわかります。

　またガウズ（Gauze, C.）らは，4〜5年生を1年間追跡研究し，社会的有能感と自己評価に親子関係と仲間関係がどのように影響しているかを見ています[3]。親友をもつ子の場合，社会的有能感と自己評価は高く，それに対する親子関係のよしあしによる影響は見られませんが，親友をもたない子の場合，親子関係がよくないと社会的有能感と自己評価が低くなりました。この結果もまた，青年期には親子関係より友人関係が自尊心の獲得に重要となることを示すものです。

2 青年期の仲間関係の発達

　榎本は中学生から大学生の仲間関係を調査しています[4]（図9.4.1）。男子では同一の活動を行うことを重視する関係（共有活動）から，互いの相違点を理解し尊重しあう関係（相互理解活動）へと変化しています。一方女子では友人との類似性を重視した親密な関係（親密確認活動）から他者を入れない絆をつくる閉鎖的な関係（閉鎖的活動）へ，さらに互いの相違を理解し尊重しあう関係（相互理解活動）へと変化しています。男女ともに青年期に入った当初には，外観や行動が仲間と同じであることを重視した友人関係がもたれますが，自己意

▷1　Blos, P. 1962 *On adolescence: A psychoanalytic interpretation.* New York: Free Press.（野沢栄司（訳）1971　青年期の精神医学　誠信書房）

▷2　広沢俊宗　1990　青年期における対人コミュニケーション（I）——自己開示，孤独感，および両者の関係に関する発達的研究　関西学院大学社会学部紀要，**61**, 149-160.

▷3　Gauze, C., Bukowski, W. M., Aquan-Assee, J., & Sippola, L. K. 1996 Interactions between family environment and friendship and association with self-perceived well-being during early adolescence. *Child Development,* **67**, 2201-2216.

▷4　榎本淳子　1999　青年期における友人との活動と友人に対する感情の発達的変化　教育心理学研究，**47**, 180-190.

識が高まるにつれ仲間と同じであるよりも互いの違いを尊重する関係へと変化していくと言えます。

③ 青年期の仲間関係の変化の背景

保坂は，このような青年期の仲間関係の変化を，サリバン（Sullivan, H. S.）の考えを基にしながらギャング，チャム，ピアという3つの仲間関係の発達として説明しています。ギャング・グループはⅨ-3で述べたように児童期に現れ，学校外で同じ行動をすることがグループの一体感を強め，同じ行動をする者を友人と見なし，遊びを共有できない者は集団から排除されるような関係です。

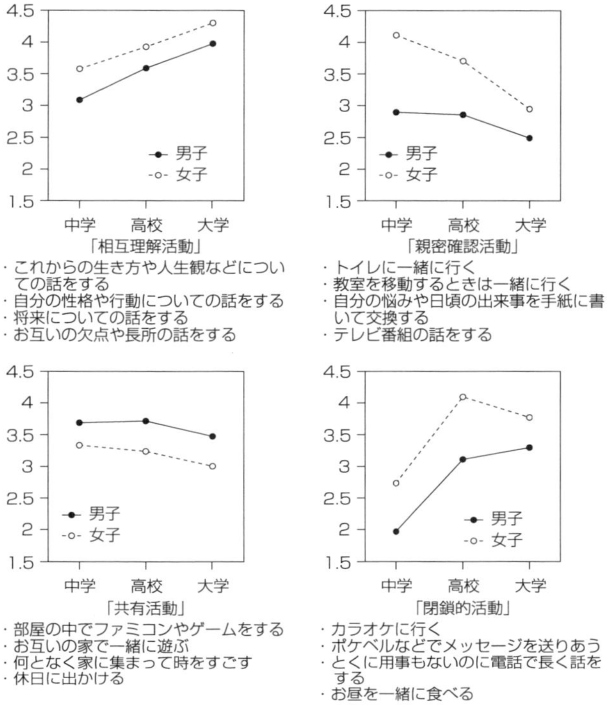

中学生の時期にはチャム・グループが生まれます。チャム・グループは同じ興味，考え，活動，言葉が共有されるグループで，おもに学校内での活動が中心となります。ギャング・グループとの違いは同じ「行動」ではなく同じ「言葉」が重要であることです。

最後にピア・グループが高校生の時期に現れます。このグループでは，互いの価値観や考え，将来の展望などが語りあわれ，自己の確立と他者との違いを踏まえた他者尊重が特徴となるのです。

ギャングやチャム・グループでは，友達に合わせることへの圧力がいちじるしく高くなります。したがって，万引きや喫煙などの反社会的行動が仲間からの圧力の中で黙認されたり評価されたりします。また集団への服従を強化するために仲間からの排除やいじめが行われます。小学校高学年から中学生にかけていじめが増加する背景の一つに，このような青年期の心性があるのです。近年，子どもはギャング・グループを経験する機会が失われ，そのため，行動を通した集団の一体感を十分味わうことがありません。そのような子どもたちにとって，チャム・グループにおけるいじめや排斥による一体感の確認が大きな影響を果たすのです。とくに共同の和や集団の圧力の強い日本ではこのチャム・グループが大きな力をもちやすいと言えます。

同時に仲間との関係が十分もてなかったり，いじめなどにより仲間関係から排斥される経験により不登校となる子どももこの時期に多くなります。青年期に仲間関係をもてないことは大きな孤立感・挫折感を引き起こし，自尊心の低下をもたらします。

（中澤　潤）

図9.4.1　青年期の仲間関係の発達

出所：榎本，1999

▷5　Sullivan, H. S. 1953 *Conceptions of modern psychiatry*. New York: Norton.（中井久夫・山口隆（訳）1976　現代精神医学の概念　みすず書房）

▷6　Hosaka, T. 2005 School absenteeism, bullying, and loss of peer relationships in Japanese children. In D. W. Shwalb, J. Nakazawa & B. J. Shwalb (Eds.), *Applied developmental psychology: Theory, practice, and research from Japan*. Greenwich, CT: Information Age. pp. 283-299.

IX 適応の理解と支援①自立と社会性の学び

5 性意識と性の受容：男の子・女の子

1 行動上の性差と性役割の習得

　性の違いは，さまざまな心理的機能に差異をもたらします。男性は数理的・空間的・分析的な情報処理能力に，女性は言語的・情緒的な処理能力に優れています。子どもの場合，男児は女児より活動的な遊びをし，探索的で好奇心が強く，支配的で衝動・攻撃的です。このような行動上の性差や性役割行動には養育経験が大きく影響すると考えられてきました。男児は自動車やボールなど動的な玩具を好み，女児は人形やままごと道具など静的で家庭的な玩具を好みます。社会的学習論者はモデリングや直接強化学習を通した性役割学習から，また認知発達論者は，子どもが自分の性別を同定できるようになると自己の性に応じた社会的な性のスキーマを取り入れようとするようになるので，自分の性にあった玩具で遊ぶのだと説明してきました。しかし，まだ性役割認識が十分に発達していないと思われる2歳児ですら玩具の選択は性によって異なります。また，ベルベットモンキーに，男児玩具（オレンジ色のボール，パトカー），女児玩具（人形，赤い鍋），中性的な玩具（絵本，ぬいぐるみの犬）を提示すると，男児玩具ではオス，女児玩具ではメスの接触率がそれぞれ高く，中性玩具では性差は見られないという研究もあります。ヒトの幼児の玩具選択にも生物学的・進化的な基盤があるのです。生物学的な基盤の例として，4歳児の男児の脳は右脳（空間処理）が，女児の脳は左脳（言語）がそれぞれより髄鞘化し発達しています。また，男性ホルモンは攻撃性を高めることも知られています。一方で，環境的な基盤として，親は子どもの性に応じた行動を促します。とくに父親は母親よりこの傾向が強いことが明らかとなっています。

2 第2次性徴

　思春期には性ホルモンの分泌が盛んになり「第2次性徴」が現れます。第2次性徴とは，生殖器以外に見られる男女の身体的特徴を言います。男子では骨格・筋肉が発達し，肩幅が増し，体形はごつごつしてきます。恥毛，脇毛，ひげなどの体毛の発生，咽頭の突出と声変わり，さらに射精の出現が見られます。女子では，脂肪が豊かになり，体は丸みを帯びます。乳房の発育，体毛の発生，骨盤の拡張，また初潮の出現が見られます。第2次性徴は，女子の方が男子より早く出現します。このような身体の変化は急激で，児童期までの安定してい

▶1 Maccoby, E. E., & Jacklin, C. N. 1974 *The psychology of sex differences*. Stanford, CA: Stanford University Press.

▶2 Bandura, A. 1977 *Social learning theory*. Englewood Cliffs, NJ: Prentice Hall.
I-3 も参照。

▶3 Maccoby, E. 1988 Gender as a social category. *Developmental Psychology*, **24**, 755-765.

▶4 Alexander. G. M., & Hines, M. 2002 Sex differences in response to children's toys in non-human primates (Cercopithecus aethiops sabaeus). *Evolution and Human Behavior*, **23**, 467-479.
オスがボールやパトカーを好むのは，それらが空間を移動するもので，ラフで活動的な遊びを誘発するからと考えられる。これはオスの猟や食料の採取，交尾相手を探すという移動の特性に合致する。メスが人形や鍋によく接触したのは人形（ピンクの顔）や鍋（赤）の色によると考えられる。これらは，生きている乳児の顔を示す色で，メスの養育行動を引き出す解発刺激となったと考えられる。

た自己身体像を崩すものであることから，精神的な動揺を引き起こします。とくに，射精や初潮の出現は，不安，恐れ，羞恥心を生みやすいものです。またホルモンの分泌に伴い，わずかなことで感情の変化が起こりやすくなります。

③ 発達加速

体格の成長や性成熟が早まり，より早く大人のレベルに達していく現象が「発達加速現象」です。身長・体重などの量的側面の成長速度が加速する現象を「成長加速現象」，初潮・精通などの性的成熟や質的変化の開始年齢が早期化する現象を「成熟前傾現象」と言います。また発達速度の年代間の差を「年間加速現象」，同世代間の民族差，地域差，社会階層差を「発達勾配現象」と言います。先進工業国は農業国より，都市部は農村部より成熟が早いと言われます。栄養状態の改善，都市化に伴う生活様式の変化などがこの要因と考えられます。

発達加速により身体的発達と知的・心理的発達の間にアンバランスが生じており，早期の性行動などを生み出しています。初潮年齢（半数の者が経験する時）は1987年が12歳5.9カ月，1992年が12歳3.7カ月，1997年が12歳2.0カ月，2002年が同じく12歳2.0カ月と，我が国では初潮の発達加速度はやや緩やかになっています。性交体験は年々早期化していますが，とくに近年では女子の伸びが大きく，2005年の調査では大学生では男子と同率，高校生では男子を上回っています（図9.5.1）。

④ 未成年の妊娠

我が国では未成年の妊娠がどのくらいあるのか，またその何割が意図しないものであったのかについては明らかではありません。ただ，厚生労働省の統計によると，2005（平成17）年度の中絶数は289,127件で，そのうち20歳未満は30,119件（10.41％）でした。1989（平成元）年では466,872件中20歳未満は29,675件で6.35％でしたから，中絶数全体が減少している中で未成年の中絶は相対的に増加していると言えます。中・高校生はまだ発育途上にあり，妊娠はさまざまな面でのストレスをもたらします。妊娠した女子とその若いパートナーは学校から脱落しやすいため，経済的問題や自尊心の低下，さらに人間関係における緊張を経験し，傷つくことになります。若年の妊娠という問題を防ぐ上でも，青年に対する避妊や性的感染症などの知識とともに，適切な性意識を育てるための教育が重要となっています。

（中澤 潤）

▷5　日野原俊彦・南徹弘・赤井誠生・糸魚川直祐　2004　性別受容の年代変化と初潮　日本発達心理学会第15回大会発表論文集，82.

▷6　財団法人日本性教育協会　2006　青少年の性行動──わが国の中学生・高校生・大学生に関する第6回調査報告

▷7　厚生労働省大臣官房統計情報部　2005　平成17年度保健・衛生行政業務報告書（衛生行政報告例）結果の概要

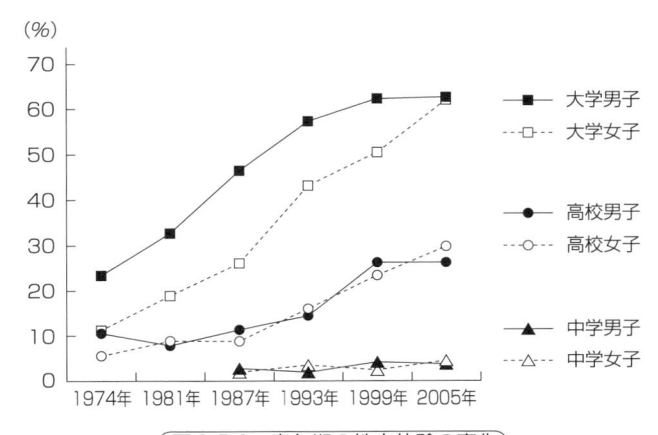

図9.5.1　青年期の性交体験の変化

出所：財団法人日本性教育協会，2006

Ⅸ　適応の理解と支援①自立と社会性の学び

6 部活動：先輩と後輩

1 部活動とは？

　中学生になると部活動が始まります。部活動は中学生の学校生活の主要な関心事です。2002年の調査では，中学生の66.9％が運動系の部活に，17.8％が文化系の部活に入っています。高校生では運動系が39.3％，文化系が20.7％です。[1] 小学校のクラブ活動は特別活動として必修となっていますが，中学校，高等学校では，現在は部活動やクラブ活動は必修ではなく課外活動という位置づけです。必修ではない部活動が盛んなのは，勉強とは異なる側面で，自分を伸ばし発揮できる場をもつことが，貴重な体験となるからです。また苦しくとも仲間とともに励ましあいながら部活をやり抜くことで，自分の技術や能力への大きな自信や，仲間関係の大切さ，親友を得ることができます。

　たとえば，図9.6.1のように，中学生の「学校生活への満足度」や「充実感」は，「クラスでの欲求満足度」が高いほど大きいのですが，それだけではなく，「部活動での欲求満足度」の高さも「充実感」の大きさと関連しています。「部活動での欲求満足度」の高さはまた「部活動へのコミットメント（関与）」の高さと関連し，この「部活動へのコミットメント」が高いことは「学校生活への満足度」の高さへと関連していました。また「部活動での欲求満足度」は「認識した部活動の集団凝集性（部活メンバーのまとまりの良さ）」が高いほど高く，さらにこの「認識した部活動の集団凝集性」の高さは，「認識した顧問教師の指導性」の高さと関連していました。つまり，部活指導の先生の指導性を高く評価する子は，部のまとまりを高いと見，そのような子は部活に満足し，充実感を得ており，また部活に積極的に参加することで，中学校の生活の満足感が高いのです。[2]

2 学びの場としての部活動

　部活動は課外活動として，各自の興味・関心のあることを深めていく場であり，それ故にその活動への意欲の高さは，受動的となりやすい教科の学習とは異なる面があります。また授業とは異なり教師の直接の指導や援助ではなく，生徒自身の力や協力で取り組んでいかなければならない課題も多くあります。大会のある

▷1　NHK放送文化研究所　2003　NHK中学生・高校生の生活と意識調査　日本放送出版協会

▷2　角谷詩織・無藤隆　2001　部活動継続者にとっての中学校部活動の意義——充実感・学校生活への満足度との関わりにおいて　心理学研究，**72**, 79-86.

図9.6.1　中学生の部活動と充実感，学校生活満足度との関連

（注）上段：1年生，下段2年生
出所：角谷・無藤，2001

部活では，大会までのスケジュール管理や練習の計画などを自分たちで立てなければならなかったり，発表を行うような部活では発表内容や作業の分担を決め各自がそれをこなし，またそれらを総合していくことが求められます。その中ではさまざまな技術や人間関係のもち方，グループの運営の仕方が学ばれることになります。部活は学校の中の活動でありながら，教科の学びとは異なる質の学習の場でもあるのです。その学習では状況論的アプローチで示されるような**正統的周辺参加**の過程が働き，新入生は当初は周辺的で，上級生になるにつれ，中心的な役割をとるようになります。

▷3　正統的周辺参加
⇒ Ⅰ-7 参照。

　ある調査によると，ニートなど定職に就いていない若者は，学生時代に部活の経験が乏しいとしています。すなわち，学生時代に「部活などの課外活動を特にしていなかった」とした割合は，1度も働いたことがない未就労者が61.2％，就労経験がある無業者が46.5％，長期アルバイトが33.6％と，より働かない程度が高いほど部活経験が乏しかったのです。なおこの調査では学力と未就労の程度との関連はなく，学生時代の部活などを通した仲間との集団体験から得られる社会的体験が就業に重要であることが示されています。部活が，教科の勉強とは異なる意義をもつ重要な学習の場であることが示唆されます。

▷4　読売新聞　2006.5.26　ニートの6割，部活未経験

３　部活動とストレス

　部活動にはまたさまざまなストレスも伴います。スポーツ系や音楽系の部活の場合，大会出場のための早朝練習や放課後の練習が続きます。激しい練習についていけなかったり，技術的な習得が進まなかったりすると，悩みも増し自尊心が損なわれます。またそのために途中で退部すると，挫折感も大きく，さらに所属する集団や仲間を失うことになり大きなストレスとなります。

　また部活動中で，初めて経験する先輩・後輩といった縦の人間関係は中学生になったばかりの新入生には大きなストレスとなります。部活内の縦の関係は一方的な主従関係になりがちで，下級生にとってはつねに命令や指導をうけるばかりとなります。ときにはこのような場面ではいじめが起きることもあります。とくに親からの自立期である中学生にとって，上級生との関係の支えとなるのが仲間の存在です。また指導力や包容力のある先輩と出会える場合，自分を大きく伸ばすこともできます。一方，上級生にとっては，リーダーシップを問われることにもなり，また先輩として後輩よりも優れた技術を発揮しなければならないというプレッシャーも感じることになります。

　こうした技術的面や，対人関係面での悩みに直面することで，青年は自己のさまざまな限界にいやでもさらされることになります。さらに，勉強と部活の両立の問題も，とくに3年生になると大きくなってきます。これらは苦しい体験ですが，青年期の**自我同一性**の獲得にとって重要な自己確認の体験です。

（中澤　潤）

▷5　自我同一性
⇒ Ⅸ-8 参照。

IX 適応の理解と支援①自立と社会性の学び

7 行動の善し悪しと思いやり：道徳性と向社会的行動

1 道徳判断

　道徳は我々が調和的な社会を保つ上で習得すべき重要な概念です。子どもが行動の善し悪しをどのような基準によって判断するのかを道徳判断と呼びます。コールバーグ（Kohlberg, L.）はハインツのジレンマという課題で，道徳判断の発達を調べました。その課題は以下のものです。「ハインツの妻はがんで死にそうなのですが，彼の住む町には妻の病気を治す薬がある薬屋があります。しかしその薬屋はとても買えない値段を付けており，ハインツはやっと半分のお金しか集められませんでした。そしてハインツは薬屋からその薬を盗みました。ハインツはその薬を盗むべきだったでしょうか？　それはなぜですか？」
　コールバーグはこの課題への回答をもとに，道徳判断が以下のような段階で発達的に変化していくことを示しました。

①慣習的水準以前：行為の善し悪しは，行動がもたらした罰や報酬といった結果により判断。
　　第1段階：罰と服従への志向…罰を受けないことが価値のあることとされます。
　　第2段階：道具主義的な相対主義志向…自分にとって得になるかどうかで判断されます。
②慣習的水準：行為の善し悪しは，他人からどう思われるか，つまり家族，集団，国家の秩序に同調し，その期待にそむかないかどうかにより判断。
　　第3段階：対人的同調あるいは「良い子」志向…多くの人が当然だと思う行動かどうか，行為の意図の善し悪しが重要となります。
　　第4段階：「法と秩序」志向…規則や社会秩序の維持から判断されます。社会からの非難や他の人々に与えた害悪に対する罪の意識が重視されます。
③慣習的水準以降，自律的，原理化された水準：行為の善し悪しは，普遍的な道徳的価値や原理により判断。
　　第5段階：社会契約的な法律志向…個人の視点ではなく，社会的な基準，具体的には法律によって判断することになります。とくに，行為がもたらす社会からの尊敬や自尊心の維持が重視されます。
　　第6段階：普遍的な倫理的原理の志向…正義，平等，個の尊厳といった論

▷1 Kohlberg, L. 1971 From Is to Ought. In T. Mishel (Ed.), *Cognitive development and epistemology*. New York: Academic Press. pp. 151-235.（永野重史（編）1985 道徳性の発達と教育——コールバーグ理論の展開　新曜社　pp. 1-123.）
第5段階や第6段階にいく人はあまりいない。とくに第6段階を示す人はほとんどいないと言われる。

理的な普遍性や一貫性をもつ倫理的原理から判断されます。自分自身の原理を破ることに対する自責の念が重視されます。

❷ 向社会的行動

　困っている人に手を差し伸べたり，援助し合うことは人の大切な機能であり，社会生活を維持する上で重要な役割をもっています。このような，他者を助けようとして自発的に行われる行動を「向社会的行動」と言います。ホフマン（Hoffman, M. L.）は，向社会的行動や道徳性を，共感を基本に論じています。他児が泣いていると乳児は泣き出します（情動感染と言います）。これは共感の原初的な表れであり，人が共感の機能を生得的にもつことを示しています。子どもは他者の苦悩を見ることで，共感的苦痛と同情的苦痛を感じるようになります。共感的苦痛の場合，苦痛を取り去るためには自分への慰めがあればよいのですが，同情的苦痛の場合は，苦痛は相手を助けることによってはじめて解消されることになります。同情的苦痛はまた，苦痛を感じている人に何もしないことの罪悪感をもたらします。そのために，同情的苦痛が，向社会的行動の動機となるのです。

　注意力が未熟で，自己中心的な幼児や小学生では，誰かを身体的，心理的に傷つけることがあります。他者の苦痛の原因が自分にあるこのような場合，我々は「違背の罪悪感」（自分の誤りで苦痛を引き起こしたという罪悪感）をもちます。違背の罪悪感もまた，向社会的行動の動機となります。

　主体的に道徳的行動を行うには，道徳的構造の内在化が必要です。道徳的構造とは，共感，道徳原理（困っている人は助けなければならない），行動規範（けがをさせない，嘘をつかない，他者の気持ちを傷つけない），道徳規則（意図的な危害は偶然の危害より悪い），善悪の感覚，違背の感覚，他者を傷つけたり助けたりする行為のイメージとそれと結びついた自己非難や罪悪感の総体を言います。

　道徳的構造を発達の過程で自己の中に内在化する上で，しつけは重要な役割をもちます。とくに，力中心のしつけ（暴力などによる強要）や愛情の除去によるしつけ（「そんなこというならもう知らない，勝手にやりなさい」のような，子どもへの無視や嫌悪の表明）ではなく，誘導的方法（犠牲者の視点に立ち，その子の気持ちを示す。「あの子は自分の作った塔を自慢していたのに，あなたが壊してがっかりしてるよ」）が有効とされます。誘導的なしつけは，子どもに犠牲者の苦痛に注目させ，それによって同情的苦痛を引き起こすからです。また子どもの行為が同情的苦痛の原因となっていることを示すので，罪責感を作り出します。したがって，親は基本的に誘導的方法を用い，また向社会的な行動のモデルになること，同情的な共感の表明のモデルとなることが重要です。これらは教師にとっても有効な方法です。教室では，ある子に行われた指導が，他の子たちにも広がっていくからです。

（中澤　潤）

▷ 2　ギリガン（Gilligan, C.）は，コールバーグの段階が男性のみを対象として立てられたものであり，また仮想の物語であって現実問題を反映していないと批判した。彼女は妊娠中絶という実際のジレンマを体験した女性に面接し，女性の道徳判断は，「前慣習水準」個人の生存志向，自己を守ることになるかどうかで判断→「慣習水準」自己犠牲，他者のためになるかどうかで判断→「慣習後水準」自分と重要な他者との調和性をもたらすかどうかで判断，とすすむことを示し，男性の道徳が正義に基づいているのに対し，女性の道徳は思いやりに基づいているとした。
なお，ギリガンの研究には，対象の数が少ない（妊娠中絶研究では21名），面接による叙述（ナラティブ）によるもので，数値的・客観的な裏付けがないなどの批判もある。
Gilligan, C. 1982 *In a different voice: Psychological theory and woman's development*. Cambridge, MA: Harvard University Press.（岩男寿美子（監訳）1986　もうひとつの声——男女の道徳観のちがいと女性のアイデンティティ　川島書店）

▷ 3　Hoffman, M. L. 2000 *Empathy and moral development: Implications for caring and justice*. New York: Cambridge University Press.（菊池章夫・二宮克美（訳）2001　共感と道徳性の発達心理学——思いやりと正義とのかかわりで　川島書店）

IX 適応の理解と支援①自立と社会性の学び

8 自我同一性の確立：自分を見つける

1 自我同一性とは？

「自我同一性」を思い切りおおざっぱに言えば，"自分が自分であるという感覚"と言えるのではないでしょうか。自分がこれまで生きてきて，これからも生きていく，この自分が自分なのだという各自の心の中にある感覚です。

マーシャ（Marcia, J. E.）は，「自我同一性」の状態（ステイタス）について表9.8.1のような4つを想定しています。読者には，それぞれの状態をイメージしてもらうと「自我同一性」の具体的イメージがつかめるでしょう。

小さい子どもは，親の価値観や志向性によって，着るものも食べるものも，方向づけられます。将来の希望やめざす大人の像も，親からの大きな影響を受けています。しかしやがて，親から与えられた価値観に，疑問をもつ年頃がやってきます。中高生ぐらいか，あるいは大学生となってから，親や周囲から与えられた価値観を自分なりに見直し，反発を感じたり，自分なりの"答え"を出そうと悩んだりしたことがあるのではないでしょうか。これまでの価値観が揺らいで，漠然とした不安感を感じたり，これから生きていく方向性がつかめずに気持ちが不安定になった経験もあるかもしれません。

自我同一性は，そうした揺らぎや価値観の再構築を経て獲得される"これからもこう生きていく""こういう自分が自分なのだ"という感覚です。

▷ Marcia, J. E. 1966 Development and validation of Ego-identity status. *Journal of Personality and Social Psychology*, **3**, 551-558.

表9.8.1 マーシャの自我同一性地位の概略

自我同一性地位	概　略
同一性達成	幼児期からのあり方について確信がなくなり，いくつかの可能性について本気で考えた末，自分自身の解決に達して，それに基づいて行動している状態。危機をすでに経験して乗り越えている。
モラトリアム	いくつかの選択肢について迷っているところで，その不確かさを克服しようと一生懸命努力している。まさに危機の最中にある。
早期完了	自分の目標と親の目標の間に不協和がない。どんな体験も，幼児期以来の信念を補強するだけになっている。硬さ（融通のきかなさ）が特徴的。危機を経験していない。
同一性拡散	危機前：今まで本当に何者かであった経験がないので，何者かである自分を想像することが不可能。危機を経験していない。 危機後：全てのことが可能だし可能なままにしておかなければならない状態。危機を経験した後の状態。

出所：無藤清子　1979 「自我同一性地位面接」の検討と大学生の自我同一性　教育心理学研究, **27**（3），178-187. p.179 を元に作成

2 自我同一性の各段階

　表9.8.1の一番上,「同一性達成」の状態は,上記のように幼いころからのあり方に確信が無くなって,自分なりの揺らぎや悩み,試行錯誤を経験した上で,自分なりの答えなり,落ち着きどころなりを見つけて再び安定した状態を指します。その意味で,揺らぎの「危機」を経験して乗り越えている状態です。

　2番目の「モラトリアム」は,まだいくつかの可能性のなかで迷い,迷いながら試行錯誤している状態,揺らぎつまり「危機」を経験している最中です。

　3番目の「早期完了」は,揺らぎを経験せず,幼いころからの親や周囲によって外側から規定された価値観のなかを,疑問なく生きている状態です。幼いころからの枠組みをいったん壊して自分なりのものを打ち立てるプロセスを経ていないので,その分,応用力や柔軟性に欠け融通がきかないのが特徴とされます。

　4番目の「同一性拡散」は,「同一性」が見失われ,自分らしさの核心が,とらえどころなく失われている状態です。何者かである自分,つまり自分のあり方ふるまい方を想像することができず,確信をもてない。自分が何を求めてどう生きてきて,今後どう生きていくのか,要となる部分が見失われて,重要な事柄を何ひとつ確信もって選択できない危機的な状態です。そのため表9.8.1にあるように何事も選択しない状態すなわち何事も選択可能な状態のままにしておかざるをえません。主体性をもって生きるのが困難になっている状態が,「同一性拡散」の状態と言えるでしょう。

3 自分さがしとモラトリアム

　表9.8.1の各段階を見るとアイデンティティをもつのも,容易ではありません。青年期はモラトリアム（執行猶予）の時期と言われますが,表の自我同一性地位の「モラトリアム」にあるように,"猶予されている"ことは"何もせずにいられる"ことではありません。しかるべき確信や選択・決断に向けて,自分なりに考え,試行錯誤すべきときであり,その時間が"執行猶予"により与えられているということです。

　「早期完了」であれば,試行錯誤なく決断に至れるかもしれませんが,これまでの価値観に疑問を感じながら,自分を見直し,考え,試みに何かを選んで試行錯誤する体験がないと,急な決断の必要性や周囲・環境の変化に戸惑い,「同一性拡散」の状態に陥ってしまうかもしれません。

　ときには「危機」に陥るほど悩み揺れながらも,ほどよく自分を見直し,自分の個性や価値観,自分らしいあり方を少しずつ見つけていく。そうした自分さがしが,今も昔も変わらない青年期の大きな課題と言えるでしょう。

（伊藤亜矢子）

IX 適応の理解と支援①自立と社会性の学び

9 キャリア教育：将来を見つける

1 将来を見つけるキャリア形成

　文部科学省は2006（平成18）年11月，『小学校・中学校・高等学校キャリア教育推進の手引——児童生徒一人一人の勤労観，職業観を育てるために』を公刊しました。それによれば，文部科学省の審議会報告等で「**キャリア教育**」という言葉がはじめて使われたのは，中央教育審議会答申「初等中等教育と高等教育との接続の改善について」（1999（平成11）年12月）です。「キャリア教育」は日本の教育のなかで，比較的新しい分野と言えます。また，1999（平成11）年の同答申では，「小学校段階から発達段階に応じてキャリア教育を実施する必要がある」と提言され，小学校段階からの発達段階に応じたキャリア形成が重要であることが明記されました。

▷1　キャリア教育
2004（平成16）年1月に出された「キャリア教育の推進に関する総合的調査研究協力者会議報告書」のなかで，「児童生徒一人一人のキャリア発達を支援し，それぞれにふさわしいキャリアを形成していくために必要な意欲・態度を育てる教育」と定義されている。

表9.9.1　小学校段階におけるキャリア発達の特徴

低学年	中学年	高学年
学校への適応→	友達づくり 集団の結束力づくり→	集団の中での役割の自覚 中学校への心の準備
・あいさつや返事をする。 ・友達と仲良く遊び，助け合う。	・自分のよいところを見つけるとともに，友達のよいところを認め，励まし合う。	・自分の長所や短所に気付き，自分らしさを発揮する。 ・異年齢集団の活動に進んで参加し，役割と責任を果たそうとする。
・身近で働く人々の様子が分かり，興味・関心を持つ。 ・係や当番の活動に取り組み，それらの大切さが分かる。	・いろいろな職業や生き方があることが分かる。 ・係や当番活動に積極的にかかわり，働くことの楽しさが分かる。	・身近な産業・職業の様子やその変化が分かる。 ・自分に必要な情報を探す。 ・施設・職場見学等を通し，働くことの大切さや苦労が分かる。 ・学んだり体験したことと，生活や職業との関連を考える。
・家の手伝いや割り当てられた仕事・役割の必要性が分かる。 ・作業の準備や片づけをする。 ・決められた時間やきまりを守ろうとする。	・互いの役割や役割分担の必要性が分かる。 ・日常の生活や学習と将来の生き方との関係に気付く。 ・将来の夢や希望を持つ。 ・計画づくりの必要性に気付き，作業の手順が分かる。	・社会生活にはいろいろな役割があることやその大切さが分かる。 ・仕事における役割の関連性や変化に気付く。 ・憧れとする職業をもち，今しなければならないことを考える。
・自分の好きなもの，大切なものを持つ。 ・自分のことは自分で行おうとする。	・自分のやりたいこと，よいと思うことなどを考え，進んで取り組む。 ・自分の仕事に対して責任を感じ，最後までやり通そうとする。	・自分の仕事に対して責任を持ち，見つけた課題を自分の力で解決しようとする。 ・将来の夢や希望を持ち，実現を目指して努力しようとする。

出所：文部科学省ホームページ　http://www.mext.go.jp/a_menu/shotou/career/06122006/004.htm

キャリア教育は，特定の職業についての教育ではありません。表9.9.1のように，発達段階に応じて，職業や働くことについての意識や関心，職業人としての基礎的・総合的な力の育成を支援するものです。

2　働き方の多様性

キャリア教育推進の背景には，ニート[2]やフリーターの社会問題化があります。現在の日本では，何らかのかたちで雇用されて働く労働者が，労働者の大半を占めますが，2006（平成18）年の厚生労働省統計データベースによれば，労働市場のなかで，非常勤の雇用労働者は25％を超えています。

また，2006（平成18）年の労働白書によれば，65歳以上の労働力人口は2000年には493万人となり，1985年からの20年間に約200万人の増加です。女性についても，専業主婦の多かった時代を過ぎ，雇用者全体に占める女性の割合が2005年には4割を超えています。また，雇用者全体に占める短時間労働者の[3]占める割合は2005年で24％です。週に短い時間しか働かない（働けない）労働者が多くなった一方で，30歳後半の男性では長時間労働者の割合が増え24％となっています。男性も女性も，高齢者も働く時代。長期に同じ会社に常勤で勤める人ばかりでなく，短時間しか働かない（働けない）人が増える一方で，より長時間の激務をこなす人の両極に分化しつつあるのかもしれません。転職も含めて労働や雇用の多様化がますます広がっています。

3　自分のストーリーを見つける

内閣府では，2007（平成19）年5月「キャリア教育等推進プラン――自分でつかもう自分の人生」と題して，大学におけるインターンシップやキャリア・コンサルティングの普及など文部科学省や厚生労働省等を担当省庁とする多様なアクション・プランを提案しました。

「つかもう自分の人生」の標語どおり，労働や雇用の多様化が進むなかで，より主体的な職業へのかかわりが求められています。自分自身の特徴や適性，目的意識などにそって，みずから，職業選択をし，職業準備をし，職業的な成果を蓄積していくことが，今は各人に求められています。

たとえば米国では，スクールカウンセラーの活動目的に，キャリア発達の支援が明確に位置づけられ，キャリア面での教育が意識されてきました。わが国でも，まだキャリア教育の歴史は浅いものの，政府のキャリア教育推進と並行して，民間でのキャリア・カウンセラー養成等も進んできています。みずから主体的に職業を選択し職業生活を全うすることを，個人のニーズに従って支援するのがキャリア・カウンセラーと言えます。そうした新しい教育や支援を得ながら，各人が自分の人生ストーリーを見出していくことが期待されています。

（伊藤亜矢子）

▷2　ニート（NEET）
Not in Education, Employment or Trainingの頭文字。内閣府の「平成17年青少年の就労に関する研究調査」では，ニートは15～34歳の配偶者の無い，雇用もされず学籍もなく職業教育も受けてない若者としている。日本や英国ではニートが問題になっているが，同じ若年無業者でも，たとえば米国では若年ホームレスが問題視されている。

▷3　2006（平成18）年版の労働白書では，週あたりの労働時間が35時間に満たない労働者を短期間労働者，週60時間以上の労働者を長期間労働者としている。

Ⅸ　適応の理解と支援①自立と社会性の学び

10　学級集団とその構造：集団としての子ども

① 学級のなかで起きていること――学級のダイナミクス

　学級は個々の生徒の集まりですが，同時にそれは，たんなる個人の集積ではなく，個人と個人が影響しあい，集団としての動きをつくりだしています。

　たとえば，おとなしい子どもばかりが集まった学級では，授業中さわぎたいタイプの子も，仲間を見つけられずに静かに授業を受けているかもしれません。活発な子の多い集団では，内気な子が気後れしたり，あるいは，活発な子につられて以前より積極的に振る舞えたりするかもしれません。また，落ち着かない子の言動に刺激されて，集中したい生徒が苛立ち，苛立つ子に周囲の子が刺激されて，ちょっかいを出し始めるなど，ひとりの子どもの動きが，教室の別のところの動きを触発して連鎖反応が起きることもあります。いじめっ子，いじめられっ子のように，学級内の役割が固定し，ますますその役割に応じた性格特性や行動特徴が強まっていく，などもあるでしょう。

　このように，クラスという閉ざされた集団内では，そこでの動きが1カ所ではとどまらず，お互いに影響しあう，まさに**集団の力学（グループ・ダイナミクス）**と言うべき状況が現れます。

② 学級のダイナミクスを捉える

　学級集団のダイナミクスを捉える研究方法で，以前多く用いられていたのが「ソシオメトリー」法です。いくつかの方法がありますが，たとえば，遊びたい友達，遊びたくない友達などを，子どもたちに列挙させ，相互に選択された子のペア，相互に排斥しあった子のペア，一方的に選択された子，一方的に排斥された子などを，図表をつかって整理し，数量的にもクラスの人間関係のありようを捉えられるようにしたものです。

　しかしそれらの方法は，子どもの心を傷つける危険もあります。子どもの立場に立てば，いつも遊んでいるA君が自分の名前を遊びたい子にあげてくれるかどうか，自分の名前を選んでくれる子が他にもいるかどうか，不安になっても無理はありません。

　子どもたちへの心理的な負担がない方法として，学級での自由遊び場面の観察や子どもへの面接なども工夫されるようになってきました。仲間関係を捉えることは子どもたちの世界に踏み込むことであり，子どもたちへの負の影響を

▷1　集団力学（グループ・ダイナミクス）
集団内のメンバーがどのように動くかについて，一般法則を明らかにする学問。集団内のメンバーの動きを支配する一般原理を見出すことで，集団活動の問題解決や改善もめざされる。

避けながら，意味のあるデータをいかに収集するか，方法の整備が待たれています。

③ 学級のダイナミクスを変える

ソシオメトリーをつかってクラスの力動を把握し，研究的に一般法則を見出そうという時代を経て，現在では，クラスの力動をどうやってよりよいものにするか，という実践研究が重視されるようになってきました。

たとえば学校での**構成的グループ・エンカウンター**▷2では，子ども同士の気持ちのふれあいを通して，お互いを理解したり，自分自身に気づいたりすることを目的としています。学校現場で取り入れられることも多く，学年に応じた学校内で実施可能な活動が数多く提案されています。たとえば，小学校低学年であれば自作の名刺に好きな遊びなど簡単な自己紹介を書いて交換するゲーム，中学生なら無人島で何をするかなど多様な個人の価値観や考え方が引き出されるゲーム的な要素のある話し合いなどです▷3（図9.10.1）。

友達づくりが得意でない子や，自分たちではお互いにあまり話さない子同士も，そうした楽しく参加できる活動を通して，お互いを理解し，自分自身についても気づきが深まっていきます。最初は恥ずかしかったり面倒だったりする子どもたちも，級友との新しい出会いや，自分の特徴を知って，充実感を得られるでしょう。活動の積み重ねで，クラス全体の親しさが深まり，新たな人間関係が展開することで，いじめっ子・いじめられっ子など固定した否定的な人間関係が解消することも少なくありません。他者との出会いを通した各人の経験が，子どもたち1人1人と，子どもたち相互の関係を変え，クラスの力動を変えていきます。

冒頭に述べたように，子どもたちは，つねに周囲の子どもに影響されながら行動し，集団に影響されての個人の行動が，ひるがえって集団にも影響します。子ども個人を見れば考えられなくても，周囲の子に影響されて，思いがけない行動が引き出されることもあります。好ましくない行動が誘発される場合もあれば，予想外のよい行動が現れる場合もあります。集団としての子どもたちの相互関係や行動を変化させることで，解決できる問題も多いのです。ねらいを定めたさまざまな活動によって，集団の動きをつくりだしていく視点も教師には必要です。

（伊藤亜矢子）

▷2 構成的グループ・エンカウンター
もともとエンカウンター・グループは，集中的なグループ体験によって，他者と出会い自分を知るものであり，カール・ロジャーズ（Rogers, C.R.）の理論・実践に基づくものが日本では著名である。構成的エンカウンター・グループは，ゲームなど，あらかじめ構成された活動を通して，そうした出会いや自己発見のグループ体験を行うものである。こうしたエンカウンターの発想を生かしたゲーム等を用いた学級づくりの一方法として，構成的グループ・エンカウンターが行われている。

▷3 岡田弘 1996 エンカウンターで学級が変わる 小学校編 図書文化
國分久子・片野智治 1998 エンカウンターで学級が変わる Part 2 中学校編 図書文化

図9.10.1 構成的グループ・エンカウンター活動の例

出所：國分・片野，1998, p. 96.

IX　適応の理解と支援①自立と社会性の学び

11　学級風土：どんなクラス？

▷1　伊藤亜矢子・松井仁　1998　学級風土研究の意義　コミュニティ心理学研究, 2, 56-66.

▷2　**学級経営**
担任教師の役割は、教科の授業を行うだけでなく、道徳や学級会、朝夕の学活（学級活動）などを通して、学級集団をリードしていくことがある。たとえば文部科学省の新学習指導要領（小学校で2011年、中学校で2012年から全面実施）では、学級活動において望ましい人間関係づくりやその力、集団の一員として問題解決に当たる自主的な態度や健全な生活態度を育てることなどを内容として定めている。学級の子どもたち相互の関係づくりや、関係調整、学級集団としての規則や文化の形成など、学級集団の形成発展を教師は担うのであり、そのプロセスが学級経営である。

文部科学省　2009　中学校学習指導要領

▷3　**レヴィンの実験**
レヴィンら（Lewin, K. et al.）は、小学生の男の子を3グループにわけ、それぞれに「放任」「民主的」「権威的」な3つのタイプの大人（リーダー）を派遣して活動をさせた。その結果、同じグループでも、「民主的」リーダーが派遣された場合より「権威的」リーダーが派遣された場合

1　クラスの個性――学級風土

　学校生活と言えば、日本の場合、1つの教室に1年間同じ仲間と通いつづけるスタイルが典型的です。毎日、長い時間を同じ教室で同じ仲間と過ごすのですから、その学級がどのようなクラスであるかによって、子どもの学校生活の満足感も左右されます。「明るいけれどだらしない」「個性的な人が多い」「行事のときにまとまりがよい」などなど、クラスによって何となく個性があることに、子どもだった読者も気づいたのではないでしょうか。

　学級には、学級集団としてもっている社会心理的な性質、学級の性格とも言えるような個別の性質が存在し、それは、学級風土と呼ばれてきました。お嬢様学校やバンカラな校風など、学校に校風すなわち学校風土があるように、クラスには級風、すなわち学級風土が存在します。

　このような学級風土は、子どもの意欲など情緒面だけでなく、学業成績にも影響することが知られています[1]。

2　学級風土を左右する学級経営

　欧米の学校では、中学生でも、日本の大学生のように、科目ごとに教室移動するシステムや、座席の自由度の高いグループでの作業も多いようです。それに比べて固定した学級の固定した座席で長時間を過ごすことが多い日本の学校では、学級や学級風土のもつ影響力も大きいことが予想されます。

　加えて日本では、学級担任の果たす役割が幅広く、生徒指導・生活指導の中心も学級担任です。「学級王国」という表現や、不登校の生徒が出ると学級担任が責任を感じるという図式も、日本の学級担任が子どもの学校生活の成否に大きな責任を背負っている現状を端的に示しています。

　ひるがえってこれは、学級風土への学級担任の影響力が大きいことも示唆しています。「学級王国」であれば、「国王」である学級担任の学級への影響は計り知れません。学校生活を司る「国王」として、また、日々を同じ教室で過ごす日常的・家族的な集団である学級集団の「親（分）」として、学級担任の言動や判断は、子どもたちの行動に直接間接の多大な影響を与えます。

　しかも日本の場合、**学級経営**[2]の具体的な方法については、比較的自由度が高く、担任の裁量に任されている部分も多いのです。係り活動や教室内の掲示、

行事への取り組み，学活の内容など，さまざまなことを学級担任が決定します。リーダーによって子どもの行動が攻撃的になったり民主的になったりする実験が示すように，教師の学級経営方針によって，クラスの子どもたちの行動は直接間接に左右されます。そしてそれが，子どもたちの個性とあいまって，学級風土をかたちづくる大きな要因の１つにもなっています。

3 学級風土を捉える

伊藤・松井は，学級風土を捉える生徒用の質問紙「学級風土質問紙」を作成しました。これは，「関係性」「個人発達と目標志向」「組織の維持と変化」の各領域に次の８尺度57項目が設定されています。下位尺度は，行事への熱心さや学級への関心などを問う〈学級活動への関与〉，男女の仲の良さを含む友人関係の親密さを問う〈生徒間の親しさ〉，グループ化など組織レベルの不仲を問う〈学級内の不和〉，学級全体の楽しさを問う〈学級への満足感〉，対教師を含む自己開示しやすさを問う〈自然な自己開示〉，授業への集中などの〈学習への志向性〉，〈規律正しさ〉，〈学級内の公平さ〉です。小学校・中学校での大量データによって標準化され，学級風土を図9.11.1のように図示できます。それを元に，教師とスクールカウンセラー等が，学級風土を具体的に検討し，学級経営等の工夫を探索するヒントにできます。

この他，学級を捉える質問紙に，「楽しい学校生活を送るためのアンケートQ-U」があります。〈学校生活満足群〉〈学校生活不満足群〉，いじめなどの〈侵害行為認知群〉，級友・教師からの承認感の低い〈非承認群〉の生徒を見出し，学級崩壊やいじめへの介入がめざされます。Q-Uでは，学級内の"ルール"と"リレーション"が重視されますが，"リレーション"はあるものの"ルール"の定着が弱い"なれあい型"の学級では，一見教師と子どもの関係がよく，子どもたちがのびのびして見えます。しかし，子ども同士の関係づくりや集団生活に必要なルールが弱いので子ども同士のトラブルが多く，いじめの発生が多いのです。反対に，もっともいじめ発生の少ない"満足型"の学級は，"リレーション"と"ルール"が確立しています。

学級の中で日々生活している生徒や教師は，学級全体がもつ傾向を肌で感じつつも，それを客観的に捉えることは案外難しいことです。感じるけれど目に見えない学級の個性を，こうした質問紙で捉え，複数の教師や，教師とカウンセラーが，子どもたちの思いやニーズを知って，指導の工夫を考えることは，これからの学級経営に有効でしょう。

（伊藤亜矢子）

に，暴言など攻撃的な行動が多く観察された。
Lewin, K., Lippitt, R., & White, R.K. 1939 Patterns of aggressive behavior in experimentally created "social climates." *Journal of Social Psychology*, **10**, 271-299.

▷ 4　伊藤亜矢子・松井仁 2001　学級風土質問紙の作成　教育心理学研究，**49**，449-457.

▷ 5　河村茂雄 1999　楽しい学校生活を送るためのアンケートQ-U（中学生用）図書文化

▷ 6　河村茂雄 2007　学校の課題　図書文化社

▷ 7　伊藤亜矢子 2003 スクールカウンセリングにおける学級風土アセスメントの利用――学級風土質問紙を用いたコンサルテーションの試み　心理臨床学研究，**21**，179-190.

小野寺正己・河村茂雄 2003「K-13法」による学級づくりコンサルテーション　カウンセリング研究，**36**，91-101.

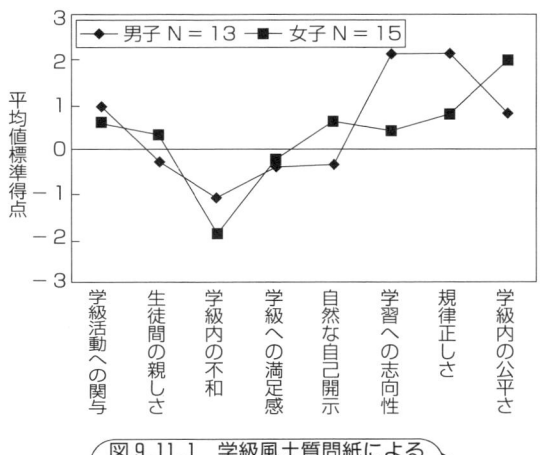

図9.11.1　学級風土質問紙によるアセスメント結果の例

IX 適応の理解と支援①自立と社会性の学び

12 教師と子どもの人間関係：期待に応える子どもたち

① 教師の先入観が子どもの学力を伸ばした？

○オーク小学校での実験

今からおよそ50年前，ローゼンタール（Rosenthal, R.）らによって1冊の本が出版されました。そして，この本のなかで報告されたある学校を対象とした子どもの学力に関する実験的な研究が教育心理学の世界に議論を巻き起こしました。

この実験は1964年から仮称オーク学校（Oak School）という小学校の1年生から6年生を対象として行われました。オーク学校は中産階級が多い地区やメキシコ移民など低所得層が多く住む地域など多様な地域にまたがる学区にある公立小学校です。

まず，年度のはじめに対象の1年生から6年生の児童に知能テストが実施されました。そして，その結果を分析した専門家は約20パーセントの児童を潜在的な能力が高いとして，彼らの実名を担任の教師に報告しました。しかし，実際は，この潜在的に能力が高いと判断された児童は出席簿からランダムに選ばれただけで知能検査の結果に基づいて判定された訳ではありませんでした。

1年後，対象児童に再び知能検査が実施されました。表9.12.1からわかるようにその結果は驚くべきものでした。ランダムに選ばれ潜在的な能力が高いと偽って伝えられた児童は，その他の児童より飛躍的に知能指数がアップしていたのです。この傾向は低学年の児童でとくに顕著に見られました。

○なぜ，このようなことが起きたのか？

ローゼンタールらはこの現象を社会心理学で言う自己充足的予言（self-fulfilling prophecy）の一種の形態と考えています。自己充足的予言とはとくに自分自身に直接関係することについて，事実ではなくてもある種の思いこみや期待から「このようになるであろう」と予測すると，実際にそのような状況を引き起こすような行動を知らず知らずのうちにしてしまい，結果的にはその思いこみに基づく予測と同じような結果を招いてしまうことを言います。自己充足的予言は，一般的には，流言やデマなどを自分自身に関連づ

▶ Rosenthal, R., & Jacobson, L. 1968 *Pygmalion in the classroom and pupil's intellectual development.* New York: Holt, Rinehart and Winston.

表9.12.1 潜在的な知能が高いと偽って伝えられた児童の1年後の知能指数上昇

	知能指数の上昇の幅		
	10ポイント以上	20ポイント以上	30ポイント以上
潜在的な能力が高いとされた児童	79%	47%	21%
その他の児童	49%	19%	5%

出所：Rosenthal, & Jacobson, 1968

けて悪い結果を予測し，そのような状況を引き起こしてしまうケースについてさすことが多いのですが，ローゼンタールはこの実験結果をポジティブな意味での自己充足的な予言の一種と解釈しました。

　つまり，教師は専門家から潜在的に能力が高いと伝えられた児童に対しては伸びることへの期待をもち，知らず知らずのうちに愛情を込め，また，励ますような態度で接することになります。そのような態度は児童が学習する行動の1つ1つをそのたびに承認し，褒める働きをするようになり，それが一定期間積み重なることで子どもの学習に対する意識や行動が促進され，知能指数のアップにつながっていると言うのです。このような仕組みは基本的に無意識的なものです。そのことは，たとえば，ローゼンタールらの実験でも教師はメキシコ移民の児童は全般に知的好奇心が低いと見なしていることが確認されましたが，潜在的な能力が高いと伝えられたメキシコ系移民の児童は他の児童と比較しても1年後の知能指数の上層幅は大きいものとなっていたことからも分かります。

　ローゼンタールは，この学校における自己充足的予言をまとめた本の題名をギリシア神話に登場するピグマリオン王の名前を借りて「教室のピグマリオン」としたため，この現象は一般にピグマリオン効果と呼ばれることになりました。

② ピグマリオン効果から考えるべきこと

　子どもの学力を伸ばし，学習に対する動機づけを高めるために教育心理学はさまざまな試みを行っています。ただし，こうした試みの多くは教師が子どもに対してまったく分け隔て無く同じ態度で接することが前提となっています。また，実際に大部分の教師はそのように心がけているはずです。にもかかわらず，教師は知らず知らずのうちに特定の子どもに対して先入観や偏見をもち影響を与えているのです。また，ピグマリオン効果の場合，教師のもつ期待という偏見や先入観がプラスに働いていますが，これがマイナスに働く場合も考えられます。たとえば，教師がある児童を受けもつに際して，知的に問題がある，あるいは，問題行動が目立つといったような情報が事前に伝えられることはよくあることです。このような情報がかならずしも正確でない場合もあり得ます。このとき教師は，そのような偏見や先入観を廃して他の児童とまったく同様にかかわることができるでしょうか？

　このようなことを考えると，教壇に立つ者にとって，ピグマリオン効果という現象はけっして他人事ではないと言えます。

（大芦　治）

IX 適応の理解と支援①自立と社会性の学び

13 学校行事：個人，そして，みんなで頑張ることによる集団の成長・発達

1 特別活動の一分野としての学校行事

　入学式，文化祭，体育祭などといった学校行事は，小中学校の場合，学習指導要領のなかで特別活動の一部に位置づけられています。そこでは，学校行事について「全校又は学年を単位として，学校生活に秩序と変化を与え，集団への所属感を深め，学校生活の充実と発展に資する体験的な活動を行うこと」と定義され，①儀式的行事（入学式など），②学芸的行事（文化祭等），③健康安全・体育的行事（体育祭等），④旅行・集団宿泊的行事（遠足，修学旅行等），⑤勤労生産・奉仕的行事（ボランティア活動等）の5つの区分も定められています。このうち，たとえば，学芸的行事の場合，「平素の学習活動の成果を総合的に生かし，その向上の意欲を一層高めるような活動を行うこと」と説明が加えられています。つまり，学校行事のねらいは「動機づけ」のような教育心理学で話題にするような態度や能力を養うことにあると思われます。

2 学校行事に対する教育心理学的な研究

○教育心理学からの2つのアプローチ

　このように学校行事は，そのねらいからして多分に教育心理学と深いかかわりをもってよいはずですが，実際のところは，教育心理学の研究において学校行事を積極的にテーマとして取り上げた例はごく少数です。

　おそらく，学校行事を教育心理学的な視点から研究する場合，2つの方向性が考えられるのではないかと思われます。

　1つは，学校行事を文化人類学でいう通過儀礼（イニシエーション）として考え，学校行事が児童・生徒の成長，発達に与える影響について考えてみる立場です。これは発達的アプローチと呼ぶことができます。もう1つのアプローチですが，これは学校行事の多くがクラス，学年などといった集団単位で共同作業などを通じて行われることが多いことに着目します。つまり，学校行事を通して個人と集団の相互作用が変化し，成長・発達してゆくことに焦点をあてる立場です。こちらは教育社会心理学的アプローチと言うべきものです。

○発達的アプローチ

　教育心理学と関連の深い臨床心理学の分野では入学，卒業，就職，結婚といった多くの人が経験する人生上の大きな節目を文化人類学で言う通過儀礼と関

IX-13 学校行事：個人，そして，みんなで頑張ることによる集団の成長・発達

連づけて考えることはかなり以前から行われていました。**エリアーデ**（Eliade, M.）の通過儀礼の考え方に影響を受けた河合隼雄は，通過儀礼はそれを経験することで子どもが大人に，俗人が聖職者になるなど"別人になるためのプロセス"であるとし，現代社会ではそのような明確な儀式的なプロセスが消失する方向にあると述べています。河合によれば，現代では人生上の節目の儀式が本来もっていた"別人になるプロセス"としての機能が失われつつあり，そうした経験を経ていない人が多いことと，心理的な不適応を来す人々が増えていることとは無関係ではないと言います。河合は，心理的な不適応の解決を支援する心理療法はそのような現代において失われつつある"別人になるためのプロセス"を補う機能をもっていると言うのです。こうした見解を受けて考えると，入学式や卒業式といった学校行事はこの"別人になるプロセス"を残すものと位置づけられ，それが人生上の節目として児童・生徒の発達に与える影響を考えてみることができるはずです。ただ，このアプローチによる研究は現在のところほとんどありません。

● **教育社会心理学的アプローチ**

樽木靖夫がこのアプローチから学校行事を検討し，注目すべき結果を報告しています。樽木は，いくつかの中学校を対象として文化祭で学級劇に取り組んだクラスが，文化祭の前後でどのような変化を見せたかを調査しました。樽木によれば，学級劇では学級のメンバーが役割分担をしながら共同でつくり上げてゆきますが，その際，役割を担ういくつかの小集団が作られます。この小集団は生徒が日常的に行動をともにする2，3人のごく小さな単位のグループとは異なり，10人程度で構成されるため，ふだんはあまり経験することのない互いの意見の違いを理解したり，葛藤を解決したりすることが要求されます。そして，そうした問題を乗り越え共同作業が行えるようになることで，その小集団はより発展してゆくと言います。

上にも述べたように，このような行事を経験することは生徒にとって"別人になるためのプロセス"でもあり，それが個人の発達を促すものと言えます。ただ，樽木の調査結果によると，生徒が他者から理解されていると感じたり，また，他者との協力関係を積極的に捉えたり，あるいは，自主性を感じられるようになるなどの心理的な成長を実感するのは，生徒自身が小集団の発展を明確に意識することと密接に関係していることが明らかになりました。また，学級の教師が生徒の葛藤の解決に与える支援も生徒が小集団の発展を実感することを通して生徒の心理的な成長に影響していることが確認されました。このように学校行事における小集団の機能に注目してみることは，学校行事に対する教師の生徒指導のあり方に新たな示唆を与えることができます。

（大芦　治）

▷1　エリアーデ（Mircea, Eliade；1907-1986）
ルーマニア生まれの20世紀を代表する宗教学者。シカゴ大学教授を務めた。

▷2　河合隼雄　1992　心理療法序説　岩波書店

▷3　樽木靖夫・石隈利紀　2006　文化祭での学級劇における中学生の小集団体験の効果——小集団の発展，分業的協力，担任教師の援助介入に焦点をあてて　教育心理学研究, **54**, 101-111.

参考文献
Eliade, M. 1958 *Birth and rebirth*. New York: Harper.（エリアーデ, M.　堀一郎（訳）1971　生と再生——イニシエーションの宗教的意義　東京大学出版会）

IX 適応の理解と支援①自立と社会性の学び

14 休日の子ども：休みをどう過ごしている？

1 学校の外の教育心理学

　教育心理学はよく，現場と密着した心理学だと言われます。同じ心理学のなかでも実験心理学と言われる分野ではふつう研究者は実験室に籠もって実験に没頭していますし，教育心理学と密接な関係をもっている発達心理学でも実験室に子どもを招いて研究している研究者がたくさんいます。それに対し，教育心理学は現場を知らなくては研究できない分野だと言われていますので，教育心理学者はよく現場訪問と称して小学校や中学校を訪れます。授業や課外活動，休み時間などを観察して児童生徒の教育現場におけるありのままの姿を知るためです。

　しかし，教育心理学が対象とするのは学校における児童・生徒ばかりではありません。児童・生徒は学校の外でも発達し学びつづけているのです。

　これまでも児童・生徒が学校で過ごすのは年間250日ほどでしたが，とくに学校5日制が導入された現在ではその日数はさらに減って200日くらいになりました。多くの児童・生徒は1年のうち約150日もの間学校に足を踏み入れることなく過ごしているのです。この児童・生徒が学校外で過ごす時間を教育心理学が研究対象として扱わないはずがありません。と言いたいところですが，実際のところ，これまでの教育心理学では子どもの生活にとってこれだけ大きな幅を占める時間を積極的に研究対象としてきませんでした。

2 休日に子どもは何をしているのか？

　では，児童・生徒は休日をどのように過ごしているのでしょうか？　ここでは内閣府が実施した「低年齢少年の生活と意識に関する調査」の結果を紹介して少しばかり考えてみます。この調査は，2006（平成18）年に全都道府県から無作為に抽出した9歳から14歳までの児童・生徒およそ3,600人を対象に行ったもので，実際に回答が得られたのは2,100人ほどです。図9.14.1は，この調査のなかの「あなたは，休みの日は，何をして過ごすことが多いですか？」という質問項目の集計結果を小学生，中学生の別にグラフにしたものです。回答方式は選択肢のなかから該当するものを選ばせるもので複数選択することも可能でした。

　小学生，中学生とも「テレビ，ビデオ，DVDなどを見る」がもっとも多く

▶　内閣府政策統括官 2007　低年齢少年の生活と意識に関する調査
（調査の概要はインターネット・ホームページで見ることができる。URLはhttp://www8.cao.go.jp/youth/kenkyu/teinenrei2/zenbun/index.html）

IX-14　休日の子ども：休みをどう過ごしている？

70パーセント近くを占めています。つぎにほぼ同じパーセンテージで「友人や仲間と会ったり遊んだりする」があり，さらに「ゲームをする」「マンガを読む」とつづきます。意外に高くないのが「塾やおけいこ事に行く」で小学生・中学生とも16.7パーセントにすぎません。

ところで，児童・生徒は家の中と外のどちらで過ごしていることが多いのでしょうか？　図9.14.1を見ると「スポーツや運動をする」は5位にとどまっています。2位の「友人や仲間に会ったり遊んだりする」も家の外かもしれませんので，この2つを合わせればある程度は外で過ごすことも多いと言えるでしょうか。

図9.14.2は，「自分専用，または，子ども用として持っているもの」を選ばせたものですが，半分以上の児童・生徒は自分専用の部屋をもっていて，兄弟姉妹と共用の部屋まで入れると8割を越えることがわかります。パソコン，テレビなどの所持率も高く，そう考えるとやはり家の中で過ごしているのではないかと考えることもできます。

このような子どもの休日の過ごし方が子どもの学習や発達にどのような影響をあたえているかについては，これからの教育心理学の研究課題です。

（大芦　治）

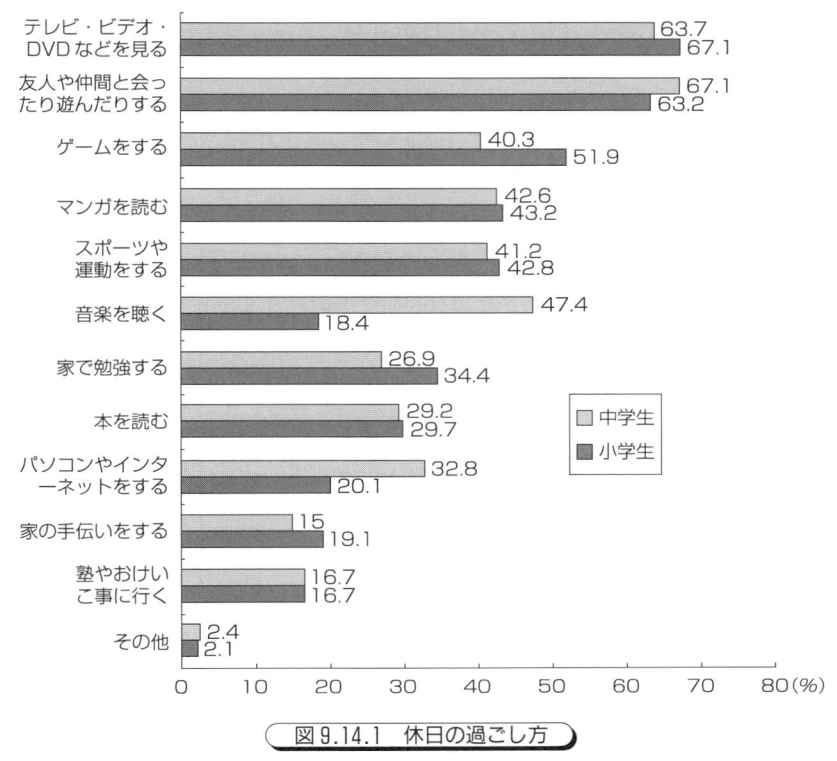

項目	中学生	小学生
テレビ・ビデオ・DVDなどを見る	63.7	67.1
友人や仲間と会ったり遊んだりする	67.1	63.2
ゲームをする	40.3	51.9
マンガを読む	42.6	43.2
スポーツや運動をする	41.2	42.8
音楽を聴く	47.4	18.4
家で勉強する	26.9	34.4
本を読む	29.2	29.7
パソコンやインターネットをする	32.8	20.1
家の手伝いをする	15	19.1
塾やおけいこ事に行く	16.7	16.7
その他	2.4	2.1

図9.14.1　休日の過ごし方

出所：内閣府政府統括官，2007

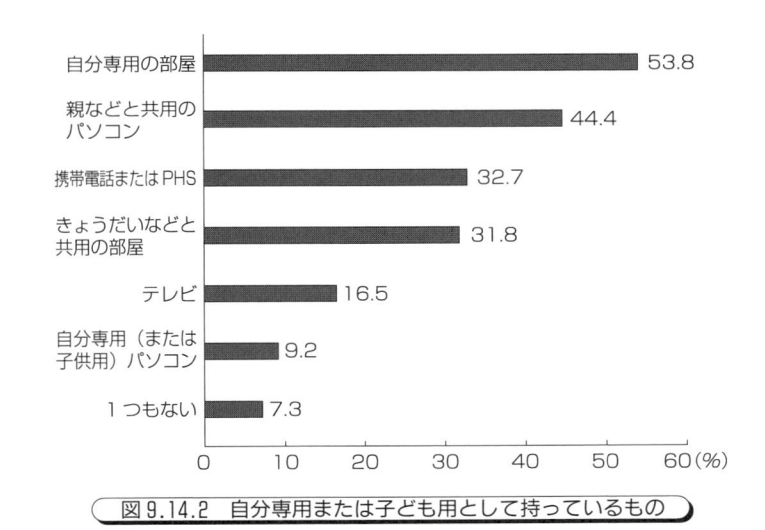

項目	割合(%)
自分専用の部屋	53.8
親などと共用のパソコン	44.4
携帯電話またはPHS	32.7
きょうだいなどと共用の部屋	31.8
テレビ	16.5
自分専用（または子供用）パソコン	9.2
1つもない	7.3

図9.14.2　自分専用または子ども用として持っているもの

出所：内閣府政府統括書，2007

X 適応の理解と支援②子どもを支える

1 いじめ：シグナルに気づく

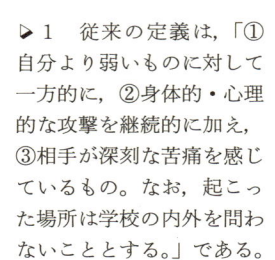

1 いじめの定義と実態

　2007（平成19）年1月文部科学省は，従来のいじめ定義による実態調査が，かならずしも実態を反映しないという批判を受けて「児童・生徒の問題行動に関する調査」を行う際のいじめ定義を「当該児童生徒が，一定の人間関係のある者から，心理的・物理的な攻撃を受けたことにより，精神的な苦痛を感じているもの」としました。新しい定義は，受け手の精神的苦痛（受け取り方）に焦点をあてた，より幅広い定義になっています。

　いじめの実態調査は，回答者の立場によって，いじめの捉え方が異なり，実情を捉えるのはかならずしも容易ではありません。そうした限界をふまえて，統計の意味することを考えることが重要です。

　たとえば小中高校生を対象に行った北海道教育委員会による2006（平成18）年12月のいじめ実態調査では，次の結果が得られています。

　小学生では，いじめられた経験は学年が低いほど多く，いじめた経験は学年があがるほど多くなっています。とくに1年生では，いじめられた経験を訴えている子は約4割ですが，いじめたと報告している者は1割程度です。行き違いや配慮のなさなど，お互いの社会性の未熟さが，「いじめ」の要因となっていることが推察されます。6年生になると，いじめられが約2割，いじめをした者も約2割と，双方がやっと釣り合います。他方，いじめを止めようとして教師に報告するなどの行動は1，2年生で多く，3年生以上では，止めたかったができなかったという回答が増加します。小学校低学年では，報告を好機に，人づきあいのルールなど社会性を丁寧に養うことが重要と言えます。高学年では，周囲も見て見ぬふりが多くなります。傍観者のいるいじめです。対人関係も複雑化し，他者から見た自分も気になるこの年代の心理を考慮し，配慮ある良好な人間関係を日頃から促進することが重要になるでしょう。

　中高生では，いじめを見ても「何もしなかった」の割合が，中学2，3年生で3割程度になります。いじめられの経験は，学年があがるにつれて減りますが，「今もいじめている」の割合は，高校のどの学年でも3割程度を占め，小中学校より高校生で多くなっています。交友も巧みになり，少々いじめられても気にとめない生徒が増え，無用なトラブルが減るなどして，中高生ではいじめられ体験が減るのでしょうが，逆に，執拗に一部の子が特定の子をいじめる

▷1　従来の定義は，「①自分より弱いものに対して一方的に，②身体的・心理的な攻撃を継続的に加え，③相手が深刻な苦痛を感じているもの。なお，起こった場所は学校の内外を問わないこととする。」である。

▷2　北海道教育委員会 2007　いじめに関する実態等調査報告書

傾向は高校生で強いのかもしれません。

このように、いじめの実態も、データが意味する具体的な状況を考察しながら、対応へと生かす必要があります。

❷ いじめへの対応

2006（平成18）年12月の文部科学省「**子どもを守り育てるための体制づくりのための有識者会議**」では、『**いじめ問題などに対する喫緊の提案について**』を公表し、①子どもが相談できる場面をつくることや、②学校の中に新たな子どもの居場所をつくること、③万が一の初期対応では、専門家が学校をサポートするようにすること、④実態を把握・分析するとともに、良い取組を共有すること、を提案しました。シンプルな提言ですが、いずれもいじめへの対応の基本となる重要な提案です。

なお、最近はいじめ加害者への出席停止も話題になっていますが、出席停止はあくまで懲戒行為ではなく、他の子どもたちの教育を受ける権利を保障するために、細心の教育的配慮の下で例外的に採られる措置です。

❸ いじめへの取組──ピア・サポート

いじめへの対応と言うと、いじめた子・いじめられた子を呼び出して話し合わせるなど、当事者のみに焦点をあてた対応が多いようです。しかし、予防的な観点から言えば、当事者だけでなく、学校・学級全体に子ども同士の良好な関係を強めていくことが重要です。たとえばピア・サポートについては、「ピア・サポート・ジャパン」「日本ピア・サポート学会」などの活動があります。「日本ピア・サポート学会」では、子どもによる悩みをもつ子どもへの援助活動を基本に、サポーターの「トレーニング」を総合的な学習の時間などに行い、子ども同士の援助を進めています。また「ピア・サポート・ジャパン」では、日本の風土に合った「日本のピア・サポート・プログラム」として、年長の子どもが年下の子どもに「お世話をする」活動を「領域1」、そのための「下地づくり」として年長の子どもたちに人と人とのかかわりあいの楽しさを体験してもらい、かかわりあいの意欲を補う「領域2」の活動を行って、いじめのない風土づくりを促進しています。それぞれに特徴がありますが、両者ともに効果をあげており、子どもや学校の実態に合わせた無理のない運用が重要です。文部科学省のホームページで公開されているいじめについての対応事例集でも、学校全体でいじめのない風土をつくる活動が数多くとりあげられています。

恐喝など犯罪に入るいじめから、言葉の暴力、ふざけの延長など、いじめの範囲は幅広いものです。いたずらに解決の責任や負担を子どもに押しつけるのではなく、あくまで、学校・学級全体に、自己開示しやすく安心できる配慮ある風土をつくること、そのための仕掛け・システムづくりが重要です。　　（伊藤亜矢子）

▷3　子どもを守り育てるための体制づくりのための有識者会議
いじめを理由とする自殺事件の発生等が大きな問題となったことから、いじめ等の問題行動について実態把握の在り方や効果的な取組について審議・研究を行い、子どもを守り育てるための総合的かつ具体的な取組を進めるための体制づくりのため、各方面の専門家による審議・研究を目的に2006（平成18）年11月に発足した。中学校長のほか、スクールカウンセラー、精神科医などがメンバーとなっている。

▷4　中野武房・日野宜千・森川澄男　2004　学校でのピア・サポートのすべて──理論・実践例・運営・トレーニング　ほんの森出版

▷5　滝充　2002　「日本のピア・サポート・プログラム」とスクールカウンセラー　臨床心理学，**2**，78-82．

X　適応の理解と支援②子どもを支える

② 不登校：学校がつらい

① どうして学校を休むの？――不登校の多様な要因

　不登校とは，文部科学省の定義では，「何らかの心理的，情緒的，身体的あるいは社会的要因・背景により，登校しないあるいはしたくともできない状況にあるために年間30日以上欠席した者のうち，病気や経済的な理由による者を除いたもの」です。「何らかの」ですから，友達関係や教師―生徒関係，学業不振，親子関係の問題など多様な要因が含まれます。たとえば，学業不振の中学生が，部活動でも失敗し，家に帰っても両親は不仲でけんかが絶えず親子の会話もないとなれば，学校で楽しいこともなく，家庭からの支援もなく，登校もとどこおるかもしれません。このように不登校は，本人の抱える要因や家庭・学校などの環境要因など，いくつかの要因が重なっている例が実際には多いのです。**発達障害**のため友達づきあいや学習に困難を生じ不登校になる子どももいます。あるいは，親からの虐待や登校を阻むような家庭状況のため学校へ行くどころでない子どももいます。学校でも家でも，行き詰まりとサポートのなさを感じて，克服できない壁を前にＳＯＳを出しているのが典型的な不登校の像と言えるでしょう。

② 小学生に多い分離不安

　行き詰まりや壁は，当然ながら年齢によっても異なります。
　小学校低学年で比較的多いのは，親からの分離不安による不登校です。思春期以降の不登校では，自分づくりや友人関係における葛藤など，悩みが悩みらしさを増してくるのに対して，小学校低学年はまだまだ幼い段階です。明確な自分づくりの行き詰まりというよりも，親から離れて学校という社会にひとりで飛び込む不安や，学校にいる間も母親が自分のことを心にかけてくれるのかといった素朴な分離不安が背景にあることが多いようです。登校をしぶっても，いざ学校につけばケロリと友達と遊んでいたりします。離れていても父母からの心理的なサポートが実感でき，学校生活でも自然に自信がついてくると，比較的スムーズに登校できることも少なくありません。とはいえ，小学校低学年でも，家庭での大きな困難や葛藤を抱える事例もあります。10歳にも満たない子どもでもその子なりに，4，5歳，あるいは2，3歳にもどって心の成長をやり直す必要に駆られている場合もあります。発達段階を配慮しつつ専門家に

▷1　発達障害
脳機能障害による進行性でない精神発達の遅れやアンバランス。知的な遅れが無いのに「音読」や「書字」「計算」など基本的な学習の一部だけが年齢不相応に遅れる学習障害（LD）や，年齢不相応の落ち着きの無さ・衝動性のコントロールの悪さ・不注意がおもな症状となる注意欠陥多動性障害（ADHD）など，さまざまなものがある。

③ 思春期以降の困難

　学年が進むにつれ増えるのは、友達関係を発端にした行き詰まりです。学習面でも対人関係面でも、学年が上るとより複雑な行動が要求されます。たとえば発達障害でも、幼いころには周囲も幼いために目立たなかったハンディが目立つようになり、周囲もそれに気づいて友達関係が難しくなることも多いのです。自分と周囲の急な成長に伴って、クラスでの居場所や振る舞い方に混乱を来すこともあります。家庭生活などそれまでの育ちがしっかりしていれば、一過性の不登校ですむ場合もありますが、長期化する場合も増えてきます。

　中学生・高校生となれば、さらに問題は複雑化しているのが普通です。家庭の状況も、学業の遅れも、友達関係の行き詰まりも、いずれも複雑化し単純でなくなってきます。神経症や統合失調症などの精神的な疾病が原因となる場合も少なくありません。家族・学校・専門機関が連携しての対応が不可欠です。

　中学生・高校生の不登校は、進路という新たな問題にもぶつかります。高校進学や高校卒業後の進路をどうするか。場合によっては、うまく進路を見つけられず、そのまま行き場を失い、結果として引きこもりに近い状態になる危険もあります。本人の「心の課題」の解決をどう支援するかと同時に、進路や学習といった「現実的な課題」の支援を並行して考えることが欠かせません。

▷2　たとえばアスペルガー障害や高機能自閉症では、顕著な知的な遅れがなく、むしろ知的には優秀で、言語的な遅れもないために、障害として捉えられることが少なく、わがままや変わり者といった個人的な性格の偏りと周囲が誤解して、本人や保護者を責める結果になることも少なくない。社会性のなさも本人にとっては、やろうとしてもできない障害の一側面なのだが、周囲からは努力不足と捉えられ、本人も傷つき他者への不信感や不満を蓄積し、本来もっている社会性の弱さもあって、学校生活にとけ込めず不登校になる例もある。

④ 教育相談センター・適応指導教室

　不登校の対応で重要なのは、担任教師や教科担任教師が、スクールカウンセラーまかせにせず、連携しての対応を考えることです。教師が教室内で言葉がけをしたり、教室全体の雰囲気づくりをしたりしていくことで、再登校がスムーズに行く例も多く、教師だからこそ可能な支援もたくさんあります。

　校内だけでなく、現在では地域の教育相談センター、**適応指導教室**など、多様な資源も用意されています。学校へ行くことに抵抗のある子どもや保護者でも、教育相談センターへは通える場合もあります。個々の心の葛藤や課題がある程度解決して本人のエネルギーも回復してきたときには、学校よりもゆるやかな同年代の子どもが集まる場として適応指導教室への登校を希望する子どももいます。学校よりも少人数で同じような不登校経験のある子どもたちが集まる適応指導教室で仲間づくりや生活のリズムづくりをすることも大事なステップです。民間の類似の施設への通所も校長の裁量で出席と認められます。本人や家族の支援ニーズを的確に捉えて、ニーズに見合った支援につなげていくことが担任や学校の支援として重要です。

▷3　適応指導教室
地方自治体の教育委員会が設置し、不登校の子どもたちが本籍校の学級に通う準備段階として通える教室。専任の教員が配置されて、レクリエーションや集団活動、学習活動などを通して、友達づくりや学習の遅れの回復などを行える。

（伊藤亜矢子）

X 適応の理解と支援②子どもを支える

3 摂食障害：やせたい……

1 摂食障害——拒食症・過食症

身体に器質的な疾患が無いにもかかわらず心因性の食欲不振で極端な体重減少に至る場合を拒食症（神経性食指不振症），逆に過度に食べ続けて食行動をコントロールできない状態になるものを過食症と言い，両者を併せて摂食障害と言います。いずれかのみを経験する例もあれば，両者を交互に経験する例もあり，多くが女性ですが，男性に発症する場合もあります。

ダイエットを発端とする短期のごく軽い摂食障害傾向は多くの女子大学生に見られるという指摘もありますが，重症の場合には心身へのダメージが大きく，身体的に通常の生活が困難になり命を失う場合もあります。身体的な問題からも入院治療が必要になる場合も珍しくありません。命に別状はなくとも，体重減少により月経が停止すると脳下垂体に影響が残り，後の不妊症などの原因になる場合も多いのです。ホルモン異常や栄養不足による骨粗鬆症や臓器の萎縮など，体重減少は，身体のさまざまな機能に影響を及ぼし，想像以上に長期にわたるダメージを与えることをまず知っておくべきでしょう。

2 つくられる摂食障害

摂食障害の原因としては，親子関係や心理的自立の問題など心理的な葛藤が根本にあると指摘されます。とくに女性では，女性として生きていく自信やどのようにふるまっていけばよいのかについて，心理的に行き詰まりを感じることがきっかけになる場合が多いのです。

家族や周囲の強い期待と，それに応えなければならないという心理的な圧力。そのために弱点を見せられず，完璧さを自分に求める心理。そうした葛藤の中で，自分の本来の欲求や意志を見失い，過度の自己抑制や自己嫌悪・自罰的な思いや，せめてダイエットだけは成功していたい，自己コントロールしたいという思いから，食事量をみずから制限し始めるうちに摂食行動を適切にコントロールできなくなり，極端な少食や反動の過食を繰り返すのが，ひとつの典型像です。

母子関係を中心とした家族関係の調整や，身体的なケア，適切な食行動の再学習などのために，入院治療が必要になる場合も多くあります。入退院を繰り返しながら，長期にわたる経過をたどる事例も珍しくありません。周囲や本人

▶1 広い意味では，心因性の拒食症や過食症のほか，極度の偏食や異食，他の精神疾患による摂食拒否なども摂食障害に含まれるが，通常は摂食障害という場合，おもに拒食症・過食症を指すことが多い。

が，たんなるダイエットとその失敗，などと問題を表面的に捉えて問題を否認し，背景にある自己形成の困難や家族関係調整の必要性を充分認識できないために，結果として入退院を繰り返すなどして，青年期のほとんどを費やすような長期の経過となる場合もあります。

なお摂食障害には，そうした個人の心理的葛藤だけでなく，社会文化的な要因が大きな背景要素として存在することも指摘されてきました。

たとえば，青年期の女性をダイエットへ駆り立てる背景には，細身の女性が美しいというマスメディアを通した風潮が存在します。また，社会の変化に伴って，女性は子どもを産み家庭を守るという伝統的な性役割と，社会的な活躍という一見矛盾する期待が，父母や教師・社会からの暗黙のプレッシャーとして女性にのしかかります。そうなると，両者の矛盾や対立，両立の困難を，個人的な努力で解消しなければならず，女性としての生き方に混乱を来したり，自信を失ったりすることも増えてしまいます。

このように摂食障害の背景には社会的な要素が存在します。たとえば，上記のような要素がない社会では，摂食障害が出現せず，社会変動とともに，上記のような要素が立ち現れるにつれて，摂食障害が増加すると指摘されています。細身のファッションモデルの活躍が若い女性に与える負の影響を考慮して，不健康にまでやせたモデルを解雇する動きも海外では出てきました。

③ 予防に向けて

"摂食"というきわめて個人的な事柄でありながら，社会に埋め込まれた風潮や個人的葛藤が絡み合い，精神面だけでなく身体面にもダメージが及ぶ摂食障害は，難治性の高い疾患と言えます。ダイエットの低年齢化や軽度の摂食障害エピソードの多さなどは，摂食障害を身近なものと感じさせますが，同時に，難治性の高い危険な疾患であるという点を忘れてはなりません。

身体的なダメージが大きく，将来的な健康も脅かすといった危険性に加えて，なぜ細身の女性像がよいとされるのか，求められる女性像・つくられた女性像の背景にある，女性の商品化や性差別などに気づき，自己決定できる自分らしさを持つ女性に成長していけるよう，中高生の時代から，ジェンダー論[2]の視点ももった予防的な教育も必要と指摘されています[3]。周囲からの期待だけでなく，自分の意志をもって，自分に合った生き方を模索することは，男女を問わず重要なことです。ダイエットや食行動という個人的な行動の背景に，社会的な文脈が埋め込まれていることを認識し，自分づくりの支援を行っていくことが，摂食障害の予防教育として重要でしょう。

（伊藤亜矢子）

▷2 ジェンダー論
たとえば，男性的な役割や男性的なイメージ，女性的な役割や女性的なイメージといったように，たんなる生物学的な性でなく，社会的な文脈でつくられている性のことをジェンダーと言う。普段はかならずしも意識していないけれど，社会に埋め込まれている性による差異や差別について明らかにする学問がジェンダー論である。

▷3 永井美鈴・青木紀久代・増田かやの 2005 女子高校生を対象とした摂食障害予防教育の試み──メンタルヘルス促進授業プログラムの効果 学校保健研究，**47**, 436-451.

X　適応の理解と支援②子どもを支える

4　非行：居所のなさ

1　非行の実態

　2007（平成19）年公表の警察庁統計（少年非行等の概要）によれば，刑法犯少年（刑法犯の罪を犯した犯罪少年）の検挙人員数は2003（平成15）年度から2006（平成18）年度まで3年連続で減少し，人口比（同年齢層人口1,000人当たりの人数）においても2006（平成18）年度の14.8で，2000（平成12）年度の14.9よりわずかに低く，過去10年間で最低となっています。刑法犯全体に占める少年の割合も，1997（平成9）年度の48.7％よりこの10年間は一貫して減少傾向にあり，2006（平成18）年度では29.4％と4割近くも減少しています。ただし成人の検挙者の人口比は2.6であり，そのレベルからすれば刑法犯少年の人口比14.8は依然高い割合です。

　触法少年の補導人員も減少傾向にありますが，軽犯罪法・迷惑防止条例等に触れる触法少年（特別法）のみは増加傾向です。さらに，不良行為少年の補導数は1997（平成9）年より大きくは減少傾向にあり，近年の特徴としては喫煙よりも夜間徘徊が多数となっています。

　1990（平成2）年より増加し1997（平成9）年からは高いレベルを維持していた凶悪犯（強盗・殺人・強姦・放火）も2004（平成16）年から3年連続減少しています。ただし詐欺・横領などの知能犯は過去10年間に増減しつつも増加傾向にあり，2006（平成18）年度も前年度より増加しています。また再犯者率も増加傾向にあり，1997（平成9）年度21.2％から2006（平成18）年度の30.0％へと1割近く増加しています。

　このようにして見ると全体として近年の少年非行は減少の傾向にありますが，夜間徘徊やインターネット等も含めた知能犯の増加，再犯率の高まりなど現代のライフスタイルや格差社会という二極化に象徴される社会の変化をも思わせる新たな傾向も見られ，今後の動向が注目されます。

2　非行の処遇

　少年法第3条に定められた非行少年は，①刑事責任年齢14歳以上20歳未満の罪を犯した少年である犯罪少年，②14歳未満で法に触れる行為を行った触法少年，③20歳未満で家出や不純異性交遊などいわゆる非行にあたる行為がみられ，かつ，将来的に法に触れる行為や犯罪を犯すおそれがある虞犯少年，の3つに

▷1　警察庁統計（少年非行等の概要）
http://www.npa.go.jp/safetylife/syonen34/20070215.pdf

▷2　少年鑑別所
家庭裁判所からの観護措置決定などによって送致された少年を最高8週間収容して，少年が非行に至った要因や立ち直りに何が必要かなどを，心理学や教育学・医学・社会学などの専門的な立場から明らかにする法務省管轄の施設。臨床心理士など臨床心理学の知識をもつ専任職員もおり，地域に対して非行などの少年問題についての相談も行っている。

分けられます。これらの少年は，図10.4.1のように，家庭裁判所への送致や児童相談所への通告を経て，児童相談所や**少年鑑別所**，少年院といった施設での指導を受けることになります。神戸小学生連続殺傷事件を契機に少年法の厳罰化へ向けた改正が行われましたが，少年が非行に至った（至らざるを得なかった）背景や，問題を乗り越えて成長するにはどのような支援が必要かという，保護的な立場からの処遇検討も重要です。

たとえば少年院から仮釈放された少年には，立ち直りを手助けする者として，担当の**保護司**が支援を行います。しかし保護司はいわばボランティアであり，心理学などの専門知識・専門技能をもつ者ではありません。非行の背後にある現代社会の複雑さや少年たちの複雑な心理を理解し支援を行うには，ますます専門的な知識・技能が求められる時代です。民間の篤志家である保護司に多くを任せるのは保護司にとっても負担かもしれません。そうしたシステムの改善も含めて，成人以上に，その後の人生が長く，立ち直りが大きな意味を持つ少年に対して，どのような支援を行えるかの検討は重要です。

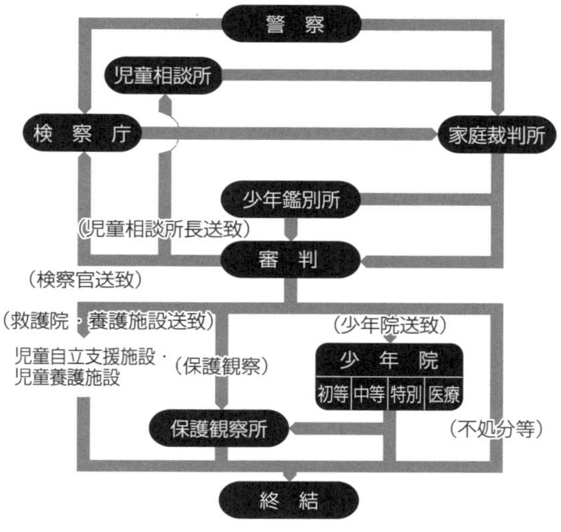

③ 立ち直りにむけた支援の必要性

ところで学校内の生活指導・生徒指導の場合には，服装違反や飲酒・喫煙・けんかなど，いわゆる生活指導・生徒指導上の問題となるような行為を行う少年が，非行傾向のある生徒として指導の対象になることが多いでしょう。X-9でも述べるように，非行は処罰の対象となることが多いですが，じつは背景には，少年を非行に追い込む不幸な環境要因や育ちのなかでの偏りなど，少年の努力を超えた要因も存在していることが多いのです。たんなる処罰ではなく，立ち直りや成長のために必要な支援が何かを考える教育相談的な支援がじつは重要です。校内暴力やいじめなど，非行は周囲も巻き込んで，学校を危機的状況に追い込む場合もあります。警察の権限を拡大したり，民間ボランティアによる見回りなどを強化し，いわば取り締まり（処罰）の強化でそれらに対応しようという方向性も近年強まっていますが，そうした方向性には，少年の権利保護や健全な育成を支援する立場から，日弁連も反対の意見を表明しています。触法・犯罪行為であれ，校内での比較的軽微な違反行為であれ，その背景にある生徒の思いや境遇を理解し，たんなる処罰強化でない支援が必要です。

（伊藤亜矢子）

X-4 非行：居所のなさ

図10.4.1 非行少年の処遇の流れ

出所：法務省ホームページ少年鑑別所のページ http://www.moj.go.jp/KYOUSEI/kyouse06.html

▷3 生島浩 2003 少年非行の焦点 金剛出版

▷4 保護司
保護司法に基づいて法務大臣から委嘱される無給・非常勤の国家公務員。民間人として地域に詳しいことなどから，保護観察官と補い合って更生保護の仕事をすることが期待されている。保護観察中の人に定期的に会い，生活の状況を確認し見守りながら，少年院を退院した後にスムーズに社会復帰できるよう相談に乗ることがおもな仕事となっている。

▷5 日本弁護士連盟 2005 「少年非行防止法制の在り方について（提言）」に対する意見
http://www.nichibenren.or.jp/ja/opinion/report/data/2005_46.pdf

X 適応の理解と支援②子どもを支える

5 学習障害：読めない，計算ができない

1 教育的支援を必要とする児童生徒の存在

近年，学習障害（LD），注意欠陥多動性障害（ADHD），高機能自閉症など，知的発達に遅れがなく，多くが通常の学級に在籍している児童生徒への教育的支援のあり方に関心が集まるようになりました。

2012年の文部科学省の全国実態調査によると，知的発達に遅れはないものの，学習面や行動面で著しい困難を示し，何らかの教育的支援が必要と見なされる児童生徒が，通常の学級に6.5％いることが明らかになりました[▶1]。この調査結果は担任教師からの回答に基づいており，医師等の専門家による診断ではありませんが，特別な教育的配慮を要する児童生徒が通常学級に多数在籍しているという事実が明らかとなりました。

▶1 文部科学省 2012 通常の学級に在籍する発達障害の可能性のある特別な教育的支援を必要とする児童生徒に関する調査結果について

2 学習障害（LD：Learning Disabilities）とは？

この6.3％の中に学習障害の児童生徒も含まれていることが推測されます。学習障害児については，1999年に示された「学習障害児に対する指導について（報告）」[▶2]に，下記のように定義されています。

「学習障害とは，基本的には全般的な知的発達に遅れはないが，聞く，話す，読む，書く，計算する又は推論する能力のうち特定のものの習得と使用に著しい困難を示す様々な状態を指すものである。学習障害は，その原因として，中枢神経系に何らかの機能障害があると推定されるが，視覚障害，聴覚障害，知的障害，情緒障害などの障害や，環境的な要因が直接の原因となるものではない」。

この障害の原因として，中枢神経系の機能不全が推定されていることに留意する必要があります。すなわち，この障害は子ども本人の努力不足や，保護者の養育の失敗や家庭環境等がその根本原因ではありません。いわば，子ども自身あずかり知らぬ中枢神経系の機能障害のゆえに，情報を受けとめ→整理し→まとめ→表出するといった処理過程のどこかにうまく機能しない部分がある子どもであるとの認識にまず立つ必要があります。

▶2 学習障害及びこれに類似する学習上の困難を有する児童生徒の指導方法に関する調査研究協力者会議 1999 学習障害児に対する指導について（報告）

3 読めない，計算ができない

「聞く，話す，読む，書く，計算する又は推論する能力」は，学校で教科を

学習するために必要不可欠な基礎的能力です。これらの能力の習得と使用に困難があれば、小学校に入学した後に、国語科、算数科などの教科学習での習得の遅れとなってあらわれます。たとえば、読めない、計算ができないといった状態です。知的発達にとくに遅れが見うけられないため、周囲はその障害に気づきにくく、適切な対応がなされぬことも少なくありません。それゆえ、本人は学習面でつまずいたり、対人関係がうまくとれないといった失敗体験等により、自分に自信がもてなくなったり、逆に周囲への反発心を強めていったりする状況に陥りやすいのです。このことが不登校や非行などの不適応につながる可能性もあります。このように、障害に伴って引き起こされる二次的な問題が拡大していかぬよう、周囲の人（教師、保護者等）がこの子を理解し、適切な対応を講じることがきわめて重要となります。

❹ 存在に気づき，実態を把握する

学習障害児への対応については、まず担任教師が学習障害児の存在に気づくことが出発点となります。

◯ 実態把握の基準（試案）

前述の報告には、試案として、校内で実施可能な実態把握の基準等が示されています。それによると、定義の中の「著しい困難（遅れ）」とは、小学2、3年生では1学年以上の遅れ、小学4年以上又は中学では2学年以上の遅れを目安とします。「全般的な知的発達に遅れはない」とは、教科別評価の観点で学年相当の普通程度の能力を示すものが1以上あることを目安としています。いずれも、学業成績、日頃の授業態度、提出作品、ノートの記述、保護者からの情報等をもとに実態を把握できます。実態把握の過程では、子どもの得意とする内容も見出す必要があります。得意な内容は、本人に自信を育てるための重要な鍵になるからです。

◯ K－ABC心理・教育アセスメントバッテリー

障害が疑われる子どもに対し、その心理的評価のために使用される代表的な検査の1つに、「K－ABC心理・教育アセスメントバッテリー」があります。特徴は以下の通りです。

目　　的：児童生徒の知的活動の特性を認知処理過程と知識・技能の習得度から詳しく分析します。その結果を総合的に評価し、指導に役立てます。

適応年齢：2歳6カ月～12歳11カ月

所要時間：約15～60分

特　　徴：児童生徒の認知処理過程を**継次処理**と**同時処理**から評価し、その子の得意な学習スタイルを見出すことができます。それゆえ、その結果を学校での学習指導等に生かすことができます。（松田信夫）

▷3　同上書

▷4　継次処理
複数の情報を連続的・系列的に分析し、処理していく情報処理。この処理が得意な子どもには、たとえば、段階的に情報を提供したり、リハーサルさせたりする指導が効果的である。

▷5　同時処理
複数の情報を統合させ、全体から関係性を抽出し、処理していく情報処理。この処理が得意な子どもには、たとえば、全体的な概念や問題を最初に与えたり、視覚的・運動的手がかりや指示を活用する指導が効果的である。

X 適応の理解と支援②子どもを支える

6 注意欠陥多動性障害：落ち着きのない子

① 注意欠陥多動性障害（ADHD：Attention Deficit/Hyper-activities Disorders）とは？

▷1 特別支援教育の在り方に関する調査研究協力者会議 2003.3．今後の特別支援教育の在り方について（最終報告）

2003年に示された「今後の特別支援教育の在り方について（最終報告）」のなかで，注意欠陥多動性障害（ADHD）は次のように定義されています。

「ADHDとは，年齢あるいは発達に不釣り合いな注意力，及び／又は衝動性，多動性を特徴とする行動の障害で，社会的な活動や学業の機能に支障をきたすものである。また，7歳以前に現れ，その状態が継続し，中枢神経系に何らかの要因による機能不全があると推定される」。

注意欠陥多動性障害の子どもへの教育的対応としては，学習障害（LD）の子どもへの対応と同様，学校として組織的に支援を開始する必要がありますが，まずその存在に気づくことが大切です。前述した最終報告には，試案として注意欠陥多動性障害の判断基準が示されています。それによると，「不注意」「多動性」「衝動性」に関して設けられた設問の多くに該当し，その状態が6カ月以上続いていること，そしていちじるしい不適応が学校のみならず，家庭など複数の場面でも認められること等が示されています。ただ，厳密な診断については，医療関係者からの意見をかならず含めつつ，慎重に行わなくてはなりません。

▷2 井上とも子 1999 注意欠陥・多動性障害への教育的アプローチ 発達障害研究, 21, 192-201．

② 問題行動が生じる背景（その悪循環）

井上は，注意欠陥多動性障害の子どもによる「問題行動」が生ずる背景を分析し，その「悪循環」を図10.6.1のように示しました。

これによると，注意欠陥多動

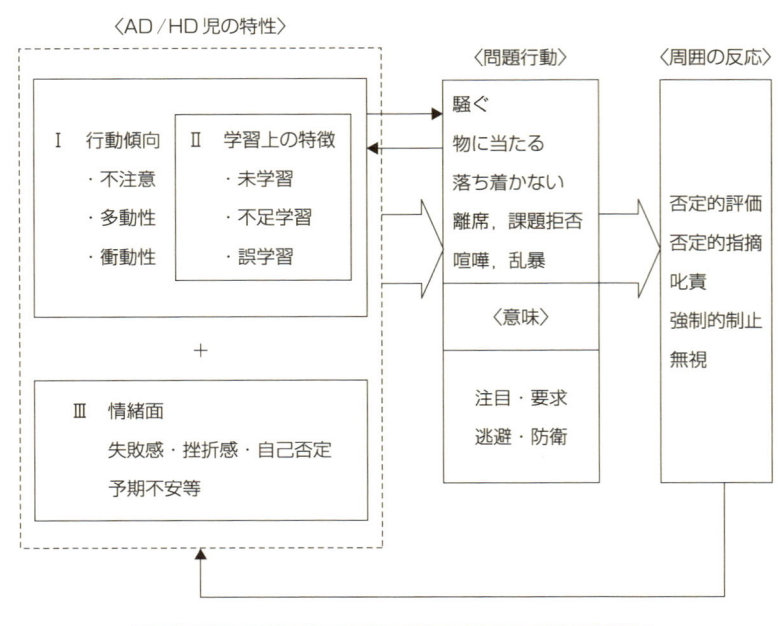

図10.6.1 ADHD児の問題行動が強まっていく循環
出所：井上，1999

〈AD／HD児の特性〉
I 行動傾向
・不注意
・多動性
・衝動性

II 学習上の特徴
・未学習
・不足学習
・誤学習

III 情緒面
失敗感・挫折感・自己否定
予期不安等

〈問題行動〉
騒ぐ
物に当たる
落ち着かない
離席，課題拒否
喧嘩，乱暴

〈意味〉
注目・要求
逃避・防衛

〈周囲の反応〉
否定的評価
否定的指摘
叱責
強制的制止
無視

性障害の子どもの学習上の特徴として，未学習（年齢や場に合った適切な対応の仕方がまだ学習されていない状態），不足学習（適切な対応の仕方がまだ十分には身についていない状態），誤学習（不適切な行動が定着した状態）の3つをあげています。それゆえ，騒ぐ，物に当たる，離席する等の問題行動が生じ，それらに対する周囲からの反応としては，叱責などの否定的対応であることがこれまで少なくなかったのです。こうした対応について，注意欠陥多動性障害の子どもは自分にとってよくない評価であると理解できるため，情緒面の不安定さが募り，問題行動はさらに増幅されていきます。教育的手だてとしては，この子どもが上述のような問題行動を選択する必要がないように適切な行動を育て，支援することになります。

3 理解と支援のあり方

注意欠陥多動性障害の子どもには，立ち歩きや乱暴な言動等があるため，早くから「困った子」として問題視されます。しかし，本人自身，ある程度は自分の不注意な行動や多動性等に気づいています。そこで「何とかしたい」と思い努力するものの，うまくいかず，失敗感や自己否定感におちいっていることがあります（二次的障害）。危険を伴う暴力的言動が見られた場合には，指導者側からの制止がやはり必要とされますが，本人の努力に気づき，ほめることが，子どもとの信頼関係を築く上での基本となります。そして，障害の特性に応じた指導（時間配分や教材を創意工夫する，得意な活動を用意して学級内に居場所をつくる等）を継続し，自己評価を高めていく必要があります。

4 薬物療法について

注意欠陥多動性障害の子どもは，多動性や衝動性に関する予後が比較的良好であり，中枢神経刺激薬のメチルフェニデート（リタリン）等による薬物療法がある程度有効であるという報告があります。この薬物療法が子どもの学校生活や社会生活によい効果を及ぼすのは，以下の支援も並行して実施したときです。

5 学校が組織として支援を

①子どもの存在に関係者が気づく（チェックリスト等の活用を）。
②子ども1人1人の「違い」を受け入れることのできる学級集団を育てる。
③子どもの特性に応じた教育的支援を，時間をかけて進めていく。
④学校として組織的に支援する体制を整備する（担任1人での対応は困難）。

（松田信夫）

X 適応の理解と支援②子どもを支える

7 自閉症：コンタクトがとれない

1 自閉症（autism）とは？

多くの自閉症児に，以下の3つの特徴が見受けられます。

◯対人的相互交渉に障害がある

たとえば，まわりの人への関心が無いかのようにふるまう，視線が合いにくく友だちと遊ぼうとしない，呼びかけても返事をしない，などの行動が見られます。この対人的相互交渉の障害が，自閉症のもっとも中核的な問題と考えられています。

◯言葉の発達や，想像的活動に障害がある

言葉にいちじるしい遅れがある，相手の言葉を繰り返す反響言語（エコラリア）がある，ジェスチャーなどの非言語的表現や比喩表現の理解が困難である，模倣やごっこ遊びが困難である，などです。

◯興味や活動の範囲が限られている（特定の事物へのこだわりがある）

いつもの生活行動の順序や物理的環境が乱されると激しい情緒不安定（いわゆるパニック状態）に陥る，特定の事物に強い関心を示す（例；壁のスイッチ操作に固執する）などの行動が見られます。

また，多動であったり，自傷行動が見受けられることもあります。

これらの特徴は，生後3歳位までの発達期に始まります。約70～80％の自閉症児に知的障害があります。男女比はおおよそ4対1で，男子に多い障害です。

1980年代より「心の理論（theory of mind）」の研究がさかんになり，他者の感情や考えていることを理解することのできる力の発達に関心が集まりつつあります。自閉症児はこの心の理解が困難であることが見いだされていますので，心の理解への支援が，保育・教育関係者の課題になっています。

2 自閉症の原因と出現率

自閉症という障害について，1943年にカナー（Kanner, L.）が「早期幼児自閉症」としてはじめて報告し，研究が始まりました。その後，この障害の原因について，心因論が優勢となった時代もありました。たとえば，親による育児態度にあたたかさが欠けていた，あるいは子どもに対して拒否的であった等が原因で，子どもの社会性の成長が阻害されたとする論です。また，自閉症を統合失調症の一種であるとする説なども登場しました。しかし，その後の研究に

より，心因論は影をひそめ，現在では，大脳に何らかの要因による機能不全のあることが，その原因として推定されています。自閉症の出現率は約0.2～0.5％と言われています。

③ 自閉症児の成長・発達

前述した特徴を，指導によって完全になくすことは困難と言わなければなりませんが，早期からの適切な教育的はたらきかけにより，少しずつ症状を軽くしていくことができます。とくに，対人的相互交渉の障害については，幼少期から子ども集団のなかで丁寧な保育を受け，対人交渉に慣れさせていけば，4～5歳のころには症状がかなり改善されるケースもあります。

ただ，言語面や興味の範囲の面では，その改善に時間のかかることが少なくありません。しかし，こうした面についても，保育や教育からの適切なはたらきかけにより，ゆっくりではあっても改善されていきます。

指導にあたって留意しておかなければならないのは，自閉症児の成長・発達は前進と退行を繰り返すことがあるという点です。改善に向けて成長しつつあると思われても，ある時期からまた自閉症特有の症状が強くなるといった例があります。思春期にそうした状態の見られることがあり，教師や親を心配させます。しかし，この状態も数年で徐々におさまり，全体として改善に向けて成長・発達していきます。長い目で自閉症児の成長を見守りつつ，適切なはたらきかけを続けていく必要があります。

④ 適切なはたらきかけ（保育・教育）

○人に関心を向けさせる働きかけを継続する

皮膚を通して快の刺激をゆっくり与えていく活動には，自閉症児の関心を人に向けさせていく効果があります。大人と一対一でできる遊びを工夫するとよいでしょう（例；「こちょこちょ，もみもみ」などの言葉をかけつつ，くすぐり遊びをする等）。

○言葉がけは簡潔・具体的に行う

自閉症児にとって抽象的な言葉は理解困難な場合が多いので，簡潔かつ具体的な言葉がけが必要です（例；「まじめに掃除しなさい」→「ココからアソコまでのゴミを取りましょう（大人が指で地点を指し示す）」）。

○指導のめあて（目標）をしぼる

一度に多くの問題行動を改善させようと焦ると，大人も子どもも疲れます。幼少時であれば，当面の課題を1つか2つにしぼる必要があります。うまくこなすことができればしっかりほめることが大切です。課題が達成されれば，少しずつレベルアップしたり，課題の数を増やしていくとよいでしょう。

（松田信夫）

X 適応の理解と支援②子どもを支える

8 精神疾患：心の「病」を理解する

1 ストレス社会

　現代社会はストレス社会と言われています。ストレスとは，精神的な緊張を意味し，心や体にゆがみや変調が生じた状態です。このストレスを引き起こす原因には少なくとも4種類あります。①物理的原因：温度や騒音による刺激など。②化学的原因：薬害，栄養の不足など。③生物的原因：病原菌による病気など。④精神的原因：人間関係上のトラブルなど。

　これらのうち，とくに多いのが精神的原因です。たとえば，学校で友達との間に生じた諸問題，職場で上司，部下，同僚との間に生じた諸問題，あるいは自分の能力では対応しがたい仕事内容などが精神的苦痛の原因にあげられます。このストレスを放置すると，うつ病や神経症などが生じることがあります。これらの疾患は日常生活，仕事，学業に支障をきたしますので，診断を通して原因を知り，その解決方法を見つけることが大切です。診断では，精神疾患の診断・統計マニュアルであるDSM-5などが用いられます。

▷1　DSM-5
米国精神医学会（APA）が作成した診断基準。原因についての判断は保留し，現時点での症状に注目して客観的に判断する方針をとっている。たとえばうつ病に関しては，心因性か内因性かといった区別をつけず，診断基準を満たす状態を見出すことができればうつ病と診断する。

2 うつ病

　うつ病は，抑うつ気分，不安・焦燥，食欲低下，不眠などを特徴とする精神疾患です。うつ病には次の2つの主要症状があります。①抑うつ気分：気分の落ち込み，何をしても晴れない嫌な気分など。②興味・喜びの喪失：以前楽しめていたことに楽しみを見いだせない状態など。こうした症状が2週間持続することがうつ病診断の条件となっています。

　12歳未満では0.5％～2.5％，12歳から17歳では2.0％～8.0％の有病率が認められています。6カ月程度の治療で回復する症例が60～70％程度とされ，多くの症例が比較的短い治療期間で回復すると言われています。子どもの場合，うつの状態をうまく言語化できず，頭痛や腹痛などの身体症状や不登校等の行動面にあらわれることがあります。学校関係者が生徒のこうした異常に気づいたときには，複数の教員（管理職と養護教諭を含む）で生徒の客観的情報を急いで収集し，家庭との連絡を密にする必要があります。そして医師からの診断が必要と判断されれば，生徒とその家族に提案します。治療方針としては，うつの状態であることを生徒と家族が納得し，精神療法（いわゆるカウンセリング）や薬物療法（抗うつ薬を使用）を通してゆっくり回復を待つことです。この症状

3 神経症

　神経症は以前はノイローゼと呼ばれていました。うつ病や統合失調症などより軽症で、強迫性障害や社会不安障害などが含まれます。強迫性障害の例として、不潔なものを嫌う感情が極度に強まり、清潔を保とうと日に何度も手を洗浄したり入浴しないと気がすまないなど、日常生活に支障が生じるような状態があげられます。社会不安障害の例として、人前で発言したり、字を書くときに手が震える等、他人から注目され、批判されたり恥ずかしい思いをするのではないか、というような恐れから生じるものがあげられます。つまり、一般の人が普段から体験するような心や身体に対する感覚や感情が強まり過ぎた状態と言えます。対応としては、前述したうつ病と同様、生徒の客観的情報を学校と家庭とで共有する必要があります。精神療法（カウンセリング）や薬物療法（抗不安薬、抗うつ薬を使用）も効果があります。

4 統合失調症

　幻覚や妄想など、多彩な症状を示す精神疾患です。発病率は人口の1％程度と言われています。原因としてある程度わかっていることとしては、親の育て方や環境要因だけでこの疾患になるのではなく、遺伝病でもないということです。なお、この疾患については、2002年まで精神分裂病と呼ばれていました。症状としては、大きく陽性症状と陰性症状があります。

　陽性症状とは、心の中に通常は見られない異常なはたらきが見られる状態です。たとえば、幻覚や妄想、思考の中身が周囲に漏れているような感じ、外から身体や思考を操られるような体験などがあげられます。誰が見ても明らかに異常と分かるはっきりした症状です。陰性症状とは、通常の心のはたらきが見られないか鈍っている状態です。たとえば、社会的なひきこもり、意欲・集中力の低下、異常な疲れやすさ、会話量の減少などの症状があげられます。周囲の人からは怠け者のように誤解されやすく、本人にはつらい状況です。どちらの症状でも、自分が病気であることを通常認識しにくくなっています。

　治療としては、外来治療と入院治療に分けられ、薬物療法がその柱となります。抗精神病薬の投与が症状の軽減に有効ですが、近年さらに新たな薬剤も開発されつつあります。

　予後についての偏見（「症状は進行し人格は崩壊する」等）が現在でも残っていますが、これは事実に反しています。調査によれば予後は多様であり、約3割の患者は以前の生活能力を回復し、約5割の患者は軽度の症状を残しつつも、生活能力が若干低下する程度に安定すると言われています。

（松田信夫）

▷2　幻覚
実際には実在しないはずのものが見えたり聞こえたり臭ってきたりすることを言う。人の話し声が聞こえてくる「幻聴」がとくによく見られる。その多くは、自分自身に対する悪口や噂のかたちをとり、直接自分に話しかけてくるものもある。

▷3　妄想
客観的に見れば明らかな事実誤認であるにもかかわらず、強固な信念で確信され、訂正されることのないものを言う。たとえば、「○○が私の才能を妬み、ところかまわず非難中傷している。このままでは私の人生は台無しになる」「○○が私の電話を24時間盗聴している」「頭に電波が入ってくる」など。

X 適応の理解と支援②子どもを支える

9 生徒指導と教育相談：規律と受容の中で

① 「規律」と「受容」は永遠のテーマ？

「**生徒指導**」は厳しく生徒を叱責し，「**教育相談**」は生徒を甘やかす。一昔前までは，そのようなイメージが多かったのではないでしょうか。「教育相談」を，生徒の気持ちを受け入れ，生徒の理不尽な行動まで容認するもの，と捉えると，たしかに生徒の正しくない行動を律する「生徒指導」とは対照的なものとなります。

しかし賢明な読者はお気づきでしょうが，相談は"気持ち"を受け入れるものであって，不適切な"行動"を容認するものではありません。

たとえば非行でも，その背景には，家庭での支えやモデルのなさ，学習不振による授業への不適応，自信のなさ，対人関係のスキル不足からくる周囲との関係の悪化など，不登校とも共通する本人の苦しみやSOSの表れであることが多いのです。喫煙や夜間徘徊などの"不適切な行動"を許容するのではなく，背後にあるそうした苦しみや心の課題を理解し，本人の自己成長を支援しようとするのが教育相談的な受容的姿勢です。生徒の"気持ち"を重視し，生徒の生活状況や背後にある課題を受け止め"受容"しつつ，生徒の自己成長をめざすものであり，不適切な"行動"を容認するものではありません。生徒を理解しつつ，適切な"行動"がとれるように支援するのだから，その点では，"生徒指導"と何ら矛盾はないのです。

ところが一方で，「生徒指導」では，体罰に象徴されるような「頭ごなし」に不適切な行動を押える仕方が主流であった時代がありました。体罰や「頭ごなし」とまでは行かなくても，生徒指導は，飴・ガムに始まり喫煙や喧嘩など適切でない行動を抑制し禁止するものです。現象としては，教師側の基準で，教師の力で生徒の行動基準を変えさせる，という形になりがちです。生徒の行動を教師側の基準で止めるのだから，生徒の気持ちや言い分を聞いていたら生徒になめられる，生徒の主張に耳をかしては教師側の基準が通らなくなる，など，生徒の気持ちを尊重することは生徒に譲歩して教師が負けることだ，という感覚をもつ教師も少なくありません。

深い適切な生徒理解は，けっして生徒指導と矛盾しないし，生徒指導力のある教師は，しばしばカウンセラーとも共通する人間理解の知識をもっています。けれど，無意識に上記のような力の関係に立つ教師や，気持ちや人格の「受

▷1 生徒指導
文部科学省の学習指導要領では，生徒指導を，教師と生徒の信頼関係および生徒相互の好ましい人間関係を育てるとともに生徒理解を深め，生徒が自主的に判断，行動し積極的に自己を生かしていくことができるよう指導・援助を行うこととして位置づけている。
文部省　1999　中学校学習指導要領（平成10年12月）解説　特別活動編

▷2 教育相談
同じく文部科学省の学習指導要領では，生徒指導の目的は究極的に生徒の1人1人の望ましい人格形成を図ることをねらいとしているので，集団場面だけでなく，個人指導も必要であり，その代表的な形態が教育相談であるとしている。そして教育相談を，1人1人の生徒の自己実現を目指し，本人またはその保護者などに，その望ましい在り方を助言することと位置づけている。ここでも生徒指導と教育相談はまったく対立的なものではない。

容」を，行動の「許容」と誤解する人々は，「生徒指導」と「教育相談」を対立的なもの，相容れないものと受け取りやすいようです。

2 生徒指導・教育相談が見逃しやすいもの

「生徒指導」が見逃しがちなのは，生徒の不適切な行動には，それなりの心理的な必然が隠れていることが多いということです。うさばらしの喫煙も，他にはらしようのない"うさ"があるからであり，本当は生徒にとって，したくない行為・してはならないとわかっている行為かもしれません。根本的な問題は，"うさ"となっている困難な状況の解決や，より適切な行動で"うさ"をはらせるようなマネジメントの方法を習得することかもしれないのです。

他方，「教育相談」では，一般的なカウンセリングの方法にばかり固執していると，生徒との関係づくりや生徒の心の世界を扱うことばかりに時間とエネルギーが注がれ，現実の学校生活の時間の流れや必要な現実的な問題解決とかけはなれてしまう危険があります。心理治療においても，現実的なクライエントの生活を支えることや，関係者との関係調整などの現実的な介入，時間的な制限などの現実原則の尊重などは大変重要です。現実とかけはなれて心の世界ばかりに入り込むことが適切とは言えません。しかし表面的な理解でカウンセリングの方法を教育現場にもちこむと，喧嘩予告の日時までに生徒と気持ちが共有できないから喧嘩を止められなかった，生徒の心の世界ばかり聞いていて現実の進学支援を忘れて高校進学が不可能になった，など，生徒にとっても不利益を被る事態に陥りかねません。生徒の気持ちを尊重し生徒の状況を理解することは，現実吟味なくしてはなりたたないのです。

3 これからの校内支援

たとえば，心理学の知識をとりいれた生徒指導の方法として，非暴力的危機予防プログラムCPIでは，生徒と教師の相互作用が力と力の戦いになってしまうのを避けることが，無用な暴力的対立を防ぐひとつの方法と位置づけています。「生徒の気持ちを聞いたら教師が負ける」「教師の言うことを聞いたら負けだ」というような力の対立に陥るのではなく，生徒のおかれた状況や不適切な行動の背景にある生徒の苦境を理解しつつ，生徒が理解できる言葉で適切な行動の基準を示し，生徒自身の自己決定を待つ時間的猶予をもちながら，適切な行動へと生徒を導いていくことが望ましい生徒指導として提案されています。

「生徒指導」か「教育相談」か，「規律」か「受容」か，というような表面的な二項対立に立つのではなく，適切な「生徒理解」と教職員間の「協働」「連携」によって，生徒の成長を支援することが，これからの校内指導には強く求められています。

（伊藤亜矢子）

X 適応の理解と支援②子どもを支える

10 アセスメントと援助チーム：援助の手立て

1 アセスメントの必要性

　アセスメントとは評価という意味であり，学校現場でも最近この言葉が定着してきました。より適切な学習指導を行うためには，まず子どもの実態を正しく知る必要があります。たとえば学習障害（LD）の子どもが示すつまずきの背景には，中枢神経系の機能障害ゆえ，情報を受けとめ→整理し→まとめ→表出するといった情報処理過程のどこかに，うまく機能しない部分があると推定されています。こうした状態は，学校で学習を進める際の支障となりますので，周囲からの早い対応が必要です。その子の苦手な内容は何か，同時に得意な内容は何かを正しく把握するために，このアセスメントは欠かせません。

　学習障害（LD），注意欠陥多動性障害（ADHD），高機能自閉症，知的障害などの子どものアセスメントに広く使用される代表的な心理検査に，「K—ABC」と「WISC—Ⅳ」があります。K—ABCについては X-5 で前述していますので，ここではWISC—Ⅳについて説明しましょう。

○ WISC—Ⅳ知能検査

目　　　的：子どもの知的発達の様相を多面的に把握し，その結果を指導に役立てることを目的とします。

適応年齢：5歳0カ月～16歳11カ月

所要時間：60分～90分

特　　　徴：全体的な認知能力を表す全検査IQ（FSIQ）と，四つの指標得点（**言語理解指標**▷1，**知覚推理指標**▷2，**ワーキングメモリー指標**▷3，**処理速度指標**▷4）を算出します。これらの値より，子どもの指導に有効な特徴を把握できます。

○ 保護者の了解と情報管理

　アセスメントの必要性について事前に保護者に説明し，実施への了解をいただくという手順を踏むことが必要です。結果に示されるその子の特徴をもとに，適切な指導法を見出していくことがアセスメントの目的です。アセスメントによって得意不得意の内容を見出せると，効果的な援助の手立てを見つけやすくなるため，その手立てを指導に生かしたいという方針を保護者に真摯に示すことが必要です。なお，検査結果は重要な個人情報にあたりますから，その慎重な管理が不可欠です。

▷1　言語理解指標
主に言語の理解度に関する指標。言語概念の獲得や言語を用いた推論，言語的な知識量などを示す。

▷2　知覚推理指標
非言語的な領域の発達水準に関する指標。大きく，推理・認知・協応に分かれる。

▷3　ワーキングメモリー指標
短期記憶の能力に関する指標。短期記憶とは，記憶（情報）を一時的に保持し，操作をする能力。

▷4　処理速度指標
単純作業を処理する能力に関する指標。

X-10 アセスメントと援助チーム：援助の手立て

◯子どもの全体像の把握

　心理検査を用いたアセスメントの結果は重要な情報を提供してくれますが，①生育歴，②医学的診断結果，③学校や家庭での行動観察などからの情報も並行して収集しつつ，子どもの全体像を把握する必要があります。こうした個人情報は，保護者の了解のもとで集めなければなりません。

◯検査結果をかならず指導に生かす

　検査には一定の時間を必要としますので，子ども側の心理的負担はけっして小さくないと思われます。検査者は検査結果から，今後の適切な指導に向けた情報を引き出すよう努力しなければなりません。

② 援助チーム

　子どもへの学習支援にあたる教師は，大抵の場合，学級担任が中心となりますが，複数の支援者がチームをつくることが望ましいとされています。教師1人では対応しにくい問題への対応を円滑に進めるためにも，あるいは1人の教師が孤立無援の状況に陥らぬためにも，このチームは心強い存在となります。石隈はこの援助チームについて，日々直接指導にあたっている学級担任の教師，保護者，特別支援教育担当教師などをあげています。同時に，この人たちが互いに連携し，周囲のさまざまな援助者とともに援助活動のネットワークを広げながら，援助を推進させる取り組みを提案しています。この援助チームの活動を支える組織として，校内委員会の役割が大変重要です。

③ 校内委員会

　この委員会は，学校生活に困難を抱えている子どもを，学校として組織的に支える取り組みを進めます。学級担任や保護者からの相談の窓口になりながら，子どもの実態に基づいて支援案を検討したり，**個別の教育支援計画**の作成を支援したり，特別支援教育の研修なども担当する重要な組織です。当委員会が実りある支援活動を展開するためには，その構成員として管理職（校長，教頭），**特別支援教育コーディネーター**，特別支援教育担当教師，教育相談担当教師，養護教諭らの参画が必要です。家近・石隈は，いわゆる「問題行動」（例：授業のエスケープ，教師に対する暴言）に悩んでいた中学校の校内委員会（論文中での名称は「コーディネーション委員会」。教育相談の勉強会として発足）の組織的活動を支援しました。その結果，生徒への直接的対応にあたる援助チームを周囲の教師が支え，その活動を促進させることができました。つまり，校内委員会が援助チームの活動を支えることにより，学校全体で対策を講じようとする機運が高まり，状況は改善の方向に進み始めたのです。

　学習障害，注意欠陥多動性障害，高機能自閉症などの子どもたちへの支援についても，同様の体制で支援する方針が必要とされます。　（松田信夫）

▷5　石隈利紀　2004　特別支援教育のシステムとコーディネーターの役割——学校心理学の立場から　特別支援教育, **12**, 4-8.

▷6　個別の教育支援計画
乳幼児期から学校卒業後までの長期的な視点に立ち，幼児児童生徒1人1人の障害の実情や教育的ニーズを踏まえ，適切な支援を行うことを目的に保護者の同意のもとに学校が作成する計画である。短期目標（おおよそ1年間の目標）とともに長期目標（おおよそ3年間の目標）や，さらに将来を展望した目標を記載することが望ましい。また，学校からの支援内容のみならず，保健，医療，福祉，労働等の関係諸機関からの支援内容についても適切に記載する必要がある。作成には幅広い情報を必要とするため，担当教師と特別支援教育コーディネーターが協力することが望ましい。

▷7　特別支援教育コーディネーター
⇒ X-13 参照。

▷8　家近早苗・石隈利紀　2003　中学校における援助サービスのコーディネーション委員会に関する研究——A中学校の実践を通して　教育心理学研究, **51**, 230-238.

▷9　校内委員会の役割については X-13 も参照。

X 適応の理解と支援②子どもを支える

11 スクールカウンセラー：悩みを受け止め支える

1 スクールカウンセラーって何する人？

　読者の学校のスクールカウンセラーはどのような活動をしていたでしょうか。1995（平成7）年の**スクールカウンセラー活用調査研究委託事業**[1]から10年以上がすぎ，すでに公立中学校のほとんどに**臨床心理士**[2]のスクールカウンセラーが配置されるようになりました。中学時代にスクールカウンセラーが学校にいたという読者も多いのではないでしょうか。

　けれど，校内にスクールカウンセラーはいたが，顔や名前はわからないという読者も多いかもしれません。反対に，スクールカウンセラー便りや相談室の開放，カウンセラーと養護教諭による心理教育的な授業など，カウンセラーが校内で活発な活動をしていた学校もあるでしょう。活用の度合いや活動内容は，カウンセラーと学校の双方の事情によってさまざまなのが実態です。

2 学校コミュニティに働きかけるコミュニティ・アプローチ[3]

　学校には，メンタルヘルスに関連した問題を呈している子やさまざまな悩みを抱えている子がいる一方で，何も問題や困難を抱えていない元気な子どもたちも大勢います。場合によっては後者が大半かもしれません。さらに，学校現場は，"相談治療の場"と違って，"日常的な教育の場"です。防音設備のある個室で心の世界を扱うカウンセリングと同じことはできません。むしろ，担任教師・管理職・養護教諭・教科担任教師などさまざまな大人がいるコミュニティとしての学校という場を活かした支援を行うことが大切です。

　コミュニティ心理学[4]では，コンサルテーションや危機介入などを活用して，コミュニティのメンバーと心理の専門家が協働して問題解決にあたります。日本の心理臨床の分野では，こうしたコミュニティ心理学に基づくコミュニティの特徴を活かした支援を臨床心理学的地域援助と呼び，スクールカウンセリングにおいても，コミュニティ・アプローチを重視しています。

　たとえば次に述べるように，予防・成長促進に向けて心理教育などの学校・学級全体にかかわる活動を行うことや，教師コンサルテーションで教師と協働して問題解決にあたるなどです。とくに教師コンサルテーションは，大人からの支援を好まない子どもたちへも，教師の子どもたちへの対応を工夫することで間接的支援ができます。教師とカウンセラー（コンサルタント）が話し合っ

▷1　スクールカウンセラー活用調査研究委託事業
スクールカウンセラーの全国配置にさきがけて，1995年度からスクールカウンセラー活用調査委託事業が開始された。これは，行政から委託された学校が，スクールカウンセラーの派遣を受けて，校内で実際にカウンセラーをどう活用できるかを検討する事業である。その後，活用による成果が認められ，全国配置へと展開した。

▷2　臨床心理士
心理カウンセリングなどの臨床心理学専門技法を用いながら，心の問題に対する援助を行う専門家。財団法人日本臨床心理士認定協会および日本心理臨床学会，日本臨床心理士会の3団体が合同で認定する文部科学省管轄の資格。指定された大学院修士課程を修了すると資格試験の受験資格が得られ，必要な経験と資格試験への合格により臨床心理士として認定される。資格は5年の更新制となっている。国家資格ではないが，臨床心理系の有力な資格として社会的な認知を受けている。

▷3　伊藤亜矢子　2007　学校臨床心理学――学校という場を生かした支援　北樹出版

て，子どもへの理解を深め理解の幅をひろげることで，新たな対応の工夫を見いだすのです。

③ 予防・成長促進に向けて

コミュニティ心理学が重視することのひとつに，予防・促進ということがあります。問題が起こってから"治療"を行うのではなく，問題の発生や悪化を"予防"し，成長や健康を促進しようという考え方です。

学校現場も，先に述べたように，問題をすでに呈している子だけでなく，多くの健康な子どもたちがいます。全ての子を対象に予防・促進的な支援を行うことが学校現場では適しています。

たとえば具体的には，小学校から中学校への環境移行という問題を発生しやすい不安定な状況にある中学１年生について，短時間でもよいからスクールカウンセラーが全員と面接を行えれば，課題を抱えてSOSを出している生徒を早期に発見して支援を行うことができるし，新入生もスクールカウンセラーに支援を求めやすくなります。さらに，アサーショントレーニングや**構成的エンカウンター・グループ**など，臨床心理学の実践的な活動を保健体育や学活・道徳・総合的な学習の時間などにカウンセラーと教師が行うことができれば，子どもたち全員に，心理面での問題解決や予防の方法を伝えることができます。

また，スクールカウンセラーだけが対応するのではなく，教師が子どもにどう対応したらよいかを，養護教諭や担任・管理職・相談担当主任・特別支援教育コーディネーターなどと協議するコンサルテーションを行うことも，問題をすでに呈している子だけでなく周囲の子どもへの対応を含めた予防的な支援につながることが多いのです。その後に発生する類似の事例についても，教師が対応のこつを学ぶことができ，結果として問題の発生予防となることもあります。

不登校の生徒への訪問相談や，保護者との面接，本人との相談面接など，問題をすでに呈している子とその周囲への対応だけでスクールカウンセラーの勤務時間が満杯という場合もありますが，その学校のニーズに合わせて，なるべく多くの子どもたちが恩恵を被るような活動をめざすことが重要でしょう。

なお，米国の国家基準では，学業的発達・キャリア的発達・個人的－社会的発達の各領域を通じて，全ての子どもたちの学習を進歩させ向上させることをスクールカウンセリングの目的としています。現在ではその活動についても説明責任が求められるようになってきています。

いじめ・不登校対策の色合いが強い日本のスクールカウンセリングですが，少なくともメンタルヘルス面において，問題をいまだ呈していない多くの子どもたちにも利点の多い活動の展開が今後はますます要請されるでしょう。

（伊藤亜矢子）

▷4　コミュニティ心理学
人と環境の相互作用を重視して，個人要因だけでなく環境要因を重視するのが特徴である。環境（コミュニティ）への介入や，コミュニティにおけるコミュニティメンバーとの協働による活動（アクション）によって，人の健康や主観的幸福感を高めることを目的としている。コミュニティ心理学については，以下の文献を参照。
山本和郎　1986　コミュニティ心理学――地域臨床の理論と実践　東京大学出版会

▷5　予防
コミュニティ心理学で重視される概念。代表的なものに，問題の発生を予防する一次予防，悪化を予防する二次予防，二次的に生じる社会的な不利益を予防する三次予防がある。

▷6　構成的エンカウンター・グループ
⇒ IX-10 参照。

▷7　Campbell, C. A., & Dahir, C. A. 1977 *The national standards for school counseling programs.* Alexandria, VA: American School Counselor Association.（キャンベル，C. A.・ダヒヤ，C. A. 中野良顕（訳）2000 スクールカウンセリングスタンダード――アメリカのスクールカウンセリング国家基準　図書文化社）

X 適応の理解と支援②子どもを支える

12 特別支援教育：教育的支援を必要とする子どもの成長・発達を援助する

1 障害のある子どもたちへの教育的とりくみ

　洋の東西を問わず，いつの時代にも，障害のある子どもたちは存在してきました。ヨーロッパ諸国でこの子どもたちに対し，国レベルでの教育的とりくみが実質的に開始され始めたのは，19世紀から20世紀にかけてです。このころより，義務教育制度が発展し，障害のある子どもたちにとって教育を受ける機会の必要性とその権利が次第に認められるようになっていきました。

2 教育的支援のための条件整備

　わが国では，義務教育制度は明治以来の歴史を有しています。ただし，今から数十年前までは，重い障害のある子どもたちは学校教育の対象とみなされない時代が長く続いたことも事実です。それゆえ多くの子どもたちは，地域社会との接点をほとんどもつことなく，家庭の中でその一生を送らざるを得ませんでした。また，体の弱い子どもの中には，あまりに早くその人生を終えてしまう子もいました。医療，福祉，教育等からの支援がないために，社会生活を送る上できわめて不利な状態に追い込まれていたのです。

　しかし現在では，どのような障害があろうと，わが国の子どもたち全員に対して学校教育が用意されています。障害のある子どものための学校は全国に約1,000校となり，医療技術も日進月歩の歩みを続けています。そして，障害のある子どもや大人を社会で支え，ともに生活しようとする思想や，それを支えるための法的整備や社会環境等も整いはじめています。

3 「特殊教育」から「特別支援教育」へ

　わが国では，障害の種類を視覚障害，聴覚障害，知的障害，肢体不自由，病弱，言語障害，情緒障害に分類してきました。これらの障害のある児童生徒を対象として，それぞれの障害に応じた特別な学校や学級を設置し，障害に応じた教育を実施してきました。特別な場で特別な教育を実施するこの教育を「特殊教育」と呼んでいました。しかし近年になり，いわゆる通常学級に在籍する学習障害（LD），注意欠陥多動性障害（ADHD），高機能自閉症等の児童生徒たちの存在と指導の必要性への認識が高まってきました。教育相談の場で数多く寄せられる内容として，「知的障害がないと思われるので，通常学級に籍を置

いているが，特定の教科や分野の成績に落ち込みがある」「失敗経験が続き，本人が自信をなくしている」「社会性が身についていない児童への指導に困っている」等があります。本人はもとより，保護者や学校教育関係者がその対応に苦慮している実態があります。近年，「通常学級に在籍し，なんらかの教育的配慮を必要とする児童生徒」への関心は，急速に高まってきました。こうした児童生徒の数については，2002年の文部科学省による全国実態調査によると6.3％（2012年の調査によると6.5％）にのぼることが明らかとなりました。この数値からすれば，小学校の35人程度の通常学級であれば，2～3名が在籍していることになります。こうした児童生徒への教育的支援を推進させることが，学校教育界の重要な課題であることが，数値のうえからも示されたのですが，これまでの「特殊教育」の制度では十分な対応が困難でした。こうした事情を背景として，「特別支援教育」の制度への転換がなされました。

「特別支援教育」とは，障害により教育的支援を必要とする全ての子どもたちを対象に，その教育的ニーズを把握し，もてる力を高め，障害による学習上または生活上の困難を改善していくために必要な支援を行う教育です。この教育の概念について，2003年に示された「今後の特別支援教育の在り方について（最終報告）」に下記のように示されています。

「（前略）特別支援教育とは，これまでの特殊教育の対象の障害だけでなく，その対象でなかったLD，ADHD，高機能自閉症も含めて障害のある児童生徒に対してその一人一人の教育的ニーズを把握し，当該児童生徒の持てる力を高め，生活や学習上の困難を改善又は克服するために，適切な教育を通じて必要な支援を行うものと言うことができる。（後略）」

教育を実施する場としては，特別支援学校（2006年度までの名称は盲学校，聾学校，養護学校），小・中学校に設置される特別支援学級（2006年度までの名称は特殊学級），通級指導教室，通常学級等が学校教育体系に位置づけられ，あらゆる子どもたちに対して9年間の義務教育が保障されています。

❹ 個に応じた教育

指導にあたっては，1人1人の子どもたちの障害の特性や程度，発達段階等を的確につかみ，個に応じた教育計画（**個別の教育支援計画，個別の指導計画**）をたて，個に応じた方法を通して指導を継続し，成長の過程を適切に評価していくことが大切となります。特別支援教育といえども，教育の基本目標に関しては通常の教育と違いはありませんが，対象とする子どもたち1人1人に応じた教育を展開することが，その成長を促していきます。ここでは「個に応じた教育」が重視されます。わが国の特別支援教育の学校現場では，子どもたち1人1人に対して適切な教育的支援を行いつつ，子どもみずからがそのもてる力を最大限に発揮する姿をめざし，指導が続けられています。　　　（松田信夫）

▷1　文部科学省　2002　通常の学級に在籍する特別な教育的支援を必要とする児童生徒に関する全国実態調査

▷2　文部科学省　2012　通常の学級に在籍する発達障害の可能性のある特別な教育的支援を必要とする児童生徒に関する調査結果について

▷3　特別支援教育の在り方に関する調査研究協力者会議　2003．3．今後の特別支援教育の在り方について（最終報告）

▷4　個別の教育支援計画
⇒X-10 参照。

▷5　個別の指導計画
指導を行うためのきめ細かい計画。幼児児童生徒1人1人の教育的ニーズに対応して，指導目標や指導内容・方法を盛り込んだ指導計画。たとえば，単元や学期，学年等ごとに作成され，それに基づいた指導が行われる。

X 適応の理解と支援②子どもを支える

13 特別支援教育コーディネーター：関係者をつなぎ，子どもを援助する

1 特別支援教育コーディネーターとは？

2003年の「今後の特別支援教育の在り方について（最終報告）[1]」に，特別支援教育コーディネーターの役割の重要性が示されて以後，全国の特別支援学校はもとより，小学校，中学校などにも特別支援教育コーディネーターが校務分掌として位置づけられるようになりました。

学習障害（LD），注意欠陥多動性障害（ADHD），高機能自閉症等の児童生徒への教育的支援については，担任教師1人での対応には限界があり，学校としての組織的取り組みが必要とされます。この支援について，全校体制のなかでどのように進めていくかを協議する組織を校内委員会と呼びます。この会の活動の中心的役割を担うのが特別支援教育コーディネーターです。

2 校内委員会の役割

特別な教育的支援を必要とする児童生徒への対応については，障害の特性についての全教職員による共通理解，全校体制での支援が不可欠です。児童生徒の実態把握を行い，よりよい指導や支援の内容，方法等について検討し，全教職員が共通理解を図り，全校体制での支援をつくっていくことが，校内委員会の役割です。具体的には以下の内容があります。

- 児童生徒の実態把握
- 担任へのアドバイス（指導についての具体的方策の提示）
- 支援体制の検討
- 保護者や地域社会，関係機関との連携
- 校内研修の充実など

会の構成員としては，たとえば学校長，教頭，特別支援教育コーディネーター，教務主任，学級担任，教育相談担当教師，養護教諭，特別支援学級担任などがあげられます。

3 特別支援教育コーディネーターの役割

特別支援教育コーディネーターの役割としては，学校の実情や事例によって多少異なりますが，以下のような内容があります。

▶1 特別支援教育の在り方に関する調査研究協力者会議　2003.3.　今後の特別支援教育の在り方について（最終報告）

◯ 校内での連絡調整

児童生徒への支援を学校全体でどのように進めていくかを検討する校内委員会での中心的役割を担います。児童生徒への支援の必要性に基づいた校内委員会の開催，保護者への連絡と共通理解の推進，校内委員会での司会進行，資料の準備，保護者への情報提供等の役割を担います。

児童生徒への教育的支援を行う際には，保護者との信頼関係が大切であり，保護者に事前に十分な説明を行い，同意していただくことが必要ですので，特別支援教育コーディネーターは保護者との連絡調整役としても重要な役割を担います。

◯ 児童生徒の実態の把握

授業参観等により，教育的支援を必要とする児童生徒の実態把握と課題の把握を行います。そして，児童生徒が籍を置く学級の担任との相談に応じます。

◯ 関係諸機関との連絡調整

学習障害，注意欠陥多動性障害，高機能自閉症等の児童生徒への教育的支援には，学校外の関係諸機関（医療，保健，福祉，労働等）と学校との連携協力が不可欠ですので，こうした機関との連絡調整役を担います。たとえば，校内委員会に**臨床心理士**などの専門家を招聘することが決まれば，その実施日，当日の日程，相談内容等についての連絡調整を図ります。すなわち，関係諸機関に対する学校の窓口として，特別支援教育コーディネーターは重要な役割を担います。

▷2　臨床心理士
⇒ X-11 参照。

◯ 個別の教育支援計画の作成への助言

全国の特別支援学校などで作成が進められている個別の教育支援計画は，子どもの乳幼児期から学校卒業後までを見通した支援計画であるため，この作成については学校と関係諸機関との連携協力が不可欠です。ここでも特別支援教育コーディネーターは重要な役割を担います。個別の教育支援計画は，学級担任が作成の中心となりますが，適切な計画が円滑に作成されるよう，助言を行います。

❹ 特別支援教育コーディネーターに指名される教員

連絡調整に関する知識・技能，障害全般に関する知識，教育相談に関する知識・技能などを有した人がこの役につくことが望まれます。学校全体，地域の特別支援学校や特別支援学級，関係諸機関に目を配ることができ，必要な支援を行うために教職員の力を調整・結集できる人材が求められることから，多くの学校で，教頭，教務主任，生徒指導主任，養護教諭，教育相談担当者，特別支援学級担任等が指名されています。

21世紀は，子どもたちへの教育的支援を関係諸機関との連携協力のもとで進めていく必要があります。特別支援教育コーディネーターの活躍に，関係者はおおいに期待しています。

（松田信夫）

Ⅹ　適応の理解と支援②子どもを支える

14　インテグレーション：ともに生きる

❶　障害者を隔離してきた時代

　世界的に見て，19世紀から20世紀の初頭にかけ，とくに知的障害者は地域社会から排除されていたという歴史があります。アメリカ合衆国では，"知的障害は遺伝する"という説が大手をふった時代があり，知的障害者を数百人規模の巨大施設に隔離するといった政策などが実行にうつされました（この説は，研究方法上の信憑性に乏しく，その後厳しく批判されることになります）。こうした施設では，知的障害者への処遇はきわめて劣悪でした。現在では福祉政策が充実しているとされる北欧諸国でも，当時の状況は似ていました。

❷　「ノーマライゼーション」の思想

　デンマークの公務員であったバンク・ミケルセン（Bank-Mikkelsen, N. E.）は，第二次世界大戦中にナチスの強制収容所に拘束された体験をもつ人ですが，デンマーク国内にある施設での障害者処遇をナチスの収容所のひどさにたとえ，処遇の改善運動に力を入れました。彼は，入所者に「できるだけノーマル（標準）に近い生活」を提供することを理念として掲げ，「ノーマライゼーション」という語をはじめて使用しました。こうした思想が国内や国外の関係者に浸透し，施設処遇は徐々に改善の方向に歩み始めました。

❸　人権意識の高揚と諸分野での運動

　アメリカ合衆国では，生活の拠点を巨大施設から地域に移そうという運動が1950年代より始まります。障害者の人権を尊重し，可能な限りノーマルな生活の実現をめざそうとする動きです。その背景には財政負担軽減という政府の計算があったことも事実です。さて，こうした意識の高揚は，障害者福祉の分野だけではなく，1960年代の「黒人解放運動」にとくに顕著でした。ノーマライゼーションの思想は，人権擁護の政策立案とその実施を世界中で促していきますが，この具体的な取り組みを「インテグレーション」（統合）と呼んでいます。当時のアメリカ合衆国では，アフリカ系の黒人の人々への差別問題に端を発した権利獲得運動が押し進められていました。隔離や差別という状況を打破するため，「インテグレート！」という言葉が運動スローガンに掲げられました。インテグレーションという用語は，障害者福祉や障害児教育の分野のみで

なく，広い分野で使用されていた言葉です。

4 教育分野でのインテグレーション（統合）

　教育分野でのインテグレーションとは，いわゆる通常教育に，障害児を「合流させる，適合させる」といったニュアンスがあります。アメリカ合衆国の教育界では，「メインストリーミング」（主流化）という言葉もよく使用されました。いずれにせよ，主体（主流）は通常教育にあり，障害児は合流化される客体と見なされる傾向があることは否定できません。

　インテグレーションの具体的な教育形態としては，たとえば次のようにとらえられます。
　①通常学級のなかで教育指導を受ける（機能的統合）。
　②特別支援学級のなかで教育指導を受けつつ，適切に通常学級と交流する（社交的統合）。
　③通常学校に隣接した特別支援学校で教育指導を受けつつ，適切に通常学校と交流する（位置的統合）。

　こうした統合が教育関係者に歓迎されたことは事実ですが，このとらえでいくと，主体の側である通常学校（学級）には，障害児を受け入れるためにカリキュラムや指導法などを創意工夫するといった変革への努力は，ほとんど必要とされません。ほぼこれまで通りの体制のままで，障害児への対応を進めていくこととなります。

5 インクルージョン（包摂）

　近年，「インクルージョン」という言葉が徐々に使用されるようになりました。インクルージョンとは「包摂」という意味であり，健常児と障害児の両者を「ともに包み込む」といったニュアンスがあります。

　この言葉が関係者に注目されるようになったのは，1994年にスペインのサラマンカで開催された「特別なニーズ教育に関する世界会議」で採択されたいわゆる「サラマンカ宣言」からです。この宣言では，世界中で「**特別な教育的ニーズ**」を有する子どもたち（障害児，ストリートチルドレン，児童労働をさせられている子ども等）は約10％（2億人）に達し，こうした子どもたちを通常教育がインクルードする（包摂する）教育の実現をスローガンとして掲げました。そのために，現在の通常学校に，そのカリキュラム上の付加・修正，教員配置の工夫，施設・設備面での改善等への取り組みが必要であることを主張しました。特別支援学校の役割にも着目しています。通常教育の改革が不可欠であることを強調している点は，インテグレーションと異なるところです。

　ともに生きるという思想にもとづく学校教育の今後の展開が注目されます。

（松田信夫）

▶ 特別な教育的ニーズ
「特別な教育的ニーズ」という言葉は，イギリスの1981年教育法で正式に採用された。この法では，「子どもが特別な教育的措置を必要とするような学習困難を有する場合，その子どもは特別な教育的ニーズを有する」と定義された。サラマンカ宣言では，障害児だけでなく，おかれた環境の影響で特別な教育的ケアを必要とするさまざまな子どもたちが対象になっている。

XI 適応の理解と支援③学びと適応の評価

1 学力：身についた力

1 学校教育から見た学力

◯多様な学力観

学力とは何かについての問題は，その時代背景や研究者の立場によって大きく異なります。心理学的には，アチーブメント（academic achievement），つまりは，「学習によって習得された能力」のことを指すことが多いと言えます。

心理学では，人は，いつでもどこでもどんな内容に関しても学習し続ける存在であると見ます。たとえば，幼児が遊んでいるときに学習は起こっています。家庭教育の場でも学習は起こっています。けれどもこれではあまりにも話が大きくなりすぎます。そこでひとまずは，学習の場を，「公教育における学校での学び」と限定してみます。そうすると，学校は教育目標に向かって計画的，組織的に教育がなされるところですから，児童・生徒のある時点での学習の到達度が学力ということになります。

◯歴史的な学力観

歴史的に見た学力の定義は，おもに，教科や記憶などとの関連で検討されています。たとえば算数の学力には算数の教科内容に関する能力（計算能力など）や記憶力が関係します。しかし，現在はそれに留まらず，学力は，学習態度，思考方法，学習能力といった包括的な能力としてとらえられるようになっています。つまり，算数・数学を学ぶ態度とかモチベーションなども含めるようになっています。

なお教育学の領域では，学ぶことの本質について歴史的・社会的視野に立って，学力の定義や学力のあり方がたえず論議され続けています。

◯学力観

学校教育で育成している学力の定義ですが，歴史的な変遷を経て，現在は次の3つから構成されたものとして考えられています（学校教育法30条2項）。

①基礎的な知識・技能
②知識・技能を活用して課題を解決するために必要な思考力・判断力・表現力など
③主体的に学習に取り組む態度

これに対して，最近の心理学者が考える学力は，認知心理学的なアプローチに立つものが多くなっています。たとえば，図11.1.1は，学力を人工知能研

▷1 なお，心理学における学習とは何かに関しては，いろいろな立場がある。 I 参照。

▷2 中内敏夫 1983 学力とは何か 岩波新書
戸瀬信之・西村和雄 2001 大学生の学力を診断する 岩波書店
大野晋・上野健爾 2001 学力があぶない 岩波新書

究や人間の情報処理からとらえるモデルの1つです。

2 学力を測る

○学力検査

個人の学力を具体的にとらえるために学力検査が開発されています。もちろん学力検査によって、学力のすべてが分かるわけではありませんが、学力を考える手がかりの1つにはなります。

学力検査は、標準学力検査と教師作成テストに分けることができます。標準学力検査は学校や地域を越えて設問ごとの個人得点の相対的な位置を確認するのに適しています。その理由は、偏差値表示ができるからです。

教師作成テストが学力検査かどうかは、その検査の定義によります。いずれにせよ、普段の児童・生徒のようすを知っていれば、その教師が作成するテストもまた現実的には児童・生徒の学力を知るための重要なテストです。

○学力差

学力偏差値は次の式により求められます。

$$学力偏差値 = \frac{(個人の得点 - 同じ年齢集団の得点の平均値) \times 10}{標準偏差} + 50$$

この学力偏差値を手がかりにすると、学習の進度を見ることができます。**知能偏差値**と比較して学力偏差値が低い者を、アンダー・アチーバーとよびます。他方、知能偏差値と比較して学力偏差値が高い者をオーバー・アチーバーとよびます。学習指導上の観点からは、アンダー・アチーバーに対する教育支援が急務となります。1つの目安は、学力検査で下位10%程度の者、あるいは成就指数が約85以下の者が学業不振児とされますが、もちろんこれはあくまでも1つの目安です。

成就指数は、成就指数 = $\frac{学力偏差値}{知能偏差値} \times 100$、成就値は成就値 = 学力偏差値 - 知能偏差値の式で求めますが、高知能得点の者は低く出る傾向があるので、回帰成就値（RAS）のような指標も考案されています。

ひとくちに学業不振児と総称しても、中には数的能力に関する得点の低い者も見られます。言語能力に関する得点の低い者もいます。また、それがもとで、学級内の対人関係を損ねるという2次的な悪循環になることもあります。

最近はとくに、**学習障害**、**注意欠陥多動性障害**のような療育的支援を必要とする子どもたちへの配慮も取り組まれるようになりました。医学的あるいは心理学的な診断や検査を経て、学力向上の指導、カウンセリング、家庭への理解などにあたることが大切となります。

（大野木裕明）

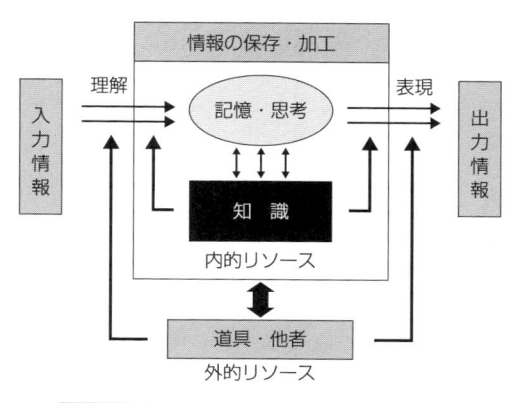

図11.1.1 人間の情報処理から見た学力
出所：市川伸一 2002 学力低下論争 ちくま新書 p.231.

▷3 平均値が50に標準化されている。偏差値は正式には統計学の用語で正規化したZ得点（またはT得点）のことを言う。学力＝偏差値ではない。

▷4 知能偏差値
⇒ Ⅷ-6 参照。

▷5 学習障害
⇒ Ⅹ-5 参照。

▷6 注意欠陥多動性障害
⇒ Ⅹ-6 参照。

XI 適応の理解と支援③学びと適応の評価

2 評価：うまく教えられたか，きちんと学べたか

1 学習と指導の見きわめの必要

○ 見きわめの必要なわけ

「うまく教えることができたかどうかは，児童・生徒をよく見ていれば分かります」。

教師に尋ねると，このような答がよく返ってきます。もちろんそうでなくては困るのですが，そこには勘違いや思いこみもあります。何より，第3者に説明するときの根拠として，教師の実感だけでは難しい場合もあります。やはり教育指導に関する何らかの見きわめが必要です。

このことは，立場変わって児童・生徒にとっても同様です。「分かった」「できた」という実感があったとしても，実際にやってみるとできなかったり，忘れてしまったりすることは多いのです。学習状況に関する何らかの見きわめは，学習者にとっても欠かせないことです。

○ 指導と評価の一体化

学習や指導の見きわめとは，一口に言うと「評価」のことです。

私たちは，評価という語について，かならずしもよいイメージをもっていません。それは評価をする側が，される側に対して何らかの決定権をもっているからです。その決定権とは履修単位の合否，進学や就職の振り分けのためなどです。したがって，評価をする側と評価をされる側の間は，いつも何らかの緊張関係を生みがちです。だからお互いの顔が見える間柄の場合には，何のために評価をするのかお互いによく合意することが大切です。

評価は，ひとことで言えば授業の改善，教育の改善のために実施されます。またされるべきです。いろいろな観点から評価はなされますし，いろいろな評価の技法が開発されていますが，最終目的は事態の改善です。「指導と評価の一体化」という語は，まさしくこのことを指しています。評価を指導に生かす，学習に生かすということです。

○ 評価の手順

評価をするには，基礎データを収集して何らかの見きわめ，価値判断をすることになります。その評価結果が，指導法なり学習法なりの改善に結びついていきます。指導と評価の一体化とは，この循環的な改善作業を指します。

▷1　教師が授業中に「ここはテストに出すぞ」というのは，重要なポイントであることを喚起する意味もある。しかし，現実にはむしろ，強制的な指導法としてテストや評価権を行使することと受け取られがちである。「指導と評価の一体化」とは，もちろん，教師のこのような道具的反応（条件づけ）のことではない。

▷2　そのためには，評価のための基礎的なデータをどんな技法によって得るのかが重要である。有力な技法はペーパーテストであるが，これは試験勉強の程度の反映でもある。予想問題の山掛けが当たることもある。かならずしもペーパーテストが高得点であってもそれが優れた指導方法による促進効果だとは限らない。

2 授業における評価活動

○過程から見た評価

おもに次の3つに分けられます（表11.2.1）。授業では、学習者に適切に対応して、いつも柔軟に微修正していくことが望まれます。

○個人の学習状況を見る評価

学習・教育目標を達成しているか否かは、絶対評価と呼ばれます。正式には、目標準拠による評価と言います。指導要録に記載される観点別学習状況の欄はこれに基づきます。

他者と比べて成績がどれぐらいの位置にいるかという集団準拠による評価は、相対評価と呼ばれます（表11.2.2）。以前の5段階評定、あるいは偏差値表示などがそうです。

両者は密接な関係があり、実際には相互に規定されています。

なお、個人が以前と比べて伸びたかどうかの評価を個人内評価と呼びます。個人内評価は相対評価でも絶対評価でもなされます。

○評価の難しさ

人が人を評価することは本当に難しいことです。教師が児童・生徒を評価するときですが、評価作業に気をとられて肝心の授業が疎かになってしまうことがあります。授業のための評価、指導改善のための評価ではなく、手段と目的との関係を見失ってしまうのです。これはありがちです。

評価は改善のために必要な作業ですが、目的を忘れないようにすること、それが大切になります。

（大野木裕明）

表11.2.1　授業過程から見た評価

①事前の評価	教育指導を始める箇所の決定には、事前に実態把握（現状分析）が必要。そのための評価である。改善点を知ろうとする場合には、とくに診断的評価と言う。
②途中の評価	学習活動や教育指導の途中で、以後もこのままで進んでよいかどうかを見きわめる。不十分なら当初の予定を変更して復習し、冗長なら略して次に進む決定をする。このような途中経過の評価を形成的評価と言う。
③総括的評価	1単元が終わった後で、結局どうだったかの見きわめをする評価。この総括は多重構造になっていて、1日、1週間、1カ月、1学期、1年へと入れ子構造になっている。いずれもそれぞれの総括的評価にあたる。

出所：②の途中の評価，③の総括的評価はBloom（1971）邦訳をもとに略述。
Bloom, B. S., Hastings, J. T., & Madaus, G. F. 1971 *Handbook on formative and summative evaluation of student learning.* McGraw-Hill.（梶田叡一・渋谷憲一・藤田恵璽（訳）1973　教育評価ハンドブック　第一法規出版）

表11.2.2　絶対評価，相対評価

①集団準拠テスト（norm-referenced test：NRT）による評価
　いわゆる相対評価のこと。ある児童生徒がある集団のなかでどの位置にいるかどうかの基礎的データを入手し、そのデータを拠り所にして優劣、合否などを評価すること。

②目標準拠テスト（criterion-referenced test）による評価
　いわゆる絶対評価のことである。到達度評価、達成評価とほぼ同じである*。ある教育目標、学習目標があって、それを充たしているかどうか、達成しているかどうかを評価する。

＊理念上の違いを強調する場合があるが、ここでは触れない。

XI 適応の理解と支援③学びと適応の評価

3 ポートフォリオとドキュメンテーション：成果の累積

1 どのように見きわめの手がかりをつかむか

○改善のために

学習評価や教育評価の重要な目的の1つは改善です。学習の進み具合を調べるのは，事態の改善に利用する，あるいは指導・教育に利用するためです。つまり，教育評価の手順は，教育測定をして，何かに照らして改善の手がかりをつかみ，改善策を立て，実践にかけることです。XI-2にあげた相対評価や絶対評価は，「何かに照らして」の段階のその拠り所の違いに過ぎません。

○手がかりを得る方法

それでは，学習や教育の成果を調べるには，どのような手段が考えられるでしょうか。表11.3.1にまとめました。大きく，本人から情報を得る場合と，本人以外から間接的に情報を得る場合に分けてあります。もちろん実際には，広い視野から総合的にこれらを利用することが望ましいでしょう。

本人から直接的に情報を得る方法には，ペーパーテスト，**行動観察**，実技テスト，ポートフォリオ，アンケート・面接などがよく使われています。ペーパーテストは中間テストや期末テストでおなじみであり，問題用紙に書かれた設問に対して解答を書き込む形式のテストで，一番よく使われる方法です。間接的に情報を得る場合としては，他の教師，他の児童・生徒，保護者や地域の人，学校評議員などに意見を求めたり提案を受けることが知られています。

▷1 大野木裕明 2002 第6章 学習と指導をチェックする 梶田正巳（編）学校教育の心理学 名古屋大学出版会 pp.128-137.

▷2 行動観察
⇒ XI-5 参照。

▷3 いわゆる客観式テストと論述式テストがある。客観式テストとは採点が客観的という意味。4つあるいは5つといった選択枝の中から正答あるいは誤答を選び出す多枝選択式，正しいか偽りかを判断する真偽法形式（○×式）などがよく使われる。論述式テストとは文章で解答することを求める形式のテストである。

▷4 III-1 参照。

表11.3.1 学習・教育の成果を調べる方法

①本人から情報を得る方法
- ペーパーテスト：中間テスト，期末テストのような定期テストなど。教科学習におけるごく一般的な技法である。
- 行動観察：児童・生徒のつぶやき，目立った行動などのエピソードを観察する。
- 実技テスト（パフォーマンス・テスト）：体育，理科，英語（英会話）などで使われる。
- ポートフォリオ：美術の作品制作，総合的な学習の時間，生活科などで好んで援用される。資料の収集，整理による。
- アンケート，面接：「教師と児童・生徒の対話」といい換えてもよい，柔らかい聞き取り。

②間接的に情報を得る方法
- 他の教師から意見を求める。学習指導では，研究授業などの研修の場が多い。
- 他の児童・生徒から意見を求める。
- 保護者や地域の人々から意見を求める。

出所：大野木，2002

2 ポートフォリオ評価

○ポートフォリオ

教師と児童・生徒の2者間で，お互いの学習評価と教育評価が一致していれば，子どもの自己学習は積極的，効果的に進みます。しかも外発的なモチベーション操作，つまり教師が児童生徒に学ぶ意欲を強引に起こさせる行為は，ずっと少なくてすみます。この点で注目されているのがポートフォリオ

評価です。[5]

　ポートフォリオ（portfolio）は，もともとは「紙ばさみ（ファイル）」を指す言葉です。建築家や画家が，自分の作品・仕事を綴じ込んで新しい顧客に対して自分をアピールするときに使われます。転じて教育場面では，児童・生徒が自分の学習活動の成果やその過程が分かるような作品や資料を集積したものを指しています。

●ドキュメンテーション

　活動の記録や記述のためにポートフォリオを集積する作業はドキュメンテーション（documentation）と呼ばれています。ドキュメンテーションのためのメディアは絵，制作物，VTR，写真など，とにかく活動のようすや成果が分かるものであればよいのです。

　ポートフォリオは児童生徒のものだけではありません。教師用のポートフォリオもよく利用されます。

●長　　所

　ポートフォリオ評価の長所は，児童・生徒と教師がポートフォリオを前にしてお互いに評価作業をすることができるという点にあります。

　それは，ペーパーテストによる学習量や成績にとどまらず，学習の過程を質的に見ていくことができるからです。これによって，児童生徒がみずから進んで以後の学習に取り組むことができるようになることがあるからです。教師がこれまで見えなかった点が，ポートフォリオ評価の手法を用いることではじめて，はっきりと気づくこともあるのです。

●ルーブリック

　制作物やVTR，写真などのパフォーマンスを評価することは至難の業です。ポートフォリオ評価では，パフォーマンス課題を評価することが行われています。それには，①使う知識やスキル，②特定の課題と文脈，③制作物や作品，の3つの構成要素を押さえておきます。使う知識やスキルが，児童・生徒の学習場面において，より現実の文脈に近いことが重要です。

　パフォーマンスを評価するには，質的に評価できるように評価指標を作成する必要があります。パフォーマンス評価のための評価指標をルーブリックと言います。ルーブリックに照らしながら，5～1点などと数量化してパフォーマンス評価を行います。

　ただし，パフォーマンス評価が万能というわけではありません。パフォーマンス評価はとにかく時間がかかります。ルーブリックの作成も簡単ではありません。けれども，このような作業を多くの教師がともに意見交換して取り組むことで，教師同士の学びあいが生まれます。児童・生徒との結びつきもずっと近く親しみのある対人関係になっていきます。

（大野木裕明）

▷5　安藤輝次　2002　評価規準と評価基準表を使った授業実践の方法――ポートフォリオを活用した教科学習，総合学習，教師教育　黎明書房

XI 適応の理解と支援③学びと適応の評価

4 テスト：理解をはかるむずかしさ

1 テストとの出会い

○子どもはテスト場面をどう教えられるのか？

　ある教育社会学者が，学校生活の第一歩の時期のようす，小学校1年生の5月に観察した1つのエピソードを紹介しています。初めて受けるテストが何なのかについて，教師が子どもに説明する場面です。※1

　「土曜日にやったのは，それ練習。今は，練習ではありません。今度は，できた人はおまるをつけて100点で書きます。」「100点もらった人はえらーいの。ね。100点もらった人はえらいんだよ。」「もう一度言うよ。いいですか。さあ，だまってやれる人手をあげて。さあ，今からテストだからだまーってやるの。何にも言わない。」「はい，じゃやりましょう。となりの人のを見てはいけませんよ。」

　これは教師と児童・生徒の間でテスト場面が成立するようすです。非常に明確に描写されています。学校ではテストの成績が重要であること，他者から教えてもらったり教えたりしてはいけないことだと教え込まれます。一方では，教室ではグループ学習で児童・生徒の学びあいが推奨されるのですから，明らかに矛盾していますが。

○テストリテラシー

　テストリテラシーとは，テスト活用能力のことです。リテラシーが社会の中で生きていくために必要な読み書き能力（識字力）であることは知られていますが，だとしたら学校ではテストリテラシーの育成が必要でしょう。

　図11.4.1には，テストリテラシーの構造が示されています。※2 テストリテラシーは，テストを扱う技術と，道具としてのテストに関する知識・理解からなります。

　なぜテストリテラシーの育成が必要なのでしょうか。

　ひとくちにテストと言ってもいろいろな問題点があるでしょう。たとえば，テスト作成技術ですが，教科内容として重要だとしても技術的に見てテスト問題としては出題できにくい内容があります。この場合，出題されなかったから重要ではないと，児童・生徒が誤解してしまう可能性が高くなるのです。これは作成技術の未熟さから誤解を生みだしてしまう例です。

　テストの採点技術も同様です。採点ミスが多かったり重要性の点から見て不

▷1　清矢良崇　1994　子どもはテストから何を学ぶのか　季刊子ども学，3（春号），89-97．子どもの初期テスト経験について，エスノメソドロジーという方法論によってテストが受け入れられていく過程を記述している。

▷2　大野木裕明　1994　テストの心理学　ナカニシヤ出版

自然な配点化をすると，児童生徒から教師への信頼感が大きく揺るぎます。すると，教室の授業運びにも悪影響を及ぼすことが出てきます。

テストの教育・学習利用法，テストの生徒指導・進路指導利用法も同様です。ある教科のテストだけでクラス分けをするのは，個に対応していると言えません。テスト成績にしても，そもそも相対評価は生徒相互の得点の上下関係の指標にすぎませんし，テスト内容そのものと児童・生徒の人格面とは無関係です。ですから，テスト得点が低いから人間性が劣っているというのは大変な誤解です。教師が無意識にでも生徒への振る舞い方を変えてしまうこともよくないことです。

教師，児童生徒，保護者のいずれもが，テストリテラシーを育成し身に付けることが求められていると言えるでしょう。

```
                      ┌─ テストの作成技能
         ┌─ テストを扱う技能 ─┼─ テストの採点技術
         │   （実際的）      ├─ テストの教育・学習利用法
テスト    │                  └─ テストの生徒指導・進路指導利用法
リテラ ─┤
シー     │                  ┌─ テストを扱う技能（知識として）
         └─ テストに関する ──┼─ テストが人間に及ぼす影響の理解
             知識・理解       └─ テストが社会に及ぼす影響の理解
```

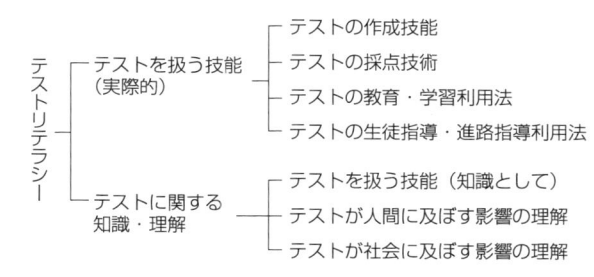

テストを扱う技能と，テストに関する知識・理解の２つからなる。自動車免許取得試験のときの実地と学科に似ている。

図11.4.1　テストリテラシー（テスト活用能力）の構造

出所：大野木，1994

❷ テストを生かす

◯ 採点客観式テスト

「客観式」の意味は，採点が客観的ということです。採点のマニュアルがあれば，誰が採点しても同じ採点結果になるという意味です。設問内容が妥当という意味ではありません。

採点客観式テストでよく使われる形式は，多枝（または多肢）選択法，真偽法，短答法（単純再生法），完成法等です（表11.4.1）。それぞれ目的に応じて使い分ける必要があります。なお，「問題文中から何字以内で抜き出せ」という形式は，記述式に見えますが，客観式採点ですから短答法の変形です。

◯ 論述式テスト

論述式テスト（記述式テスト，論文体テスト）は一連の文章形式で解答を求める形式です。採点の信頼性には疑問が残りますが，深い思考の跡が答案に反映されることもあり，使い方によっては貴重な教育情報を得ることができます。

（大野木裕明）

表11.4.1　よく使われる採点客観式テスト

多枝選択法：通常，４〜５の選択枝から正答（あるいは誤答）を選ばせ記号で答えさせる。まぐれ当たりが少ないが，選択枝の作成が手間。
(例) 右の作品の作者は誰か。ア〜エから１つ選び，記号で答えよ。
ア．俵屋宗達　　イ．尾形光琳　　ウ．池大雅　　エ．司馬江漢　(答：イ)

真偽法：○×（正誤）で解答を求める形式。多枝選択法をもっとも単純化したもの。まぐれ当たりが多いのが欠点だが，むしろ全問正解を前提として短時間で広範囲をチェックする形式と見た方がよいだろう。
(例) 次の文章で正しいものには○，誤りには×をかっこの中に書け。
(1) [ ] 衆議院議員の任期は６年で解散もある。（答：×）
(2) [ ] 参議院議員の被選挙権は30歳以上の人に与えられている。（答：○）

短答法：単語，記号，数字等で解答を求める。多枝選択法ではうろ覚えでも正解になるが，短答法では正確な記憶を求めることができる。ただ，漢字や英語つづりの一部間違いの部分点の処理に工夫が必要。
(例) 図１のAに見られる前線の名前を答えよ。（答：寒冷前線）

完成法：一定の文章の中に空欄を設けて，適切な語句を埋めて完成させる形式。一問一答による短答法をまとまりのある文脈の中で問うている形式。空欄が多いと解答しにくい欠点がある。
(例) バスケットボールについて，右の図を見て，次の（　）にあてはまる語を答えなさい。
①の位置からシュートしたときは（　）点が与えられる。また，フィールドゴールは（　）点，フリースローは（　）点が与えられる。（答：3　2　1）

XI 適応の理解と支援③学びと適応の評価

5 観察：子どもの日常の評価手段

1 行動評価における観察

　児童生徒の特性に応じた指導を行い，個人のもつ能力を伸ばすために，児童生徒個々人の特性を把握することは，教育という営みにおいてきわめて重要なことです。児童生徒の人格や行動理解のためには，本人との面接，性格検査，他の教師・級友・保護者からの情報など多様なものが利用できますが，子どもの身近にいる教師が学校生活の場で行う直接的な観察は，これらを知るうえでもっとも容易で確実な方法です。観察とは，人の表出行動や表情，言語等をもとに，その背景にある直接的な心理機制や，基底となる人格特性や知的特性を知ろうとする方法で，人を理解するためのもっとも基本的な方法と言えます。教師は日常の子どもの様子を見たり，直接的にやりとりを行うなかから，子どもの性格や行動の特徴，社会性，長所や短所，さらに学年を通してしだいに伸びてきた面などさまざまなことに気づきます。このような人格や行動上の側面をとらえることは，子どもへの指導や援助を行う際の重要な手がかりとなるのです。

　教育評価，とくに指導要録の「行動の記録」では，各教科，道徳，特別活動，その他について子どもの行動の記録をもとに評価することを求めています。指導要録の評価資料収集のためには，日ごろから個々の子どもの行動に注意し，評価内容に合うと思われる行動について記録しておくことが重要となります。

2 観察における行動評価の留意点

　観察による行動評価は，観察者の姿勢の影響を受けやすいという弱点があります。たとえばステレオタイプエラー（先入観や固定観念をもち，その視点から見てしまうため，視点に合う情報は取り入れるが合わない情報は無視してしまう傾向），光背効果（一部のとくに良い点や悪い点に引きずられて，行動全体を評価してしまう傾向），初頭効果（第一印象にもとづき行動全体を評価する傾向），寛大化エラー（より肯定的に行動を見る傾向），中心化エラー（極端を避け，行動を中庸に評価しようとする傾向），対比的エラー（被観察者を自分とは違う特性をもつと見る傾向）などがあります。観察にあたっては，このようなバイアスがある可能性にも配慮が必要です。また，多様な情報を総合することも大切です。教師と仲間の前や，教科により授業態度が異なるなど，行動には変動が生じうるからです。

▷1　中澤潤・大野木裕明・南博文　1997　心理学マニュアル　観察法　北大路書房

3 授業に生かす観察

　実際の授業を進行しながら行われる観察は，得られた情報に応じて授業を即時に柔軟に展開する手がかりを与えるという，他の手法にはない長所があります。授業に生かすために教師が行う観察は，一般的に参加観察法（参与観察法）という形態をとります。具体的には，出席をとるときや授業開始時の個々の子どもの様子の視認，発問への挙手の様子，教師や仲間とのやりとりの様子，机間指導など，授業中のさまざまな機会が利用されます。熟達した教師は，児童生徒の理解のレベルを観察により把握できるのです。

　授業中に教師が観察記録をとるのはむずかしいことです。記録の効率も考え，記号や図などを利用することも大切です。授業後に授業中の記憶に残る発話やエピソードを逸話記録として残しておくことは，あとにまた同じ教材を用いるときの授業づくりのヒントとなります。また，逸話記録を個人別に蓄積することで，1人1人の意欲や理解の特徴を知ることができます。逸話記録は特徴的な子の記録に偏りがちになるので，普段目立たない子に焦点を当てた観察を意識的に行うといった工夫も必要です。

　記録することにより，普段気づかなかったことを発見できます。さらに，記録を，他の教師の視点やテスト結果，本人との面接など他の情報と突き合わせたり，複数の教師の記録を持ち寄り，観察する視点や授業科目の違いにより，意欲や理解の現れがどう異なるのかを検討し合うことも意義は多いものです。

　アクション・リサーチとは，実際上の問題点を改良・改善するために意図的に状況に介入し，その成果を観察記録する手法です。授業の改善をめざして教師が新しい教材や授業法を工夫しその働きかけ（アクション）を行い，その効果を評価（リサーチ）し，さらに新たな改善を加えていくのです。アクション・リサーチでは，改善や工夫の必要な点を明らかにし，改善手法のヒントを得ることや，介入の効果を査定するといったすべての過程で授業時の子どもの反応の観察が重要な手がかりとなります。

▷2　アクションリサーチについてはⅫ-5も参照。

　教師は授業の改善のために授業分析を行います。これは，授業過程における発話や活動を記録分析し，授業に影響している要因の関連，子どもの思考過程，教師の意志決定を明らかにしようとするものです。発話はそのまま書き起こされ，量的・質的な検討が行われ，授業者の準備した教材や発問，授業の展開などの適切さや，それに伴う子どもの思考の深化が検討されます。

　これほど厳密な分析ではなく，授業ビデオを授業者とともに視聴しながら，授業者の発問や子どもへの対応などをもとに，そのときどきの意図や思考を質疑していく手法をビデオカンファレンスと言います。ビデオカンファレンスを通して，教師の授業展開の的確さや問題点を見いだし，改善につなげることがめざされます。

（中澤　潤）

XI 適応の理解と支援③学びと適応の評価

6 関心・意欲の評価：やる気を測れるか？

1 やる気があるとは？

Ⅲで見たように、ふつう、教育心理学では意欲ややる気は動機づけと言われる分野で研究されています。だから、「やる気がある」という状態は「動機づけが高い」という状態と同じと言えます。この動機づけをどう評価するかは、じつは教育心理学のなかでも難しい課題の1つです。

2 動機づけの評価の2つの方向

教育心理では動機づけの評価は、おもに2つの方法から行われてきました。

1つは、動機づけられた行動を評価するという方法です。たとえば、決められた一定の時間内に与えられた課題をどれだけの量こなしたか、というような行動の成果を測定することで動機づけの高低を評価します。また、複数の課題を自由に選択させる場面を設定し、どれを選んだかを見ることで動機づけのなかでも興味や関心といった側面を評価することもできます。しかし、このような場合、学習者の能力によって課題を解ける早さや選択の仕方も変わる可能性がありますので、できるだけそのような影響が現れない課題を用いる必要があります。また、それが難しい場合は、課題を解いた数だけではなく、解けないながらもある課題にどれだけの時間取り組んだかというような時間的な側面を測定することも必要かもしれません。

ところで、このような方法で動機づけを評価するということは、じつは、動機づけそのものを評価しているわけではなく、動機づけという目に見えないとらえどころのないものが学習者の行動に何らかの形で反映されているという考え方に基づいて評価しているのです。だから、このような方法で動機づけを評価する場合は、学習者が学習している場面に実際に臨んでその学習のどのような行動が動機づけを反映しているかを正確に見極める必要があります。そのような意味では、この方法には決まったやり方はありません。評価する側がどのような動機づけを評価するかによって、そのたびごとに考えなくてはならないのです。

そのような方法ではなく、もっと簡単にいつでも同じような方法で動機づけを評価することはできないでしょうか？

教育心理学者はよく性格検査のような心理テストを用いて研究を行います。

このような心理テストを用いて動機づけを評価する方法は2通りあります。

　1つは質問紙，いわゆる，アンケート調査を行うことです。たとえば，勉強に対する動機づけを評価しようとしたいのならば，「わたしは学校の授業を聞くのが楽しい」「勉強をしようと思うとやる気が湧いてくる」といったような内容の質問文を多数作成して，「はい」「いいえ」といったような選択肢を選ばせ，その結果を点数化することで動機づけを評価することができます。このような質問紙を用いれば，動機づけの高低だけでなく動機づけのなかでも興味や関心といった動機づけの方向性についても簡単に評価できます。こうした動機づけの評価法は現在もっともよく用いられているもので，さまざまなタイプの動機づけを評価するための質問紙が作成されています。

　ただ，このようなやり方は，性格検査などの場合と同様に，評価を受ける者が嘘をついて回答することも可能ですから，あまり正確な評価ができない場合もあります。そのため，かつてはTAT（Thematic Apperception Test）と言われる特殊な性格検査を用いて評価する方法もとられていました。TATは，曖昧な何をしているかよく分からない人物が描かれた複数枚の絵からなっているテストです。動機づけを評価される者は，この絵を1枚ずつ見せられ，そこに描かれている人物がどのような人で，何をしていたのか，あるいは，何をしようとしているのか，などを想像して自由に言ってもらいます。そして，その人の回答の内容を分析しその人の動機づけの高低や方向性を推定します。

　いずれにしろ，こうした方向性からアプローチする動機づけの評価は，学習者が実際に学習をしている場面での動機づけを問題にしていません。ここでは，動機づけの高低はふだんから変わらないものであり，学習している場面でなくても同様に評価できるという考えに基づいているのです。つまり，ここでは動機づけは性格のようなもので，場面は変わってもその人の特徴として同じような傾向をもっていると見なされているのです。

3　学校における意欲・関心・態度の評価

　現在，学校場面では評価を観点別に行うという視点から旧来のようなたんに学力的な側面を評価するだけでなく，「意欲・関心・態度」といった側面も評価することが求められています。実際に，通知表でもそのような欄が設けられ評価が行われています。ただ，現場の教師の間では「意欲・関心・態度」の評価は難しいという声が多くあります。上述のように教育心理学の専門家の間でも「意欲・関心・態度」にあたる動機づけの評価の方法は定まっていないのですから，当然のことかもしれません。教育現場で児童・生徒の「意欲・関心・態度」を評価する者は，まず，上で紹介したような動機づけの評価の2つの方向性と自分が評価しようとしているものの関係から考えてみるとよいのではないでしょうか。

（大芦　治）

参考文献

新井邦二郎（編著）1995　教室の動機づけの理論と実践　金子書房

XII 教師の成長

1 教師の役割：多様な仕事をこなす

教師の役割には2種類あります。まず，リーダーとして子どもたちや教室を導いていく役割です。次にコーディネーターとして，教室の中での教師一子ども関係と子ども同士の関係，さらには学校と保護者，地域，社会をつなぐ役割です。

1 リーダーとしての教師の役割

○学級を経営する──学級担任の仕事

学級にはかならず担任教師が存在します。通常，教員になって2年目以降は，中学校で50分の授業を毎週20時間前後，高校で18時間程度を担当するのが一般的です。さらに学級担任になると，教科担任としての指導以外に教員1名で40名程度の生徒を預かることになります。

▷1 伊藤一雄 2000 学級経営・学校経営・校務分掌と教員 教職問題研究会（編）教職論──教員を志すすべてのひとへ ミネルヴァ書房 pp.63-70.

新年度が始まると間もなく，学級担任は学級の机の配置や部屋の装飾，教室の清掃などについても細かく決めていきます。担任のちょっとした配慮で，学級の雰囲気がよくなります。このようにして，担任教師と子どもたちがともに築いた関係性が学級らしさとなって現れてきます。また，体育祭や文化祭などの学校行事を支援したり，学級委員の選出方法や各種行事の役割分担を決めたりするなど，学級経営の仕事も盛りだくさんです。これらは学級活動等の特別活動を通じて行っていきます。

○校務分掌

学校では職員会議があり，教職員の意見を交換する重要な場となっています。いくつもの校務分掌を兼務しつつ，部活動の顧問を担当する教師も少なくありません。生徒指導や進路指導，生活指導など重要な役割を教師が果たしています（図12.1.1）。

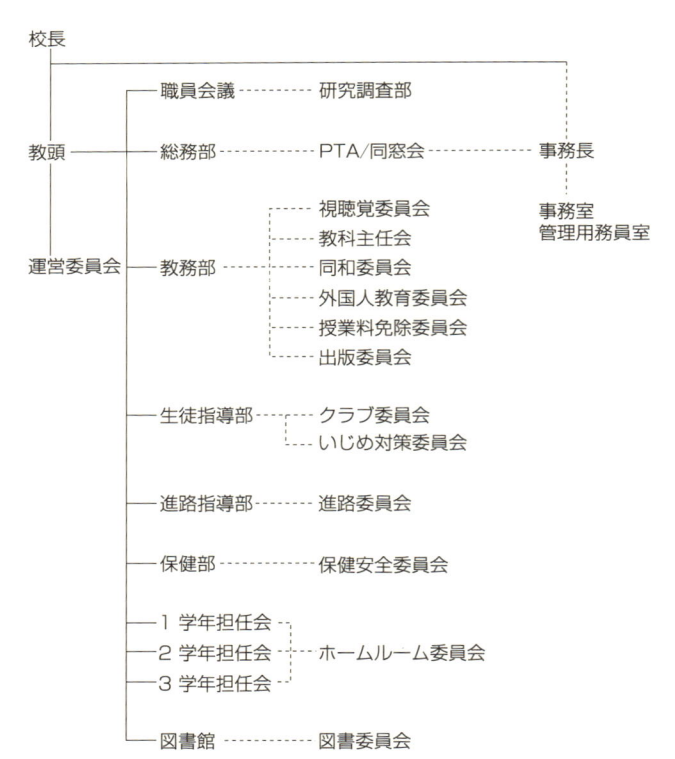

```
校長 ─┬─ 職員会議 ……… 研究調査部
      │
教頭 ─┼─ 総務部 ……… PTA/同窓会 ……… 事務長
      │                                  事務室
      │                                  管理用務員室
      │                    ┌─ 視聴覚委員会
      │                    ├─ 教科主任会
運営委員会 ─┼─ 教務部 ……┼─ 同和委員会
      │                    ├─ 外国人教育委員会
      │                    ├─ 授業料免除委員会
      │                    └─ 出版委員会
      │
      ├─ 生徒指導部 ……┬─ クラブ委員会
      │                └─ いじめ対策委員会
      │
      ├─ 進路指導部 ……… 進路委員会
      │
      ├─ 保健部 ……… 保健安全委員会
      │
      ├─ 1学年担任会 ┐
      ├─ 2学年担任会 ├─ ホームルーム委員会
      ├─ 3学年担任会 ┘
      │
      └─ 図書館 ……… 図書委員会
```

図12.1.1 校務分掌組織図の一例（全日制高校の場合）

出所：杉浦，2000，p.69.

表12.1.1 知識社会における教師像

	①知識社会の触媒・促進者としての教師	②知識社会の対位者としての教師	③知識社会の被害者・負傷者としての教師
学習とは	認知的に深い学びを促す	社会的,情動的な学びや関与,人格を育てていく	子どもに標準化された学習内容を覚えることを指導する
何の専門家か	これまで教えたことのない方法で教えることを学び続ける	他者とさまざまな形で関係を形成することを学び,絆と関係性を発展させる,専門家としても個人としても生涯発達に関与していく	国家によっていわれたとおりのことを教えることを学ぶ。政府主導の現職研修を受ける
同僚	同僚のチームで働き学ぶ	協働する集団で学びあう	一生懸命働き,個人で学ぶ
親	親は学習におけるパートナー	親やコミュニティとの関係性を築く	親を教育サービスの消費者であり苦情を言う者として扱う
感情	集団としての感情的知性を発展させていく	相互に情動的な理解を築く	感情労働をこなしていく
語りのトーン	変化と危機に向かう能力を築く	連続性と安定を維持していく	不安をもちながらも上から与えられた変化に追従する
信頼	学びの過程を通して信頼を形成する	人々の基本的信頼を確立する	誰も信じない,不信

出所:Hargreaves, 2003 (秋田,2006, p.228. より引用)

2 コーディネーターとしての教師の役割

　教師は指導者であると同時に,子どもたちにとってはともに教室の文化を作り上げていく協働の仲間でもあります。また,学校は教師―子どもの関係のみによって成り立っているのではありません。同僚,管理職,子どもの保護者,地域住民,教育委員会など多くの人々の協力があってこそ,学校としての組織的な営みが円滑に行われるのです。

　それでは,教師にとっては子どもたちや学校を取り巻く社会とどのようなかかわり方をするのが望ましいのでしょうか。教師教育を専門に研究しているハーグリーブス(Hargreaves, A.)によれば,21世紀は「知識社会」であり,新たな知識を生み出すことが重視されると言います。そしてこの知識社会では教師は3つの方向性に向かっていく可能性があるとしています(表12.1.1)。②の「対位者」とは,お互いの違いを認めつつ,受容しあう人格的な存在としての人間を意味します。③のように型にはまったやり方で子どもたちを指導していく自律性を失った教師ではなく,①や②のように他者との関係を大事にし,子どもたちだけではなく同僚や親を含む多くの人々と関係性を保ち,人間関係を育みながらともに成長するコーディネーターとしての教師の役割が期待されています。

(大家まゆみ)

▷ 2　Hargreaves, A. 2003 *Teaching in the knowledge society: Education in the age of insecurity*. Midenhead: Open University Press.

▷ 3　秋田喜代美　2006　授業研究と談話分析　放送大学教育振興会

XII 教師の成長

2 反省的実践家としての教師：教師という職業

1 教師の専門性とは？

教師という職業は、どのような専門性をもつのでしょうか。ILO・ユネスコ共同勧告「教師の地位に関する勧告」の中で、「教師は専門職でなければならない」と規定されました。これは国際的な規準であり、ユネスコが1994年から世界の教員の日としている10月5日は、この勧告が採択された日です。

それでは、教師の専門性とは何でしょうか。この問いにはさまざまな回答があるでしょう。ここでは、「反省的実践家としての教師」を手がかりに探っていきます。

「反省的実践家」とは、ショーン（Schön, D. A.）によれば専門家としての教師という職業にあてはまります。授業という教師と子どもが協働して創り上げていくプロセスの中では、じつにさまざまな状況や予想外の展開が生じます。たとえば、教師の問いかけに対して子どもたちがまったく反応しなかったり、1人の子どもの発言に対してほかの子どもたちが次々にいろいろな意見を出して結論がまとまらなかったりすることもあります。このような揺れ動く状態の中で、その状態を受け止め、対話し、みずからがどのように対処すべきかを省察して進んでいく専門家が「反省的実践家」なのです。一方でショーンは医師や科学技術者を「技術的専門家」と定義しました。医学や工学の知識と技術を駆使して技術的かつ合理的に問題を解決していくのが技術的専門家です。これからの教師に求められる力として、秋田は次のように述べています。「これからの教師には、同僚たちと協働し、子どもたちの育ちと学びのための学習材や学習環境を振り返り探究することがもとめられる。そして、教師としての自分の居方をふりかえり、他者と意見を交流し、授業やカリキュラムなどを表現としてデザインしていく」。教師は子どもという大きな未来が開かれている人間を育んでいく存在ですから、つねにみずからの教育実践について反省し、さらに成長していく必要があるのです。

▶1 Recommendation concerning the Status of Teachers Adopted by the Special Intergovernmental Conference on the Status of Teachers, Paris, 5 October 1966 Records of the General Conference Fourteenth Session Paris, Resolutions. pp. 25-31.（ILO・ユネスコ共同勧告 1966 教師の地位に関する勧告）

▶2 Schön, D. A. 1983 *The reflective practitioner: How professionals think in action.* Basic Books.（佐藤学・秋田喜代美（訳）2001 専門家の知恵——反省的実践家は行為しながら考える ゆみる出版）

▶3 秋田喜代美 2000 子どもをはぐくむ授業づくり 岩波書店 p. 178.

図 12.2.1 教師像の類型とその文化

（縦軸：官僚化／民主化、横軸：脱専門職化／専門職化）

- 公僕としての教師（教育行政の文化＝支配的教師文化）
- 技術的熟達者としての教師（教育研修センターや大学の教師教育の文化）
- 労働者としての教師（教員組合の文化）
- 反省的実践家としての教師（自主的研修やインフォーマルな研究会を基礎とした専門的文化）

出所：佐藤, 1996, p. 142.

② カンファレンス（授業研究）

　カンファレンス（授業研究）では，お互いの授業を参観し，授業の展開に対するそれぞれの意見を自由に述べ，改善点について話し合います。学校ごとに校内で定期的に行われる授業観察や，その後に開かれる校内研修，教師同士のインフォーマルな集まりでお互いの授業を研究しあう自主的な研究会，教師がみずからの実践を記録し出版した印刷物の研究，学内外から自由に参加したり批評したりすることができる公開授業まで，じつにさまざまな形で「反省的実践家」としての教師文化が育まれています。[4]

③ リフレクション

　リフレクションは「省察」あるいは「反省」とも訳されます。ここでは教師がみずからの指導方法や学習材，評価の仕方をふりかえって，よりよい教育のあり方を模索することを指します。リフレクションではたとえば授業のどこが子どもたちにとっては理解しにくい説明だったのか，板書の仕方は適切だったか，まとめの部分では子どもたちにもっと意見を聞いた方が活発な議論につながったのではないか，分かっていても手をあげなかった子どものノートには何が書いてあったのかを確認したかどうかなど，授業中に起こるさまざまな出来事と授業の展開の仕方に１つ１つ焦点を当てながら，みずからの授業のあり方を反省し，次の授業へとつなげていきます。教師の指導法や子どもたちとの関係を頻繁に見直す絶好の機会になります。

④ 同僚性（collegiality）

　リフレクションは１人の教師が自分の力だけで行うものではありません。一緒に歩み，悩み，考えてくれる仲間が有力な助言をしてくれることもしばしばあります。教師が仲間とともに，お互いの教育観や授業のやり方を尊重しあい，ときにはぶつかりあって進むことで，同僚性がはぐくまれていきます。同僚性とは，たんに勤務している学校が同じ同僚の教師を指しているのではなく，「専門家として対峙し，対話し，互いに学校づくりや教育の未来への展望を共有する関係性であり，絆として作り上げられていくもの」です。教師は仲間とともにお互いを支えあい，助けあいながら成長していくのです。[5]

　リトル（Little, J. W.）はうまくいっている学校とそうではない学校の違いがどこから生ずるのかを研究しました。その結果，専門家としての教師が同僚と連携していくこと，すなわち同僚性によって学校の方向性が分かれることが分かりました。同僚性によって教師の自律性と専門性も磨かれていきます。[6]

（大家まゆみ）

---

[4] 佐藤学　1996　教育方法学　岩波テキストブックス

[5] 秋田，前掲書　p. 184.

[6] Little, J. W. 1982 Norms of collegiality and experimentation: Workplace of conditions of school success. *American Educational Research Journal*, **19**, 325–340.

XII 教師の成長

3 正統的周辺参加：エキスパート教師になる

教育実習に始まり，熟達した教師になるプロセスには長い時間がかかります。エキスパートとしての教師はどのようにして育っていくのでしょうか。そこには学校という組織に特有の学び，教師の成長があります。ここでは「正統的周辺参加」という概念から教師の成長を考えてみましょう。

1 徒弟制——正統的周辺参加

学びは人がおかれている状況や文脈から生み出されるものであり，同時に学びが状況や文脈を作り出していくという考え方を「状況的学習論」と言います[1]。この考え方はレイヴとウェンガー（Lave, J., & Wenger, E.）が提唱したものです[2]。共同体に参加したばかりの新参者は，はじめは周辺的な仕事を与えられてこなします。そして熟達するにしたがって，重要かつ中心的な仕事を担うようになるのです。これが徒弟制で，新参者は親方の徒弟です。

レイヴの「リベリアの仕立て屋」では[3]，はじめて共同体にやってきて学び始める新参者ははじめ，親方やほかの職人が服を作る過程をじっくりと観察する様子が報告されています。これは完成までの仕組みを理解するためです。それから最初は失敗してもやり直せるボタンつけを練習し，アイロンのかけ方を学びます。それから服の縫い方，裁断の仕方へと学ぶべき仕事が熟達者の内容に変わっていきます。

このように，はじめは周辺的な仕事から参加して，徐々に技能が熟達するにつれてより重要な仕事を担うようになることを「正統的周辺参加」と言います[4]。

2 熟達化

正統的周辺参加によって，教師は長い時間をかけて初任者からエキスパートへと成長していきます。そのプロセスではどのような変化があるのでしょうか。

秋田によれば，授業における熟達化には3つの変化があります[5]。

第1は，授業を行うための手続き的知識と技能をもつことで，効率的かつ正確に状況を把握する方略をもつ点です。たとえば子どもがおしゃべりをしている原因が教室の外から聞こえてくる音にあるようだと判断して注意を促したり，黙っているけれどもノートには熱心に答えを書き込んでいる子どもの様子を把握したり，机間巡視をするときに子どもの理解度を瞬時にとらえたりすることができるようになります。

---

[1] 状況的学習論，正統的周辺参加については I-7 も参照。

[2] Lave, J., & Wenger, E. 1991 *Situated learning: Legitimate peripheral participation.* Cambridge: Cambridge University Press. （佐伯胖（訳）1993 状況に埋め込まれた学習——正統的周辺参加 産業図書）

[3] Lave, J. 1977 Tailor-made experiments and evaluating the intellectual consequences of apprenticeship training. *The Quarterly Newsletter of the Laboratory of Comparative Human Cognition,* 1, 1-3.

[4] 大浦容子 2005 熟達化の社会・文化的基盤 波多野誼余夫・稲垣佳世子（編）発達と教育の心理学的基盤 放送大学教育振興会 pp. 71-82.

[5] 秋田喜代美 2006 授業研究と談話分析 放送大学教育振興会

表12.3.1 教える技能発達の5段階

[第一段階]　初心者　実習生　1年め
　文脈から離れた一般的なルール（例：ほめるのがよい、質問したら少し待つのがよい等）は習得しており、それに基づいて授業を行おうとする。柔軟性に欠ける。ことばによって教えられるよりも実体験がより意味を持つ時期。

[第二段階]　初心者上級　2～3年
　特定の場面や状況に応じた方略的な知識が習得される。具体的な文脈の手がかりに応じて授業をコントロールできるようになる。いつ一般的なルールを無視したり破ってよいか理解するようになる。文脈を越えた類似性を認識できるようになる。

[第三段階]　一人前　3,4年～
　授業において重要な点と、そこで何をすべきかを意識的に選択し優先順位をつけられるようになる。タイミングがわかるようになる。授業の全体構造がよくみえるようになる。教師の責任という自己意識が強くなり、成功や失敗について前の段階よりもより強く敏感に感じるようになる。

[第四段階]　熟練者
　経験による直感やノウハウが使用される。意識的な努力なしに、事態を予測し、その場に対応して授業を展開できるようになる。個々の出来事についてより高次なレベルで全体的な類似性や共通の問題性を認識できるようになる。

[第五段階]　熟達者（必ずしも全員がここに達するわけではない）
　状況が直感的に分析され、熟考せずに適切な行動をとることができる。行為のなかで暗黙のうちに柔軟な行動がとれる。

出所：Berliner, D. 1988 Implication of studies on expertise in pedagogy for teacher education and evaluation. Proceedings of the 1988 ETS Invitational Conference. pp. 39-68.（秋田、2006, p. 218.より引用（一部改変））

　第2に、授業についての実践的知識をもって授業中に生じる現象を構造化して把握できる点です。このタイミングでこの問いを投げかけると、子どもたちは不思議に思うだろうと予測したり、この規則を教えた後でもう1度問題を解いたら子どもたちの理解がより促進すると判断したりできるようになり、授業を上手に組み立てていくことができるようになります。

　第3に、特定の学年や教科内容を教えることで知識が増し、新しく出会う状況や子どもたちにも適用できる柔軟な知識が身につく点です。小学校5年生の子どもはここまではたやすく理解できるだろうと発達段階にそって子どもの理解度を予想したり、三平方の定理の実生活での利用の仕方を教えると子どもたちはより興味をもつという経験から得た知識にもとづいて教えたりすることができるようになります。

　熟練した教師は授業中に子どもたちがどのような反応を示すか、何に興味をもち、何につまずくのかについて豊富な知識があるため、授業中に起こるさまざまな出来事、ときには事件に対しても柔軟に対応できます。教師になりたての初任者から、数十年かけて熟達した教育の専門家としての教師に成長していくのです（表12.3.1）。

（大家まゆみ）

XII 教師の成長

4 実践研究：実践を省察する

教育現場で日々子どもたちと向き合う教師にとって，専門家としての学びは反省的実践家としてのみずからの授業の振り返りと省察であり，同時にほかの教師の実践事例に学ぶところが大きいのです。

ここでは，実践研究の方法として事例研究とグラウンデッドセオリーという2つの方法をとりあげます。

1 事例研究

ショーマン（Shulman, L.）[1]は，教師は実践事例に学ぶことが大事だと主張します。ショーマンによれば，教師の意図や予想とそれに反する教室内の変化，思いがけない出来事，教師の判断，判断するまでのプロセスの分析や省察によって事例が構成されています。たとえば授業内でのある出来事を実際に体験することが一次経験であり，その経験をあとから振り返って同僚と話し合ったりしている間にエピソードとして客観的に見ることが二次経験です。このような経験をこれまでに体験してきた記憶や想い出と結びつけて省察すると，さらに新しい見方や感じ方が見えてきます。

事例に基づく学びによって，教師同士が学びあう共同体ができて，教師文化や学校文化が形成されていきます[2]。

2 グラウンデッドセオリー

グラウンデッドセオリーとは，社会学者のグレイザーとストラウス（Glaser, B. G., & Strauss, A. L.）が始めた研究方法です[3]。この方法ではデータ収集や分析を行うときに話し手（調査対象者）と聞き手（調査者：インタビュアー）の相互作用が大事です[4]。グラウンデッドとはデータに基づくという意味のgroundedという用語であり，セオリーとはその結果生み出された理論（theory）です。データと対話し，データとデータから発展した新しい理論の間を行きつ戻りつしながら分析していきます。

ここではグラウンデッドセオリーによる教育実践研究を紹介します。谷口は[5]病院内学級における教育実践をテーマに，病院内の小学部の学級で参与観察を行いました。病院の許可を得てテープに録音した自立活動のデータと，教師に対するインタビューのデータに基づいて分析を進めました（図12.4.1）。その結果，図12.4.2のようなモデルが生まれました。

---

[1] Shulman, L. 2003 *The wisdom of practice: Essays on teaching, learning and learning to teach.* San Francisco: Jossey-Bass.

[2] 秋田喜代美 2006 授業研究と談話分析 放送大学教育振興会

[3] Glaser, B. G., & Strauss, A. L. 1967 *The Discovery of Grounded Theory: Strategies for Qualitative Research.* New York: Aldine.

[4] Willig, C. 2001 *Introducing qualitative research in psychology: Adventures in theory and method.* Buckingham: Open University Press（上淵寿・大家まゆみ・小松孝至（訳）2003 心理学のための質的研究法入門——創造的な探求に向けて 培風館）

[5] 谷口明子 2005 病院内学級における教育実践の特徴 教育心理学研究, **53**, 427-438.

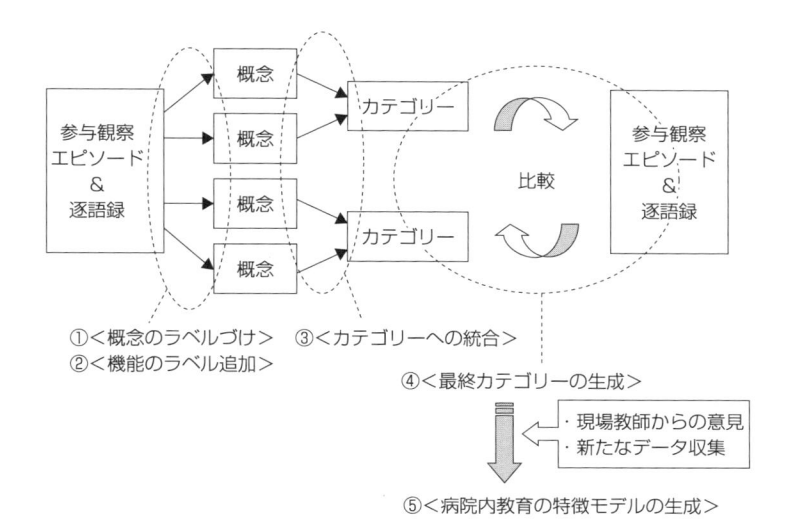

XII-4 実践研究：実践を省察する

図12.4.1 分析手続きの流れ

出所：原田（2003）をもとに谷口（2005）が作成（谷口，2005, p.430 より引用）
原田杏子　2003　人はどのようにして他者の悩みをきくのか――グラウンデッド・セオリー・アプローチによる発言カテゴリーの生成　教育心理学研究, 51, 54-64.

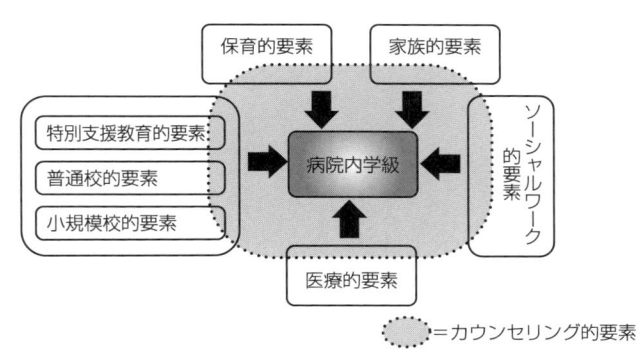

病院内学級における教育には，通常の教育を超えた多様な要素が含まれている。

図12.4.2 病院内学級における教育実践の特徴モデル

出所：谷口，2005, p.435.

　病院内学級における教育実践の特徴は，特別支援教育，普通校，小規模校の3つの教育を総合した教育実践であると同時に，保育，医療のほか家庭，ソーシャルワーク，カウンセリングのような子どもたちをサポートしていく体制が取りこまれていることがわかります。

　このようにグラウンデッドセオリーによる実践研究では，既存の理論には見られないデータ独自の特徴をよく表すことができます。授業や教育現場でのエピソードを実践的に研究し，省察するためには適した方法です。

（大家まゆみ）

XII 教師の成長

5 アクションリサーチ：働きかけと反応のサイクル

1 アクションリサーチとは？——学びつづける教師のための実践研究

　教師は子どもたちに日々どのように教えているのでしょうか。子どもばかりでなく教師もまた，つねに学び続けています。

　教師が日誌やみずからが授業を行う教室の記録を作成したり，同僚と話し合いながら探究したりしていく過程がアクションリサーチです。アクションリサーチは1950年代にアメリカの社会心理学者レヴィン（Lewin, K.）が提唱した考え方です。アクションリサーチは，問題に直接かかわる人たちが参加して，問題を解決していくべきだという考えにもとづいています。つまり授業研究や学校改革のためにアクションリサーチを行う場合，日常行っている授業で教師が実際に改善したいと考えている点や教師の問題意識をもとに，教師みずからが実践研究を行うのです。

　1970年代にはステンハウス（Stenhouse, L.）が「授業改善―カリキュラム開発―教師の専門性の発達―学校改革」の4つを軸に，教師自身のための研究方法として発展させました。1990年代以降になるとアクションリサーチにもとづく授業研究や学校改革が多くなってきました。アクションリサーチは授業を実際に行っている教師が授業をみずから研究する研究者となり，自分が担当するクラスで子どもたちを指導するやり方をよりよくするための研究方法です。アクションリサーチは授業における教師の学習指導に限られたものではありません。教室における子どもたちの動機づけや教師―子ども，あるいは子ども同士の人間関係などさまざまな現象を扱います。

2 フィールドワーク

　フィールドワークはもともと文化人類学から派生した用語ですが，教育分野におけるフィールドワークとは，ある学校や教室の中での教師と子どものやりとりを観察し，記録する活動です。

　学校や教室でのフィールドワークの特徴は，1学期や1年など一定の期間，学校に入って観察したり，教師や子どもにインタビューをしたりします。観察やインタビューを記録するために，ビデオやフィールドノート（フィールドノーツとも呼ばれる）を教室に持ち込むスタイルが一般的です。授業を見ていて気づいたこと，たとえば教師が質問を投げかけたときの子どもたちの反応や，

▷1　Cochran-Smith, M., & Lytle, S. 1993 *Inside/Outside: Teacher research and knowledge.* New York: Teachers College Press, Columbia University.

▷2　秋田喜代美　2006　授業研究と談話分析　放送大学教育振興会

▷3　佐野正之（編著）2000　アクション・リサーチのすすめ——新しい英語研究　大修館書店

▷4　アクションリサーチについてはXI-5も参照。

▷5　代表的な方法の1つに「参与観察」がある。教室に身を置きながらも教師や子どもたちとは距離をおき，観察する方法である。主体的にかかわり改善していくためのアクションリサーチとはこの点が異なる。

▷6　佐野，前掲書

XII-5 アクションリサーチ：働きかけと反応のサイクル

目にとまった子ども同士のやりとり，1週間前に教室に入ったときとの違い（例：1週間前には子どもたちの絵画作品が教室の後ろに貼られていたが，今週は彫刻作品がロッカーの上に並んでいる，など），ざわついている教室の雰囲気などをフィールドノートに書き込んでいきます。

このようにして授業を観察して，よりよい授業にするために記録したものを後に自分自身で振り返ったり，授業内容について同僚と話しあって意見を述べあったりするためにフィールドノートを用います。

3 アクションリサーチの実践事例

ここではアクションリサーチの実践事例を1つ紹介します。佐野は中学校でのみずからの英語の授業について毎週1～2回，フィールドノートを用いてふり返る方法でアクションリサーチを行いました。教師が授業を行いながらクラスを観察して，全体的な様子を記録できるのが長所です。4月当初はやさしい英語で教師が話しかけても反応がなかった教室でしたが，クイズ形式のゲームを取り入れた授業を展開した結果，5月には生徒の様子に変化が見られるようになりました（図12.5.1）。そして1年を通じてアクションリサーチを行ったところ，英語の授業に対する生徒の取り組みは図12.5.2のような変化を示しました。グラフの縦軸は教室内で授業の中での学びの流れに沿った各課題への生徒の参加度と評価です。Cレベルは熱心に取り組んだ生徒が約4～5割の活動，Bは6～7割，Aは8割以上，逆にDは3～2割，Eは1割以下の参加率だったことを表しています。4月には熱心に取り組んでいた生徒がどの課題でも4割以下だったのに対し，2月にはいずれも7割以上に向上しています。

（大家まゆみ）

図12.5.1 フィールドノート（授業記録）

出所：佐野正之（編著）2000 アクション・リサーチのすすめ――新しい英語授業研究 大修館書店 p.105.

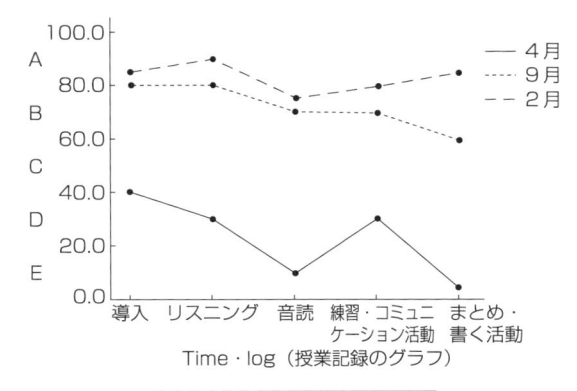

図12.5.2 授業記録のグラフ

XII 教師の成長

6 教師のビリーフ：教育って？ 子どもって？

1 教師のビリーフとは？

人は誰でも，物事について特定のとらえ方や考え方の傾向をもっています。たとえば教師であれば，「子どもは教師に従うのが当然である」「子どもの行動をコントロールできない教師は失格である」「子どもの判断力はあてにならない」など，無意識のうちにさまざまな信念をもっています。さらにその信念は，教師の行動を左右します。「子どもの判断力はあてにならない」という信念をもつ教師は，子どもの判断や意見を尋ねることが他の教師より少ないかもしれません。「子どもの直感力は鋭く，ときに大人顔負けの適切な判断をする」という信念をもつ教師は，「子ども判断力はあてにならない」という信念をもつ教師よりも，子どもの意見を聞き，子どもの判断にゆだねることがおのずと多くなるでしょう。

教師の信念は，教師の行動を背後から左右する要素として働きます。この信念がビリーフであり，ビリーフは，「子どもは教師に従うのが当然である」ゆえに「子どもの行動をコントロールできない教師は失格である」というように，信念相互がつながりあって体系をなしています。

2 教師のビリーフの影響

近藤は，**教師用RCRT**▷1▷2を用いて教師の子どもを捉える視点枠組みを抽出し，教師の子どもを捉える視点の違いが，子どもへの評価や指導のあり方と深く関連し，それによって子どもの学校生活への意欲が左右されることを示しました。

たとえば，きちんとしている子が理想という信念をもつ教師は，「きちんとしているかどうか」「忘れ物がないかどうか」といった観点で子どもを見ることが多くなり，学級においても「きちんとしている子」「忘れ物のない子」が高く評価されることになります。ところが，独自の視点や考えをもつ子が優秀という信念をもつ教師であれば，「独自の視点をもっているかどうか」「自分なりに思考を練ることができるかどうか」などという点が気になるでしょうし，「独自性」をもった子どもが高く評価されることになります。前者のような価値観をもつ担任に評価される子と，後者のような価値観をもつ担任に評価される子は，おのずと異なるでしょう。たとえば持ち上がりの学級で担任が交替となり，前者のような教師から後者のような教師に替わったなら，同一学級にお

▷1 近藤邦夫 1994 教師と子どものねじれ 岩波書店

▷2 **教師用RCRT**
教師の生徒を捉える枠組みを抽出するための方法で，代表的な生徒の相互比較によって，教師が暗々裏にもっている生徒を評価する軸（コンストラクト）と，それによる生徒評価を明らかにする。具体的には XII-7 参照。

いても教師から高く評価される子どもが変わってきます。高く評価されるようになった子どもは救われますが，評価が下がった子どもは，新しい担任との人間関係に悩んだり，不適応を生じるかもしれません。

このように教師がどのような信念をもつかは，子どもたちの生活に予想以上に直接的な影響力をもちます。

③ 教師のビリーフの強迫性

河村・田上[3]は，教師の絶対的で教義的な「～ねばならない」というタイプのビリーフをとりあげ，そうしたビリーフの強い教師が担当する学級では，教師の意図にそった行動ばかりが要請される結果，子どもたちの意欲が低下することを指摘しました。「教師はその指示によって，児童に規律ある行動をさせる必要がある」「教師は他の教師から非難や指摘をされないような学級経営をすべきである」「児童は学級のきまりを守り，他の児童と協調していかなければならない」「教師は担任するすべての児童から慕われるべきである」などの強迫的[4]なビリーフが強いほど，そうしたビリーフをもつ教師に担任されている学級では，児童の学校への意欲（スクールモラール）が低く，学級の雰囲気や友達関係，学習意欲についても低い（好ましくない）状態にとどまっていました。また，上記のようなビリーフを強くもつ教師は，学級の児童に対し権威的で管理的，ユーモアが欠如し，児童への見方が「よい子」「悪い子」を明確に分けているような言動が多い傾向がありました。

これらの結果から河村・田上は，教師特有のビリーフを「～ねばならない」というかたちで強くもつ教師は，管理的な強い指導行動や態度をとり，教師の枠組みに合致した少数の児童を「よい子」と見なす傾向があるため，教師の枠組みに合致せず評価されない子どもたちの学校への意欲を大きくそいでしまう危険を指摘しています。

④ 柔軟な開かれた視点へ

教師のビリーフは，いわば教師の心中に埋め込まれています。教師自身にとっては"当たり前"の感覚であり，ことさら意識すらしていないかもしれません。教師として求める子どもの理想像が高く，きまじめで熱心な教師ほど，まじめさや熱心さのあまり強迫的なビリーフをもちやすく，そのことの危険性にも気づきにくいかもしれません。教師が柔軟で開かれたものの見方ができるかどうか，また，子どもたちの多様な個性を評価する豊かな視点をもてるかどうか。そうしたことが，学級における子どもの成長や，子どもの意欲，ひいては学習その他の教育活動の成否を左右するのですから，教師となる者は，自分のもつ信念をときには客観的に捉え直し，開かれた柔軟な認知や行動が可能なように，自己の認識をつねに磨いていく必要があるでしょう。　　（伊藤亜矢子）

▶3　河村茂雄・田上不二夫　1997　教師の教育実践に関するビリーフの強迫性と児童のスクール・モラールとの関係　教育心理学研究，**45**, 213-219.

▶4　強迫的
ある行為や観念が理不尽なもの不要なものと分かっていても，それを制御できずに，その行為や観念にこだわりつづける症状を強迫症状と言う。たとえば，手を洗っても洗い足りないのではという観念にしばられ，不要と分かっていても，もう一度手を洗わないと不安でたまらず，再び手を洗い，洗い終わるとまた洗い足りないのではという観念にとらわれて，手洗い行為を止められないなどである。ここでは，強迫観念や強迫行為のように，～ねばならないと思いこみ，そのとらわれから離れられないことが強迫的と言える。

XII 教師の成長

7 教師の認知的枠組み：子どもを見る視点の多様性

1 教師用 RCRT とは？

教師用 RCRT という方法は，教師の見方，つまり教師が生徒を暗々裏に捉え評価しているその観点や枠組みを抽出する個性記述的な方法です[1]。

教師用 RCRT は，ケリー（Kelly, G.）が考案した Rep テストの応用です。Rep テストとは，ある人が，その人の人生における重要な他者に対してどのような見方をしているかを査定することで，その人の性格特性を個性記述的に知ろうとする一種の心理テストです。後年，さまざまな形で教育や研究に応用されてきました[2]。その1つとして，教室内の「重要な」子どもに対する教師の見方を抽出することで，教師の子どもを捉える枠組みを個性記述的に知る方法が教師用 RCRT です。

▷1 近藤邦夫 1995 子どもと教師のもつれ──教育相談から 岩波書店

▷2 伊藤亜矢子 1999 Role Construct Repertory Test の教育への利用 教育心理学研究, **47**, 107-116.

2 教師用 RCRT の手続き

具体的には，図12.7.1のような用紙を用いて，次のステップを行います。

最初に，学級内の子どもたちの氏名を想起します。印象に残っている子や出席番号の若い子，席順，などさまざまな仕方で教師は子どもたちの氏名を想起します。単純な作業ですが，教師にとっては，生徒の氏名を全員分思い出さねばならないことや，思い出すプロセスに自分と子どもたちとのかかわりがあぶり出されることに重圧を感じる場合もあります。

次に，エレメント（要素）を抽出します。似ている子同士や想起順，ウマが合わない子・ウマが合う子，わかりにくい子・よくわかる子といった，学級を代表する「重要な」生徒たちを選択します。続いて，コンストラクトと呼ばれる認知次元を抽出します。たとえばウマの合わない子と合う子など，定めら

図12.7.1 教師用 RCRT の用紙（一部）
出所：近藤，1995, 巻末資料（一部表示）

れた12のペアについて，それらの生徒の片方には当てはまるが片方には当てはまらない特徴（あるいは両方に共通する特徴）を抽出していきます。そして教師にとってそれらと反対の内容を指す語を対極として抽出します。ここで出てくる「明るい―暗い」などの子どもたちを弁別する教師の基準（コンストラクト）が，その教師が暗々裏にもっている子どもを捉える視点です。

最終段階で，それらの12のコンストラクトによって，想起した学級の子どもたち全員と「理想の子ども」「理想の自分」「現実の自分」を評定し，そしてそれらの評定値を因子分析することによって，相互に類似したコンストラクトをまとめて，その教師がもつおもな子どもを捉える視点が明らかになります。

多くの場合は，1人の教師について2～3の因子が抽出されます。たとえば，「人なつこく社交的な子かどうか」と「学習に意欲的にとりくむかどうか」の2軸，「発言が多いかどうか」「整理整頓が得意かどうか」の2軸，といった具合です。

さらに抽出された因子軸の上に，各児童・生徒の因子得点を基にして児童・生徒をプロットすれば，その教師のなかで各生徒がどこに位置付いているかがわかります。たとえば，「子どもっぽさあふれるか大人な感じか」と「好き勝手かがまん屋か」などの軸上に子どもたちがプロットされ，教師から見て，各子どもが，どれだけ子どもっぽく好き勝手か，あるいは大人でがまん屋か，などが一目瞭然に分かるようになっています。そうしてプロットすることで教師の捉えている子どもの布置が見えてきます。

❸ 教師用 RCRT で捉えた生徒を捉える視点と生徒の"適応"

さらに教師用 RCRT では，学級の子どもとともに「理想の子ども」や「理想の自分」「現実の自分」を得られたコンストラクトで評定するようになっています。因子分析後には，各児童・生徒の軸上の位置付けだけでなく，「理想の子ども」や「理想の自分」「現実の自分」がどこに位置付くかも明らかになります。さらに，各子どもと「理想の子ども」の評定値の違い，つまり実施時に用紙に記入された各子どもの（各コンストラクトによる）評定値と，「理想の子ども」の評定値の差が出てきます。たとえば近藤は，両者の差の二乗を加算して平方根をとったものを教師内地位指数として活用しています。この場合であれば，教師用地位指数が小さければ，「理想の子ども」とその児童・生徒の差異は小さく，教師から理想に近い子として，認知されていることが分かります。質問紙で得た各児童の「学校への意欲」の得点とこの教師用地位指数がある程度相関することも知られています。教師は教師用 RCRT などのツールを使って，無意識に抱いている自分の視点を振り返り，幅広い視野をもつことが重要でしょう。

（伊藤亜矢子）

▶3　近藤，前掲書

▶4　近藤，前掲書
飯田都　2002　教師の要請が児童の学級適応感に与える影響――児童個々の認知様式に着目して　教育心理学研究, **50**, 367-376.

XII 教師の成長

8 教師の人間関係：支え，支えられる中で

1 支えあう教師

　生徒の立場で学校にいると，教師の人間関係が視野に入ることはあまりないかもしれません。同じ学年の教師間の関係がかいま見えることはあっても，学校全体としての教師の人間関係まで見えることは少ないでしょう。けれど，管理職（校長・教頭あるいは副校長）と一般教諭の関係，養護教諭の校内に占める位置，校務分掌の種類と担当者および担当者間の関係……などなど，学校内にはいくつものグループがあり，それらの内部および相互の"関係"が存在します。

　たとえば担任教師は，教科指導だけでなく，委員会活動やクラブ活動，校務担当として，研究や研修，各行事の担当，保健や図書，教務などの活動を分担して行っています。それらを行うには，当然，教師個人の判断だけでなく，同じ学年や同じ校務分掌の教師との議論や意思決定，協力が不可欠です。

　異なる考え方やビリーフをもつ教師同士が共同で指導を行うのは，たやすいことではありません。Aという教師がよいと思う行事の計画も，異なる価値観をもつBという教師から見れば価値の低い計画かもしれません。なるべく負担のない指導をしたいC教師からみれば，手間を惜しまず指導するD教師が煙たい存在かもしれません。教師と言えども，価値観やビリーフ，人柄はさまざまです。お互いに尊敬しあい力を合わせて教育を行える場合もあれば，周囲の教師に理解されず自分らしい指導が行えずに疲弊する場合もあるでしょう。職場環境としての教師相互の人間関係は，しばしば教師の**バーンアウト**にも関係し，良好な人間関係は教師個人とその実践を支え，否定的な関係は，教師個人のメンタルヘルスもその実践をも損なう要因となります。

2 組織風土をつくる管理職

　ところで，校内で学校全体の教師間関係に大きな影響を及ぼす要因の1つは，管理職のあり方です。みずからの教育理念に基づいて子どもたちのニーズを的確に捉えながらさまざまな教育活動を計画する革新的な管理職もあれば，問題の発覚をおそれ保身に終始しがちな管理職もいます。若手教師はじめ教師各人のよさを理解しそれぞれの教師に活躍の場を与えて学校全体を活性化する管理職もあれば，全てを自分の思い通りに行おうとして結果的に教師各人の判断や

▶　バーンアウト（燃え尽き症候群）
看護師やケースワーカー，教師など対人サービスの従事者が，あたかも燃え尽きたかのように，労働意欲を失い，適切な職業上の行動を取ることもむずかしくなってしまう状態のこと。フリューデンバーガー（Freudenberger, H. J., 1974）が1970年代に指摘し，現在では，対人サービスに限らず，スポーツ選手など精力的に物事に取り組んできた人が，突然，燃え尽きたように意欲を喪失し，復帰できない状態を広く指す場合もある。XII-9 も参照。
Freudenberger, H. J. 1974 Staff burn-out. *Journal of Social Issues,* **30**, 159-165.

活躍を抑制し，教師らの反発をかい，やる気を損なう管理職もいます。子どもたちにとって必要な教育活動を教師が計画しても，それを管理職が理解しゴーサインを出さなければ何も進みません。また，えこひいきする管理職がいれば，おもねる教師も出てきて当然です。

学級において担任教師のあり方が，しばしばその学級全体の子どもたちのやる気や子ども同士の関係にまで影響を与えるように，管理職のあり方は，教師各人の感情や相互の関係をも左右し，組織としての学校のあり方を決定づけていく重要な要素なのです。

❸ 教師と保護者

教師間および管理職と教師の関係について述べてきましたが，教師の人間関係に重要なもう１つの要素は保護者との関係です。我が子の利益だけを重視して狭い判断で教師に無理な要求をする保護者もいれば，さまざまな局面で学校に協力を惜しまない保護者もいます。不祥事等で保護者の信頼を失って，学校と保護者が対立する図式に陥ったり，教師の不用意な一言で特定の保護者と教師の関係が悪化したりする場合も少なくありません。

とくに年若い教師の場合は，年長の保護者の信頼をどう勝ち得るかに悩むことも珍しくありません。年下であっても，保護者の話に耳を傾け，きちんと理解することで，保護者との良好な関係を築くきっかけができます。いたずらに自分１人で問題解決をと焦り，保護者の認識と異なる子どもの姿を保護者に伝えても，ますますお互いの認識がズレてしまいます。年齢を引け目に感じて焦るのではなく，しっかりと保護者の話を受け止め，その上で，適切な対応を周囲の教師と協働して行えることが重要です。いつの時代もどの保護者も，子どもへの愛情や成長を願い喜ぶ気持ちは同じです。ただその表現や，何をもってよしとするかは，保護者によってさまざまです。保護者の発言の背後にある意図や感情を的確に捉えて，適切なコミュニケーションをとることや，子どもへの適切なかかわりを通して，保護者との良好な関係を保持することが重要です。

同僚教師の理解・協力と同様に，保護者の理解や協力が得られることで可能になる教育実践も少なくありません。学校安全のためのパトロールや，放課後の活動，地域の人材による特別授業や，保護者の授業中の作業補助など，子どもたちの多様性や教育ニーズの多様性が高まるなかで，地域住民や保護者による学校教育活動へのボランティア参加も増えています。同僚教師や保護者・地域の人々との適切なコミュニケーションや，教師の社会性や人間関係形成力が，今後はますます求められています。

（伊藤亜矢子）

XII 教師の成長

9 教師の精神衛生：燃え尽きないように

1 教師を蝕む心の病

●増加の一途を辿る心の病による教師の休職

不登校，ひきこもり，いじめ，そして，発達障害などといった児童，生徒の心の病気や精神衛生上の問題を解決することは現在の我が国の教育界の一大関心事です。それに対しては，スクールカウンセラーの全校配置をはじめ，さまざまな措置が講じられ少しずつですが充実してきています。しかし，心の病気になるなどの精神衛生上の問題を抱えるのは児童，生徒だけではありません。たとえば，2004年の調査では全国の教員921,600人のうち，病気休職者は過去最多の6,308人（前年度比291人増）で，このうち56.4％がうつ病などの精神性疾患つまり，心の病でした。この休職者中に占める精神疾患の割合は10年前にはおよそ30パーセントから35パーセント程度でしたから，急速に増加していることがわかります。

このように教師の精神衛生上の問題はけっして無視できないものになっているのですが，"教師は聖職"という言葉があるように，この問題の原因をむしろ教師のモラルの問題として片づける風潮が強いのも事実です。

●心を蝕む原因は忙しさか？

一般にこのような教師の心の病や精神衛生上の問題の原因は教師の仕事の多忙さにあると言われています。

もし，あなたが，教師という仕事は夏休みや冬休みがあって楽でよい，などと考えていたらそれは間違いです。たとえば，布川が2003年に公立高校の教師に行った聞き取り調査では，教師の毎日の在校時間は最短で9時間，半数以上は毎日平均10時間以上在校しています。また，半数以上の教師は毎日2時間以上は自宅に仕事を持ち帰って行っていて，さらに，土日出勤が常態化している教員もおよそ半数はいます。昼食を取る時間はほぼすべての教師が15分程度で済ませています。おそらく，運動部などの活動の盛んな学校，高校受験を控えた中学3年の担任教師などは，この程度では済まないはずです。

しかし，このような教師の忙しさは今に始まったことではありません。北上と高木は教師の多忙さについて過去50年ほどの歴史的変遷を振り返っています。それによれば，過去50年間，教師は一貫して多忙な職場環境に置かれており，近年とくに多忙さが増したわけではないと言います。ただ1950年代ごろの教師

▷1 読売新聞，2005年12月15日

▷2 布川淑 2006 教師の多忙と多忙感——公立高等学校教師の教育活動に関する聞き取り調査にもとづいて 立命館産業社会論集，**42**(3), 87-108.

▷3 北神政行・高木亮 2007 教師の多忙と多忙感を規定する諸要因の考察 I ——戦後の教師の立場と役割に関する検討を中心に 岡山大学教育学部研究集録，**134**, 1-10.

の忙しさは，児童生徒数に対する教師の人員不足や教室や設備の不足を補うための苦労などに由来するものが中心だったのに対し，1970年代になると，学習指導面での指導が増え，さらに安全管理上の責任を求められる業務が増加していきました。さらに，1980年代にはいると校内暴力，いじめ，あるいは，不登校などといった生徒指導上の業務が多忙さの最大の原因になってきます。つまり，教師の勤務時間の長さ自体はこの50年間それほど変わりないのですが，忙しさの質が変化してきたのです。教師の心の病や精神衛生上の問題の増加もこの忙しさの質の変化によるものと思われます。

❷ バーンアウト（燃え尽き症候群）とは？

　バーンアウト（燃え尽き症候群）とは，仕事や職場環境がおもな原因となりおこる自己否定感，無気力感，エネルギーの低下，無関心，疲労感，うつ状態などを主たる症状とするもので，医師，看護師，教師などの人を支援する仕事に従事している人が陥りやすい症状とされます。これらの職業に就いている者は，患者や児童・生徒といった人を支援するわけですが，そうした活動はたんに物を生産する場合などとは異なり，相手の状況に左右されるために，たえず配慮が必要です。また，仕事の性質上，失敗することが許されないものでもありいつも緊張状態に強いられています。にもかかわらず，成果は見えにくく，忍耐強く，密接にかかわることによってしか得られません。1980年代以降の教師の仕事の中心を占めるようになった生徒指導はまさにこのような仕事の典型であり，バーンアウトは近年増加している教師の精神衛生上の問題のなかでも代表的なものと言えます。また，宗像らは，燃え尽きやすい人の特徴として「共感的，人間的，繊細的，献身的，理想的な志向が強く，いわゆる機械思考でなく"人間志向"であるが，同時に，不安定的，内向的，強迫的，熱狂的要素を有し，他の人々と同一化しやすい」と述べていますが，これは教師に比較的多く見られる性格の特徴と言えるかもしれません。

▷ 4　宗像恒次・稲岡文昭・高橋徹・河野雅資 1988　燃え尽き症候群――医師・看護婦・教師のメンタル・ヘルス　金剛出版 p.25.

❸ バーンアウトを避けるには

　バーンアウトの原因の主たる部分は教師という仕事が本質的に内包しているものであり，また，燃え尽きやすい人の特徴は教師という職業の適性そのものとも一致します。また，近年，教師の対人的な支援業務はますます増加の一途を辿っています。そう考えると，燃え尽きの原因を取り除くのは容易なことではありません。まずは，教師自身がそのような自分たち自身が抱える状況を認識すること，また，そのような教師の実状を多くの人が知ることが解決への第一歩となるのではないでしょうか。

（大芦　治）

さくいん

あ行

愛着　118
アクション・リサーチ　183, 194
足場かけ　12
アセスメント　164
遊び　18
アタッチメント　118
アンダー・アチーバー　175
安定順序の原理　75
EQ　114
eラーニング　33
いじめ　146
1対1対応の原理　75
違背の罪悪感　131
意味記憶　11, 48, 80
意味ネットワーク　92
意欲・関心・態度　185
インクルージョン　173
インテグレーション　173
インフォーマル算数　74
ヴィゴツキー（Vygotsky, L. S.）　12
WISC-IV　164
ウェンガー（Wenger, E.）　14
うつ病　160
ALT　109
エキスパート　58
エピソード記憶　11, 48, 80
エリクソン（Erikson, E. H.）　60
LTD話し合い学習法　95
援助チーム　165
応用行動分析　7
OJT　31
オーズベル（Ausubel, D. P.）　92
オーバー・アチーバー　175
オープン・エデュケーション　100
オペラント条件づけ　6, 102
音韻抽出　68
音韻分解　68
音読　71

か行

ガードナー（Gardner, H.）　115
外発的動機づけ　35, 91
カウント・オール方略　76, 77
カウント・オン方略　76
学習　2, 6
学習科学　2
学習材　85
学習された無力感　41, 42
学習指導要領　88
学習者中心の環境　85
学習障害（LD）　154
学習方略　47, 63
学習目標　39, 44
学力　174
学力検査　175
隠れたカリキュラム　87
仮説実験授業　94
課題分析　85
学級経営　138
学級風土　138
学校行事　142
カナー（Kanner, L.）　158
加配教員　108
カリキュラム　86
ガリステル（Gallistel, C. R.）　75
感覚運動的段階　8
感覚記憶　10, 46
感覚登録器　46
観察　182
観察学習　2, 7
完全習得学習　104
カンファレンス　189
記憶の情報処理モデル　10
記憶方略　46
機械的学習　92
技術的道具　13
基数の原理　75
基本的生活習慣　16
虐待　118
客観式テスト　178
キャリア教育　134
ギャング・エイジ　123
ギャング・グループ　125
9歳の壁　60
既有知識　70
教育課程　86
教育心理学　2
教育相談　162
教育評価　3
強化　7, 35
強化子　35
教科担任制　22
共感の苦痛　131
教材　85
教材分析　84
教師　3
教師のビリーフ　196
教師用RCRT　196, 198
共同学習　67
協同学習　67, 94
協同的な学び　13
強迫的　197
ギリガン（Gilligan, C.）　131
均衡化　9
具体的操作期　9, 20
グラウンデッドセオリー　192
グループ・ダイナミクス　136
クロンバック（Cronbach, L. J.）　110
形式的操作期　9, 20
形式陶冶　56
継次処理　155
ケイス（Case, R.）　51
形成的評価　105
K-ABC心理・教育アセスメントバッテリー　155
ゲゼル（Gesell, A.）　4
結果期待　42
ゲルマン（Gelman, R.）　75
原因帰属　39, 65
幻覚　161
研究開発学校　89
言語理解指標　164
検索方略　46, 77
コアカリキュラム　86
構成主義　8
構成的グループ・エンカウンター　137

さくいん

行動主義　6
行動の記録　182
効力期待　42
コーディネーターとしての教師　187
コールバーグ（Kohlberg, L.）　130
誤概念　81
古典的条件づけ　6
子どもを守り育てるための体制づくりのための有識者会議　147
個別の教育支援計画　165, 169
個別の指導計画　169
ごまかし勉強　63
コミュニティ心理学　166
コントロール　65
コントロール可能性　41, 42
コンピテンス　21, 37

さ行
最小方略　77
採点客観式テスト　181
サイモン（Simon, H. A.）　54
作業記憶　11, 46, 50, 71
作業記憶容量　50
作文産出　72
サビタイジング　74
サリバン（Sullivan, H. S.）　125
参加観察法　183
CAI　111
シーグラー（Siegler, R. S.）　77
シェマ　8
ジェンダー論　151
視覚的リアリズム　61
自我同一性（アイデンティティ）　29, 129, 132
ジグソー学習　95
試行錯誤学習　7, 62
自己教育力　65
自己効力感　27, 42, 64, 121
自己充足的予言　140
自己調整学習　64
しつけ　16
実質陶冶　56
実念論　9
児童虐待の防止等に関する法律　118
指導と評価の一体化　176
自閉症　158

社会化　16
社会的サポート　120
社会的スキル　18
社会文化的アプローチ　12
習熟度　106
集団力学（グループ・ダイナミクス）　136
習得目標　44
授業案　82, 84
授業カンファレンス　3
授業研究　3
授業分析　82, 183
塾　24
熟達化　58
熟達化を促す学習　59
熟達者　58
受容学習　90
順序無関係の原理　75
生涯学習　32
生涯教育　32
状況的学習論　14
条件づけ　2
象徴的思考段階　8
情動的知性　114
少年鑑別所　153
処理資源　50
処理速度指標　164
事例研究　192
深化学習　62
神経症　161
人工論　8
心理的道具　13
遂行目標　39, 44
推測　77
ズィマーマン（Zimmerman, B. J.）　64
数唱　76
スキーマ理論　48
スキナー（Skinner, B. F.）　7, 102
スキナー箱　7
スクールカウンセラー　166
スクールカウンセラー活用調査研究委託事業　166
スクリプト　48
ストレス　160
スモールステップ　7
生活科　96
生活指導　153

成熟論　4
正統的周辺参加　14, 30, 129, 190
生徒指導　153, 162
正の転移　56
生命論　9
摂食障害　150
絶対評価　177
セリグマン（Seligman, M. E. P.）　40
前概念　8
宣言的知識　11, 48, 79, 90
先行オーガナイザー　93
前操作的思考段階　8, 51
総括的評価　105
早期完了　133
総合的な学習の時間　86, 96
相互教授法　53
操作的思考段階　8
創造性　116
相対評価　177
ソーンダイク（Thorndike, E. L.）　6
促進的教師　101
ソシオメトリー　136
ソシオメトリックテスト　18
素朴概念　81
素朴理論　81

た行
ターマン（Terman, L. M.）　112
体制化　49
第2次性徴　126
第2の誕生　124
代理強化　7
多重知能理論　115
短期記憶　10, 46
知覚推理指標　164
知的リアリズム　61
知能　112
知能検査　112
知能指数（IQ）　113
知能偏差値　113, 175
チャム・グループ　125
チャンク　10
注意欠陥多動性障害（ADHD）　156
抽象の原理　75
長期記憶　10, 46
調節　9, 80
直接強化　7

205

さくいん

貯蔵方略　46
直観的思考段階　8
ティーチング・マシン　102
DSM-5　160
ティーム・ティーチング　108
定着作業　63
適応　3
適応指導教室　149
適応的熟達者　58
適性処遇交互作用（ATI）　65, 110
手際のよい熟達者　58
デシ（Deci, E. L.）　36
テストリテラシー　180
手続き的知識　10, 48, 79, 90
転移　56, 62, 91
同一性拡散　133
同一性達成　133
ドウェック（Dweck, C. S.）　44
同化　9, 80
動機づけ　2, 34
統合失調症　161
同時処理　155
同情的苦痛　131
統制の位置　101
道徳判断　130
同僚性　189
読解過程のモデル　70
特別支援教育　169
特別支援教育コーディネーター　165, 170
特別な教育的ニーズ　173

な行
内的ワーキングモデル　119
内発の動機づけ　18, 20, 37, 91
ニート　135
二重貯蔵モデル　46
ニューウェル（Newell, A.）　54
ニューメラシー　76
認知　2
認知カウンセリング　79, 81
認知心理学　2
認知的葛藤　9
認知的徒弟制　15
ネットワーク理論　48

は行
バーンアウト　200, 203
バグ　78
バグ分析　79
バズ学習　94
発見学習　90
発達学習　63
発達加速現象　127
発達障害　148
発達の最近接領域　12
発達の領域固有性　56
発達の領域普遍性　56
発問　83
パブロフ（Pavlov, I. P.）　6
反省的実践家としての教師　188
バンデューラ（Bandura, A.）　7, 27, 42, 64
ピア・グループ　125
ピア・サポート　147
ピアジェ（Piaget, J.）　8
ピグマリオン効果　141
非行少年　152
ビデオカンファレンス　183
ビネー（Binet, A.）　112
非暴力的危機予防プログラム　163
評価　176
表象的思考段階　8
フィールドワーク　194
部活動　22, 128
不登校　148
負の転移　56
プランニング　73
フリーター　30
ブルーナー（Bruner, J. S.）　90
ブルーム（Bloom, B. S.）　104
プログラム学習　7, 103
プロジェクト活動　13
分解方略　77
分散認知　13, 66
ボウルビィ（Bowlby, J.）　118
ポートフォリオ　21, 178
保護司　153
保存　9
ホフマン（Hoffman, M. L.）　131

ま行
マーシャ（Marcia, J. E.）　132
命題　70
メタ記憶　11, 47
メタ記憶的活動　11
メタ認知　47, 52, 58, 62, 65, 87
メタ認知的行動　52
メタ認知的コントロール　52
メタ認知的知識　52
メタ認知的モニタリング　52
メンタルモデル　55
妄想　161
燃え尽き症候群　203
黙読　71
目標準拠による評価　177
モデリング　2, 7
モニタリング　65, 73
物語文法　48
モラトリアム　133
問題解決　11, 54
問題解決学習　86
問題空間　54
問題箱　7

や行
有意味学習　62, 92
有意味受容学習　93
誘導的なしつけ　131
有能感　37
予防　167

ら行
リーダーとしての教師　186
リーディングスパンテスト　50, 71
理数科離れ　22
リテラシー　68
リハーサル　10, 46
リフレクション　189
領域固有性　10, 56
臨床心理士　166
類推　55
ルーブリック　179
レイヴ（Lave, J.）　14
レヴィン（Lewin, K.）の実験　138
レッジョ・エミリア　13, 97
レディネス　4
ローゼンタール（Rosenthal, R.）　140
ロジャース（Rogers, C.）　101
論述式テスト　178, 181

わ行
ワーキングメモリ指標　164
ワイナー（Weiner, B.）　39
ワトソン（Watson, J. B.）　6
ワラス（Wallas, G.）　116

執筆者紹介（氏名／よみがな／生年／現職／主著／教育心理学を学ぶ読者へのメッセージ）

＊執筆担当は本文末に明記

中澤　潤（なかざわ　じゅん） 
千葉大学名誉教授
植草学園大学・短期大学学長
『社会的行動における認知的制御の発達』（単著・多賀出版）『Applied Developmental Psychology』（共編著・Information Age）『教育心理学の基本理解』（編著・同文書院）
学び続ける存在である私達にとって、教育心理学の内容は身近です。自分の学び体験と関連づけてみましょう。

伊藤亜矢子（いとう　あやこ） 
お茶の水女子大学基幹研究院人間科学系准教授
『学校臨床心理学――学校という場を生かした支援』（編著・北樹出版）『教育心理学の新しいかたち』（共著・誠信書房）
教育や学校は子どもを幸せにする可能性に満ちています。心理学の視点から教育や支援の工夫をぜひ考えてみてください。

大芦　治（おおあし　おさむ） 
千葉大学教育学部教授
『無気力な青少年の心――無力感の心理発達臨床心理学的考察』（共編著・北大路書房）『心理学――理論か臨床か』（単著・八千代出版）
教育心理学の内容は教育実践にすぐに結びつかないかもしれませんが、長い目で見ればきっと役にたちます。

大家まゆみ（おおいえ　まゆみ） 
東京女子大学現代教養学部教授
『心理学のための質的研究法入門』（共訳・培風館）『動機づけ研究の最前線』（共著・北大路書房）
学校を外から眺めると、子どもの頃とは違うイメージがわきます。現代の子どもたちに必要な学びは何でしょうか。

大野木裕明（おおのぎ　ひろあき／1951年生まれ） 
仁愛大学人間生活学部教授
『間合い上手――メンタルヘルスの心理学から』（単著・日本放送出版協会）『フリーター――その心理社会的意味（現代のエスプリ）』（共編著・至文堂）
生徒の視点から教師の視点へ。学ぶ立場から教える立場へ。そして、ともに学びあいともに教えあう視点へ。

中道圭人（なかみち　けいと／1977年生まれ） 
千葉大学教育学部准教授
『教育心理学の基本理解』（共著・同文書院）『幼児の演繹推論とその発達的変化』（単著・風間書房）
人の学びの基盤となる心理学的なメカニズムに触れ、その面白さを感じてください。

藤澤伸介（ふじさわ　しんすけ） 
元跡見学園女子大学文学部教授
『ごまかし勉強』〈1〉〈2〉（単著・新曜社）『「反省的実践家」としての教師の学習指導力の形成過程』（単著・風間書房）『言語力』（単著・新曜社）
教育心理学では実践に役立つ知見が着実に蓄積されてきています。教育界での更なる活用が期待されます。

松田信夫（まつだ　のぶお／1954年生まれ） 
山口大学教育学部教授
『スクリプトによる社会的スキル発達支援』（共著・川島書店）『実践事例に基づく障害児保育』（共著・保育出版社）
子どもたちへの支援のあり方を、幅広い視野から見つめることのできる力を養ってほしいと思います。

やわらかアカデミズム・〈わかる〉シリーズ
よくわかる教育心理学

| 2008年5月20日 | 初版第1刷発行 | 〈検印省略〉 |
| 2019年10月10日 | 初版第12刷発行 | |

定価はカバーに
表示しています

編 者　中　澤　　　潤

発 行 者　杉　田　啓　三

印 刷 者　田　中　雅　博

発行所　株式会社　ミネルヴァ書房
〒607-8494 京都市山科区日ノ岡堤谷町1
電話代表　(075) 581-5191
振替口座　01020-0-8076

©中澤 潤他, 2008　　　創栄図書印刷・新生製本

ISBN978-4-623-05104-5
Printed in Japan

やわらかアカデミズム・〈わかる〉シリーズ

教育・保育

よくわかる学びの技法
田中共子編　本体　2200円

よくわかる卒論の書き方
白井利明・高橋一郎著　本体　2500円

よくわかる教育評価
田中耕治編　本体　2600円

よくわかる授業論
田中耕治編　本体　2600円

よくわかる教育課程
田中耕治編　本体　2600円

よくわかる教育原理
汐見稔幸・伊東　毅・髙田文子
東　宏行・増田修治編著　本体　2800円

よくわかる教育学原論
安彦忠彦・児島邦宏・藤井千春・田中博之編著　本体　2600円

よくわかる生徒指導・キャリア教育
小泉令三編著　本体　2400円

よくわかる教育相談
春日井敏之・伊藤美奈子編　本体　2400円

よくわかる障害児教育
石部元雄・上田征三・高橋　実・柳本雄次編　本体　2400円

よくわかる特別支援教育
湯浅恭正編　本体　2500円

よくわかるインクルーシブ教育
湯浅恭正・新井英靖・吉田茂孝編著　本体　2500円

よくわかる肢体不自由教育
安藤隆男・藤田継道編著　本体　2500円

よくわかる障害児保育
尾崎康子・小林　真・水内豊和・阿部美穂子編　本体　2500円

よくわかる保育原理
子どもと保育総合研究所
森上史朗・大豆生田啓友編　本体　2200円

よくわかる家庭支援論
橋本真紀・山縣文治編　本体　2400円

よくわかる子育て支援・家庭支援論
大豆生田啓友・太田光洋・森上史朗編　本体　2400円

よくわかる社会的養護
山縣文治・林　浩康編　本体　2500円

よくわかる社会的養護内容
小木曽宏・宮本秀樹・鈴木崇之編　本体　2400円

よくわかる小児栄養
大谷貴美子編　本体　2400円

よくわかる子どもの保健
竹内義博・大矢紀昭編　本体　2600円

よくわかる発達障害
小野次朗・上野一彦・藤田継道編　本体　2200円

よくわかる子どもの精神保健
本城秀次編　本体　2400円

よくわかる環境教育
水山光春編著　本体　2800円

福祉

よくわかる社会保障
坂口正之・岡田忠克編　本体　2500円

よくわかる社会福祉
山縣文治・岡田忠克編　本体　2500円

よくわかる社会福祉運営管理
小松理佐子編　本体　2500円

よくわかる社会福祉と法
西村健一郎・品田充儀編著　本体　2600円

よくわかる社会福祉の歴史
清水教惠・朴　光駿編著　本体　2600円

新版　よくわかる子ども家庭福祉
吉田幸恵・山縣文治編著　本体　2400円

新版　よくわかる地域福祉
上野谷加代子・松端克文・永田祐編著　本体　2400円

よくわかる家族福祉
畠中宗一編　本体　2200円

よくわかるスクールソーシャルワーク
山野則子・野田正人・半羽利美佳編著　本体　2800円

よくわかる高齢者福祉
直井道子・中野いく子編　本体　2500円

よくわかる障害者福祉
小澤　温編　本体　2200円

よくわかる医療福祉
小西加保留・田中千枝子編　本体　2500円

よくわかる司法福祉
村尾泰弘・廣井亮一編　本体　2500円

よくわかるリハビリテーション
江藤文夫編　本体　2500円

よくわかる障害学
小川喜道・杉野昭博編著　本体　2400円

心理

よくわかる心理学実験実習
村上香奈・山崎浩一編著　本体　2400円

よくわかる心理学
無藤　隆・森　敏昭・池上知子・福丸由佳編　本体　3000円

よくわかる心理統計
山田剛史・村井潤一郎著　本体　2800円

よくわかる保育心理学
鯨岡　峻・鯨岡和子著　本体　2400円

よくわかる臨床心理学　改訂新版
下山晴彦編　本体　3000円

よくわかる臨床発達心理学
麻生　武・浜田寿美男編　本体　2800円

よくわかるコミュニティ心理学
植村勝彦・高畠克子・箕口雅博
原　裕視・久田　満編　本体　2500円

よくわかる発達心理学
無藤　隆・岡本祐子・大坪治彦編　本体　2500円

よくわかる乳幼児心理学
内田伸子編　本体　2400円

よくわかる青年心理学
白井利明編　本体　2400円

よくわかる高齢者心理学
佐藤眞一・権藤恭之編著　本体　2500円

よくわかる教育心理学
中澤　潤編　本体　2500円

よくわかる学校教育心理学
森　敏昭・青木多寿子・淵上克義編　本体　2600円

よくわかる学校心理学
水野治久・石隈利紀・田村節子
田村修一・飯田順子編著　本体　2400円

よくわかる社会心理学
山田一成・北村英哉・結城雅樹編著　本体　2500円

よくわかる家族心理学
柏木惠子編著　本体　2600円

よくわかる言語発達　改訂新版
岩立志津夫・小椋たみ子編　本体　2400円

よくわかる認知科学
乾　敏郎・吉川左紀子・川口　潤編　本体　2500円

よくわかる認知発達とその支援
子安増生編　本体　2400円

よくわかる情動発達
遠藤利彦・石井佑可子・佐久間路子編著　本体　2500円

よくわかるスポーツ心理学
中込四郎・伊藤豊彦・山本裕二編著　本体　2400円

よくわかる健康心理学
森　和代・石川利江・茂木俊彦編　本体　2400円

ミネルヴァ書房
http://www.minervashobo.co.jp/